Freude am Reisen

NELLES GUIDE

GRIECHISCHE INSELN

Autor
Anne Midgette

Ein aktuelles Reisehandbuch
mit 129 Abbildungen
und 47 Kartenausschnitten

Liebe Leserin, lieber Leser,

„Aktualität" wird in der Nelles-Reihe großgeschrieben. Unsere Korrespondenten dokumentieren laufend die Veränderungen in der weltweiten Reiseszene, und unsere Kartographen berichtigen ständig die auf den Text abgestimmten Karten. Da aber die Welt des Tourismus schnellebig ist, können wir für den Inhalt unserer Bücher keine Haftung übernehmen (alle Angaben ohne Gewähr). Wir freuen uns über jeden Korrekturhinweis! Unsere Adresse: Nelles Verlag, Schleißheimer Str. 371 b, D-80935 München, Tel. (089) 3571940, Fax (089) 35719430, E-Mail: Nelles.Verlag@t-online.de

LEGENDE

★★ (in Karte) ★★ (in Text)	Top-Attraktion	
★ (in Karte) ★ (in Text)	sehr sehenswert	
❽	Orientierungsnummer in Text und Karte	
	Öffentliches bzw. bedeutendes Gebäude	
○	Markt	
✝ ‡	Kirche	
☾ ✡	Moschee, Synagoge	
⁂	Antike Stätte	

Égina (Ort) / Aphaéa (Sehenswürdigkeit) — in Karte gelb Unterlegtes wird im Text erwähnt
✈ — internationaler Flughafen / nationaler Flughafen
— Busstation
Ólimbos / 2973 — Berggipfel (Höhe in Meter)
☀ — Strand
🛈 — Touristeninformation
— Burg, Ruine
∩ — Höhle, Quelle
— Eisenbahn
— U-Bahn (Elektrikós)

— Autobahn
— Fernverkehrsstraße
— Hauptstraße
— Landstraße
— Nebenstraße
— Karrenweg/Pfad
— Fähre
$$$ Hotelkategorie Luxus
$$ Hotelkategorie Mittel
$ Hotelkategorie Einfach
(Preise: Siehe "Reiseinformationen", Stichwort "Unterkunft")

GRIECHISCHE INSELN
© Nelles Verlag GmbH, 80935 München
All rights reserved

Erste Auflage 1999
ISBN 3-88618-020-4
Printed in Slovenia

Herausgeber:	Günter Nelles	**Bildredaktion:**	K. Bärmann-Thümmel
Chefredakteur:	Berthold Schwarz	**Lithos:**	Priegnitz, München
Project Editor:	Anne Midgette	**Kartographie:**	Nelles Verlag GmbH, München
Übersetzung:	Christiane Habich		
Redaktion:	Sylvi Zähle	**Druck:**	Gorenjski Tisk

- S01 -

INHALTSVERZEICHNIS

FEATURES

REISE-INFORMATIONEN

KARTENVERZEICHNIS

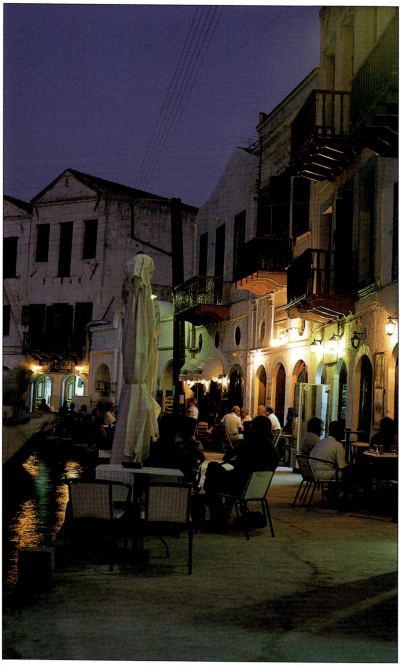

DIE GRIECHISCHEN INSELN STELLEN SICH VOR

Wer auf den griechischen Inseln Ferien machen möchte, hat die Qual der Wahl: Es gibt über 1400 Inseln in Griechenland, das sind ca. ein Fünftel der Gesamtfläche des Landes. Aber „nur" 169 von ihnen sind offiziell bewohnt. Bevorzugt man „angesagte" Touristenziele (wie Íos, Thíra, Kós) oder abgeschiedene wilde Berglandschaften (wie auf Lésvos), ländliche Außenposten (Donoúsa) oder verstädterte Eilande (Korfu, Ídra)? Sind die weißen Kykladenhäuser in Míkonos-Stadt „typischer" als die ockerfarbenen klassizistischen Fassaden von Sími? Verbindet man mit den griechischen Inseln Rhódos mit seinen 300 Sonnentagen im Jahr, die kräftigen *Meltemi*-Winde, die im Sommer über die Kykladen streifen, oder gar die kalten makedonischen Winter auf Thásos? Der Archipel der Hellenen hat viele Facetten.

Griechenlands Festland ist gebirgig. Seine Ausläufer setzen sich unter Wasser fort und bilden, aus dem Meer wieder auftauchend, die griechischen Inseln; die meisten Inseln bestehen deshalb aus Sedimentgestein. Nísiros, Thíra (Santorin) und Mílos dagegen sind vulkanisch, Eruptionen und Erdbeben traten auch im 20. Jh. auf. Die Ionischen Inseln wurden 1953 von einem Erdbeben erschüttert, Thíra zuletzt 1956.

Aus Verwaltungsgründen sind die Inseln in sechs Hauptgruppen unterteilt. An seiner Westseite grenzt Griechenland an das Ionische Meer (nicht zu verwechseln mit Ionien in Kleinasien, der heutigen

Vorherige Seiten: Ferienambiente mit Blick auf die Ägäis, Thíra. Ostern auf Kárpathos – Frauen schmücken das Epitaph mit Blumen. Links: „Happy hour" für Segler im Hafen von Kastellóriso.

Türkei), das nach der Nymphe Io benannt ist, die Zeus verführte und von der Göttin Hera zur Strafe in eine Kuh verwandelt wurde. Die größte und bekannteste der **Ionischen Inseln** ist Korfu. Viele Touristen begegnen hier Griechenland zum ersten Mal, denn Korfu ist der erste Halt auf der Fährpassage von Italien nach Pátras. Andere Ionische Inseln sind das gebirgige Kefaloniá und das hübsche Zákinthos.

Athen liegt an der Südostküste des Festlands, gegenüber dem Pelopónnes am Saronischen Golf. Athen am nächsten sind die bei Tagesausflüglern beliebten **Saronischen Inseln**, die geschichtsträchtige Namen haben: Salamína, wo die athenische Flotte 480 v. Chr. die Perser schlug und das heute eher Vorstadtcharakter hat, oder Ídra und Spetsés, deren Schiffe im Unabhängigkeitskrieg von 1821 den Kern der griechischen Flotte bildeten. Die beiden letzteren liegen eigentlich nicht im Saronischen Golf, sondern direkt vor der Küste des Pelopónnes.

80 km nördlich von Athen erstreckt sich **Évia**, in der Antike Euböa genannt. Es ist so groß und liegt so nah am Festland, dass man fast übersieht, dass Évia eine eigenständige Insel ist.

Oberhalb Évias liegt eine Gruppe von Inseln, die **Nördliche Sporaden** („die Verstreuten") genannt werden – Skiáthos, Skópelos, Alónnisos und Skíros.

In den nördlichen Ausläufern der Ägäis gelegen, gehören Thásos und Samothráki keiner Inselgruppe an. Límnos dagegen ist verwaltungstechnisch den **Nordostägäischen Inseln** zugeteilt, großen Inseln, denen ein bewaldetes Landesinneres, felsige Strände und ein ganz eigener Charakter gemein sind. Zu ihnen gehören Lésvos, Híos, Sámos und Ikaría.

Die Inseln des **Dodekanes** („Zwölf Inseln") in der Südägäis haben eine gemeinsame politische und historische Identität. Tatsächlich sind es 16 Inseln von Pátmos im Norden bis zu Kásos im Süden. Die nahe der Türkei gelegenen Inseln (auch Südliche Sporaden genannt)

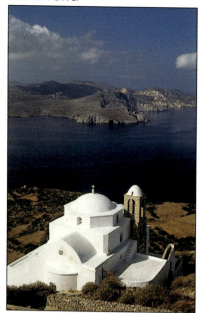

waren bis zur Übernahme durch die Italiener 1914 türkisch und gehören erst seit 1945 zu Griechenland.

Die im Zentrum dieser Inselgruppen befindlichen **Kykladen** sind die meistbesuchten griechischen Inseln. Am berühmtesten sind Náxos und Páros, Thíra und Íos; aber auch das schöne Sérifos, das kühle Ándros, das „griechische Lourdes" Tínos und eine Reihe weiterer Inseln gehören zu den Kykladen. All diese Inseln umringen die heilige Insel Dílos – daher der Name „Kykladen", der sich vom griechischen Wort für „Kreis" ableitet.

Die größte Insel Griechenlands ist **Kreta**. Das Kapitel in diesem Führer stellt die wichtigsten Highlights vor. Wer länger bleibt, dem sei der ausführlichere *Nelles Guide Kreta* empfohlen.

Traditionell leben die Inselbewohner von der Schifffahrt, der Fischerei und dem Anbau von Getreide und Obst, das

Oben: Mílos, eine der drei griechischen Inseln vulkanischen Ursprungs. Rechts: Warten auf das Schiff zur nächsten Insel.

auf dem kargen, meist schlechten Boden wächst. Die magere Erde verhinderte die Entwicklung von Landwirtschaft im großen Stil; durchschnittlich besitzt ein griechischer Bauer nur etwa einen Hektar Land. Die wichtigsten Inselprodukte sind Wein, Oliven, Trauben und andere Früchte sowie Kräuter und Honig.

Etwas großzügiger ging die Natur hier mit Mineralvorkommen um, deren Ausbeutung bereits im 6. Jahrtausend v. Chr. begann – mit dem Abbau von Obsidian auf Mílos. Darüberhinaus gibt es auf den Inseln Marmor (Náxos, Páros, Tínos), Gold und Silber (Sífnos), Eisen und Kupfer (Sérifos) sowie vulkanischen Bimsstein (Nísiros) und Bauxit. Außerdem wird Öl gefördert; das Ölfeld von Prínos vor Thásos ist seit 1981 in Betrieb.

Die wichtigste Einkommensquelle der Insulaner war jedoch immer das Meer. Heutzutage sind die Gewässer des Mittelmeers allerdings überfischt und die Fischer gezwungen, ihre Flotte in den Sommermonaten im Hafen zu lassen. Auf einigen Inseln wurden Fischfarmen eingerichtet, die zwar Arbeitsplätze schaffen, aber auch zu Umweltproblemen führen.

Lange Zeit war die Schifffahrt eine Quelle für Reichtum auf den Inseln. Selbst unter osmanischer Herrschaft bauten griechische Inselmagnaten Schiffsimperien auf; Ándros und Síros, Ídra und Spetsés, Híos, Skópelos und Sími genossen im 19. Jh. großen Wohlstand. (Teilweise hält sich der Reichtum bis heute; insbesondere auf Híos und dem kleinen Inoússes.) Aber durch die Eröffnung des Kanals von Korinth (1893) wurde der Festlandsort Piräus zu Griechenlands wichtigstem Hafen. Erfindungen wie Dampfmaschine und Dieselmotor erlaubten den Schiffen außerdem längere Fahrten ohne Zwischenstopps und brachten so die Inseln um eine weitere Einkommensquelle: die Schiffsverproviantierung.

Nach den Zerstörungen im Zweiten Weltkrieg lag die griechische Wirtschaft danieder, und viele Arbeiter mussten,

um ihre Familien ernähren zu können, ins Ausland gehen. Eine riesige Emigrationswelle, vor allem nach Amerika und Australien, leerte ganze Inseldörfer. Viele Männer gingen zur Handelsmarine. Heutzutage sind die meisten Schiffe jedoch im Ausland registriert und heuern billigere Arbeitskräfte aus Nicht-EU-Ländern an. So mancher Matrose kehrte daraufhin wieder heim, um vom vielversprechendsten Erwerbszweig der Inseln zu profitieren: dem Tourismus.

Die Entwicklung der Küste ist ein relativ neues Phänomen. In den vergangenen Jahrhunderten wurden die Städte zum Schutz vor Piraten im Landesinneren angelegt und die Strände galten als schlechter Boden, weil man dort nichts anbauen konnte. Den Beginn des Tourismus in den 1960er Jahren sahen die Einheimischen als Erwerbschance und begannen – oft unterstützt durch DM-Überweisungen aus dem Gastarbeiter-Wirtschaftswunderland Westdeutschland – ohne sorgfältige Planung unkontrolliert zu bauen. Das Ergebnis sind viel

zu viele häßliche Betonklötze, von Hotels bis hin zu *Souvláki*-Ständen. Am schlimmsten sind die halb fertigen Bauruinen. Durch den Tourismus stiegen die Bodenpreise an der Küste so sehr, dass sich etliche Griechen den Kauf von Grundstücken nicht mehr leisten können. Da die auf den Inseln wohnenden Engländer, Skandinavier oder Deutschen vor Ort keine Steuern zahlen, ist ihre Anwesenheit eine Belastung; andererseits bringt sie Devisen. Ausländer haben auch einige der verlassenen alten Häuser in Besitz genommen. Diese stehen übrigens nicht nur wegen der Emigration leer: Die Tradition verlangt, dass die Eltern ihrer Tochter zur Hochzeit ein neues Haus bauen, und so bleibt das alte irgendwann leer zurück. Derart teure Mitgift – 1983 verboten, weil sie Familien verarmen ließ – ist in ländlichen Gebieten teilweise immer noch üblich.

Obwohl Ausländer nach wie vor den Großteil der Feriengäste ausmachen, verbringen mittlerweile auch viele Griechen ihren Urlaub auf den Inseln.

15

GESCHICHTE
UND KULTUR

Beim Blättern in Geschichtsbüchern könnte man meinen, dass für viele Autoren die „griechische Geschichte" mit dem Tod Alexanders des Großen 323 v. Chr. endet. Darauf folgten 2200 Jahre Fremdbestimmung – ein Problem für die moderne griechische Identität. Die Antike scheinen englische und deutsche Universitätsprofessoren für sich gepachtet zu haben; der „Rest", die griechischen Annalen seit der Römerzeit, wird oft nur als ein verwirrender Reigen fremder Besatzungsmächte aus Byzanz, Venedig, Istanbul, London, München oder Rom wahrgenommen.

Gewiss hat Griechenlands Altertum einen solchen Reichtum an Kunstwerken und Gedanken hervorgebracht, dass jene, die es aus großer Wertschätzung im Forscherdrang für sich beanspruchen und dabei die letzten 2000 Jahre ignorieren, entschuldigt sind. In Griechenland und insbesondere auf seinen Inseln sind immerhin einige der ältesten Zivilisationen Europas beheimatet. In der frühen Bronzezeit waren die Inseln Sitz der Kykladen-Kultur (3000-2300 v. Chr.), die einige beachtliche Marmorfigurinen hervorbrachte, welche in ihrer Einfachheit direkte Vorläufer der Skulpturen des 20. Jh. zu sein scheinen. Die Inselbewohner jener Zeit waren übrigens allem Anschein nach bereits tüchtige Seeleute.

Die Kykladen-Kultur wurde von der der heute als minoisch bekannten Zivilisation auf Kreta abgelöst. Viele der berühmtesten Ausgrabungen im 19. Jh. betrieben Ausländer, um zu beweisen, dass die griechischen Mythen und Epen doch ein Körnchen Wahrheit enthielten. So inspirierte seine Bewunderung für Homer Heinrich Schliemann zu seiner Suche

Links: Figur der Athena aus dem Westgiebel des Aphaéa-Tempels, Égina, um 500 v. Chr.

nach Troja. Aus ähnlichen Motiven benannte Sir Arthur Evans, der Erforscher Kretas, die „minoische" Kultur nach dem legendären König Minos, der der Sage nach den Dädalus seinen gewaltigen Palast mit einem Irrgarten bauen ließ, um den schrecklichen Minotaur zu verbergen. Den frühen Archäologen erschienen die mächtigen Paläste von Knossós, Phaistos und anderen kretischen Stätten wie Labyrinthe. Ihre gewagten Versuche, das Mauerwerk samt Wandgemälden wiederherzustellen, entsprechen allerdings nicht dem Anspruch moderner Archäologie.

Die Minoer waren exzellente Seefahrer, die die Ägäis dominierten und Handelsbeziehungen von Ägypten bis Sizilien aufrechterhielten, was durch Funde von Metall- und Töpferarbeiten belegt ist. Von den minoischen Siedlungen auf anderen Inseln – darunter Rhódos, Kéa und Sámos – war eine der größten Akrotíri auf Thíra (Santorin); die 1967 begonnenen Ausgrabungen legten ein Dorf mit großartigen Fresken frei. Dennoch lag vielleicht gerade auf dieser Insel der Grund für die Zerstörung der minoischen Kultur: eine größere Eruption von Santorins Vulkan blies 1500 v. Chr. nicht nur die Spitze dieser Insel weg, sondern sandte auch eine Flutwelle durch die Ägäis, die dem Leben auf Knossós einigen Schaden zufügte. Sicher ist, dass etwa um diese Zeit das Minoische Reich an Kraft verlor und die Macht auf eine Kultur überging, die nach der Burg von Mykenä auf dem Festland benannt wurde.

In die Zeit der mykenischen Kultur (ca. 1500-1100 v. Chr.) fällt die Epoche des Trojanischen Kriegs in Homers Epos *Ilias* (es entstand etwa im 8. Jh. v. Chr., also Jahrhunderte nach den in ihm geschilderten Ereignissen). Homers „Katalog der Schiffe" im 2. Buch der *Ilias* liefert Beschreibungen einiger weniger Inseln, darunter Rhódos, Sími und Kreta. Die griechischen Sagen erzählen von einer Mordserie am mykenischen Hof: Auf seinem

und seinem Umland bestanden. Aber nicht die Größe des Hinterlands war der entscheidende Machtfaktor, sondern die Anzahl der Schiffe – und deren kampftüchtige Besatzung. Auf vielen Inseln erblühten nun Stadtstaaten. Égina bei Athen war eine Zeit lang die führende Seemacht in der Ägäis und die erste Stadt, die Münzen prägte. Die Hauptmacht in der Ostägäis war währenddessen die dorische Hexapolis, ein Verband von sechs Städten, darunter Kós und die drei mächtigen Stadtstaaten auf Rhódos; Líndos, Ialissós und Kámiros.

In den frühen Tagen der *Polis* wurden viele Stadtstaaten von Tyrannen regiert. Aller Kritik von Anhängern der Demokratie zum Trotz waren einige Tyrannen weise und mildtätige Herrscher. Kleobolos, der Tyrann von Líndos, war ein liberaler Denker, der später als einer der Sieben Weisen des antiken Griechenland galt. Ein anderer denkwürdiger Tyrann war Polykrates auf Sámos; er besaß große Macht in der Ostägäis und hinterließ seiner Insel großartige architektonische Monumente wie den Hera-Tempel.

Schließlich wurde die Tyrannei von der Demokratie abgelöst, der Herrschaft des Volkes (*Demos*), das in regelmäßigen Versammlungen über Staatsangelegenheiten entschied. In Athen, der klassischen Demokratie, gab es zudem einen kleineren Rat, der auf der Basis von proportionaler Repräsentation ausgewählt war und dessen Mitglieder die alltägliche Verwaltung überwachten. Das „Volk" waren jedoch nur die Männer: Frauen, Kinder und Sklaven hatten kein Stimmrecht. Das „Volk" stellte auch die *Hoplites* oder Fußsoldaten, welche zu Kriegszeiten die Armee bildeten.

Die politische Entwicklung wurde von dem Erstarken Persiens überschattet. Ende des 6. Jh. v. Chr. hatten die persischen Armeen von König Darius die ganze Küste Kleinasiens (heute Türkei) sowie die vorgelagerten Inseln (das heute „Ionien" genannte Territorium) erobert.

Weg nach Troja opferte König Agamemnon seine Tochter Iphigenie den Göttern; bei seiner Rückkehr wurde er von seiner erzürnten Frau Klytemästra getötet. Ihr Sohn Orest rächte dann seinen Vater, indem er seine Mutter ermordete. Diese Geschichte bildet den Stoff für Aischylos' Trilogie *Orestie* aus dem 5. Jh. Auch hier überlappten sich Geschichte und Legende: Archäologen tauften eine Goldmaske, die bei den Ausgrabungen in einem Grab in Mykene gefunden wurde, „die Maske des Agamemnon".

Das nächste große Kapitel der griechischen Geschichte begann etwa im 8. Jh. v. Chr., als das „dunkle Zeitalter", das die nachmykenische Welt verdüstert hatte, langsam durch eine aufgeklärtere Regierungsform und eine neue kulturelle Blüte verdrängt wurde. In diesem Zeitalter kamen die Stadtstaaten (*Polis*) auf; kleine, autonome Einheiten, die aus einem Dorf

Oben: Weibliches Idol, kykladisch, ca. 2400 v. Chr. Rechts: Rotfigurige Vasenmalerei, „Trojakämpfer", 6. Jh. v. Chr.

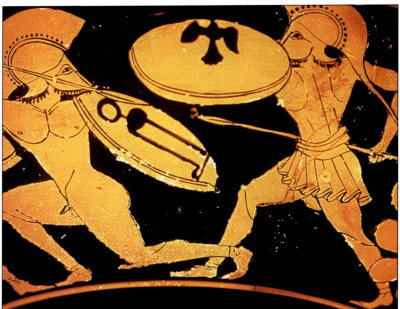

Die ionischen Griechen rebellierten 498 v. Chr. gegen die Perser. Aber die Revolte war schnell niedergeschlagen, und viele Ionier, darunter der berühmte Philosoph Pythagoras aus Sámos, flohen aus der Region. Und Persien begann, seine Truppen für eine große Invasion Griechenlands zusammenzuziehen.

Die Perser stellten eine existentielle Bedrohung für die lose Allianz der griechischen Kleinstaaten dar, die den Peloponnesischen Bund bildeten. Viele Inselherrscher zogen den Bund mit den Persern einer Niederlage vor; die totale Verwüstung von Náxos durch die Perser auf ihrem Weg nach Athen 492 schien sie zu bestätigen. Wie durch ein Wunder konnten aber die griechischen Armeen, vor allem die Athener, die überlegenen Perser in der Ebene von Marathon schlagen. Persien zog sich zurück, um sich für einen erneuten Angriff, geführt von dem neuen König Xerxes im Jahr 480, zu formieren. Diesmal vernichteten die Perser bei den Thermopylen eine ganze griechische Armee, drangen in das hastig evaku-ierte Athen ein und zerstörten die Akropolis. Dennoch wartete die griechische Flotte wie David darauf, den Goliath der persischen Seemacht in der Meerenge bei Salamis herauszufordern; und hier waren dann die Griechen, geführt von der erstarkenden Seemacht Athen, siegreich.

Die auf das Ende der persischen Bedrohung folgende kulturelle Renaissance hatte ihr Zentrum in Athen, das nach den Perserkriegen eine Führungsrolle einnahm. Für den Wiederaufbau der Akropolis engagierte Athen die besten Architekten und Künstler der damaligen Zeit, darunter den großen Phidias, um großartige Bauten wie den Parthenon zu schaffen. Im Theater auf der Akropolis fanden alljährlich Festivals statt, bei denen Komödien und Tragödien von Aischylos, Sophokles, Euripides und Aristophanes aufgeführt wurden, während auf der Agorá am Fuß des Hügels Sokrates mit seinen Mitbürgern kluge Dialoge führte.

Aber die blühende kulturelle Entwicklung spiegelt nur eine Seite des Athen unter Perikles wider, dem beliebten Gene-

ral, der bis zu seinem Tode 429 Athens gewählter Führer war. Perikles war ein Humanist und Denker, aber auch ein Imperialist, der Athens Einfluss vergrößern wollte. Unmittelbar nach dem Sieg über die Perser schworen eine Reihe ionischer Kleinstaaten freiwillig ihre Treue zu Athen; daraus resultierte der Attische Bund, dessen Bundesschatz auf der heiligen Insel Dílos aufbewahrt wurde. Aber je mehr Athens Macht wuchs, desto mehr verlor die Mitgliedschaft im Bund an Freiwilligkeit. Um 454 v. Chr. hatte Athen eine ganze Reihe von Inseln in den Bund oder zum Verbleiben gezwungen (wie z. B. Náxos, Thásos und den euböischen Stadtstaat Káristos) und den Bundesschatz auf die Akropolis gebracht. Nicht zum letzten Mal wurde so den Inseln ihre politische Machtlosigkeit gegenüber dem Festland demonstriert.

Oben: Perikles redet vor Künstlern und Philosophen (Gemälde von Philipp v. Foltz, 19. Jh.). Rechts: „Aristoteles und sein Schüler Alexander", Holzstich, 19. Jh.

Aber die stolzen und unabhängigen Stadtstaaten wollten sich nicht mit der Unterwerfung abfinden. Im Peloponnesischen Krieg, der sich durch einen Streit zwischen Korfu und Korinth 431 v. Chr. entzündete, standen sich die beiden Hauptmächte Athen und Sparta gegenüber; auch die meisten anderen wichtigen Staaten waren involviert, darunter Égina, Athens schlimmster Feind. Athen kapitulierte schließlich 404 und gewann seine frühere Bedeutung nie mehr wieder.

Unter Perikles entstanden in Athen mit die größten Kunstwerke und die bedeutendste Gedankenwelt aller Zeiten; ausländische Gelehrte sehen diese Epoche daher als den Gipfel der griechischen Kultur an. Aber für die Griechen manifestiert sich der Ruhm des antiken Griechenland in Alexander dem Großen (365-323 v.Chr.), einem jungen Militärgenie, das beinahe sein Ziel, die gesamte Welt unter griechische Kontrolle zu bringen, erreicht hätte. Alexander ließ sich zu Lebzeiten vergöttern und ist noch heute für einige moderne Griechen ein Gott.

„Vornehme" Athener sahen die Heimat des jungen Königs, Makedonien, als eine wilde Grenzregion an. Sie wurde jedoch für kurze Zeit zum Mittelpunkt eines Reiches, das sich durch Alexanders Eroberungen bis zum Indus (im heutigen Pakistan) erstreckte. Als sich 1992 eine Splitterprovinz des ehemaligen Jugoslawien „Republik Makedonien" nannte, war die Empörung der Griechen in aller Welt groß. Viele fürchteten, dass die Republik Ansprüche auf die griechische Provinz gleichen Namens erheben würde; zudem erschien ein nicht-griechischer Staat namens „Makedonien" den Nachfahren Alexanders fast als Gotteslästerung.

Alexander war der Inbegriff der griechischen Version von vorbestimmtem Schicksal, und die Griechen glaubten sich auserwählt, diesen Schicksalsbegriff den Barbaren um sie herum zu verkünden. Alexander steht auch für den Einfluss des Ostens, der die griechische Kultur so durchdringt und der von den westlichen Gelehrten gerne heruntergespielt wird. Denn Griechenland soll die Wiege

der westlichen Kultur sein und es passt schlecht zu diesem Bild, dass der größte Herrscher des Landes überhaupt den orientalischen Glanz seiner eroberten Gebiete, zu denen auch das Industal gehörte, so bereitwillig annahm. Aber dieser östliche Einfluss ist ein essentieller Bestandteil der Kultur Griechenlands: Gold und Weihrauch, Mosaike und Stickereien sind sowohl Elemente der griechischen wie auch der persischen Welt.

Alexanders nach Osten gewandtes Königreich brachte den Inseln an der kleinasiatischen Küste Reichtum, besonders Rhódos. Aber so einigend Alexanders Herrschaft auch war, sein früher Tod markierte den Anfang vom Ende des großen, instabilen Reichs. Schließlich schlugen die Römer die Makedonier in den Makedonischen Kriegen im 2. Jh. v. Chr. und Rom annektierte die griechische Welt. Die Haltung der Römer gegenüber den Griechen war gemischt. Einerseits hatten sie Hochachtung vor deren kulturellen Leistungen: Römische Kaiser hatten griechische Lehrer, unternahmen Rundreisen

durch Griechenland und verschifften Kunstschätze in ihre Hauptstadt (und gaben damit ein Vorbild für zukünftige Besatzer). Andererseits waren die Griechen für sie ein unterworfenes Volk, das dementsprechend behandelt wurde. Unter den Römern entwickelte sich Dílos zum florierenden Handelszentrum der Ägäis.

Als Kaiser Diokletian 284 n. Chr. den Thron bestieg, war das Römische Reich geschwächt und zu groß. Diokletian teilte es daher in eigenständige Verwaltungsbereiche, das Oströmische und das Weströmische Reich, auf. Dies führte zu einem Zwist zwischen den Herrschern, der 324 durch den Sieg Konstantins im Bürgerkrieg beendet wurde, aus dem er als einziger Kaiser des wiedervereinigten Römischen Reiches hervorging. Konstantin bekannte sich zum Christentum und verleg-

Oben: Das zweistöckige „Haus des Hermes" auf der Insel Dílos stammt aus hellenistischer Zeit. Rechts: In der griechisch-orthodoxen Kirche werden Kinder bei der Taufe vollständig ins Wasser eingetaucht.

te die Hauptstadt nach Byzanz, das fortan Konstantinopel hieß.

Das Byzantinische Reich blühte elf Jahrhunderte lang und wurde so eines der beständigsten Europas. Dennoch markierte es eine weitere Grenzlinie zwischen West- und Osteuropa – nicht nur geografisch, sondern auch in der Weltanschauung. In der Geschichte Westeuropas wird die Periode zwischen dem 5. und 14. Jh. v. Chr. das „dunkle Zeitalter" genannt, in dem die Menschen unter der Invasion von Barbaren, der Pest und den Härten des Alltags in einer feudalen Bauerngesellschaft litten; es wurde durch das Aufkommen der „Renaissance" beendet, einer Rückkehr zu Lehre, Kultur und Licht. Für die Griechen aber war diese Periode in keinster Weise „dunkel", sie war vielmehr der Höhepunkt von Byzanz, mit der höchst entwickelten Gesellschaft, Philosophie und Kultur des Ostens. Aus griechischer Sicht gab es keinen „Niedergang und Fall" des Römischen Reiches im 5. Jh., denn das mächtige Byzantinische Reich *war* das Römische Reich. Das

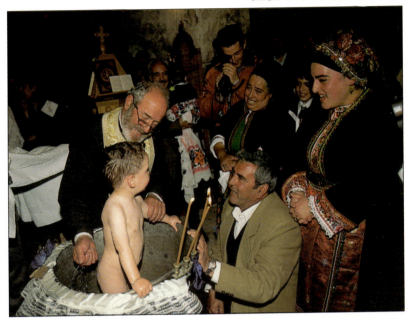

Adjektiv *romeikos*, römisch, steht immer noch für griechisch; sein Gegenteil ist *tourkikos*, türkisch.

Historisch gesehen war das Byzantinische Reich die einzige Zeit, in der die griechische Welt auch in Europa eine größere politische Macht darstellte. Nicht dass Byzanz immer ganz oben war; seine Geschichte ist vielmehr ein ständiger Kampf mit den umliegenden Ländern und internem Zwist, vor allem über religiöse Fragen. Dennoch ist es noch immer ein Eckpfeiler griechischer Identität. Die Griechen bezeichnen Konstantinopel heute noch als *O Polis*, „die Stadt", und verweisen darauf, dass das türkische Wort Istanbul vom griechischen *eis tin polis*, „zur Stadt", stammt. Außerdem war das Byzantinische Reich eine führende Macht im Christentum und ist bis heute das geistige Zentrum dessen, was die Griechen als wahres Christentum betrachten: der orthodoxen Kirche, deren enormer Einflussbereich im 6. Jh. im Osten bis Arabien und im Westen bis zum Maghreb reichte. Immer noch verlangen die kirchlichen Gesetze, dass der geistige Führer der orthodoxen Griechen aus Konstantinopel kommt: ein Gesetz, das nur schwer zu befolgen ist, da es dort kaum noch Griechen gibt.

Die Differenzen zwischen der orthodxen und der römisch-katholischen Kirche begannen im 5. Jh. und wurden durch die Verdammung des Patriarchen von Konstantinopel durch Papst Leo IX. 1054 zementiert. Sie behinderten in den folgenden Jahrhunderten die diplomatischen Beziehungen zwischen Ost und West, und Anhänger beider Seiten, insbesondere Serben und Kroaten, erinnern sich bis heute, da die Konfessionsgrenze quer durch den Balkan verläuft, anscheinend nur ungern daran, dass auch die anderen Christen sind. 1095, zur Zeit des ersten Kreuzzugs gegen die Moslems, lag Byzanz am Schnittpunkt von Ost und West und die Westeuropäer sahen es als gefährdetes Bollwerk gegen das seit 632 n. Chr. bedrohlich expandierende Reich des Islam an, verstanden es zugleich aber auch als Ort der Häresie und des Fremden. Die

ungehobelten Westeuropäer blickten misstrauisch auf die Kultiviertheit Konstantinopels, seine architektonischen Meisterwerke (wie die große, unter Kaiser Justinian von 532-537 erbaute berühmte Kuppelkirche Hagia Sophia) mit „dekadenten" Mosaiken. Die ungestümen Kreuzfahrer zogen (über die Inseln) nach Osten, um gegen die „Heiden" zu kämpfen; viele Mitglieder dieser ungehobelten Horde machten keinen Unterschied zwischen griechischen Christen und arabischen oder türkischen Moslems, zum großen Schaden der unglücklichen Bevölkerung, die ihnen zum Opfer fiel. Dieser erste Kreuzzug erwies sich als Fehlschlag, weckte aber die Begierde des Westens auf die Schätze des Ostens. Und am Ende waren es die katholischen Europäer auf ihrem 4. Kreuzzug und nicht die

Oben: Die Kreuzfahrer erobern Konstantinopel (1204); Ausschnitt aus einem Gemälde von Tintoretto. Rechts: Griechische Unabhängigkeitskämpfer verfolgen die geschlagenen Türken, Bildtapete, 1828.

muslimischen „Heiden", die 1204 die Christenstadt Konstantinopel plünderten (statt sie zu retten) und damit das Ende des Byzantinischen Reiches einläuteten.

Der Niedergang des Byzantinischen Reichs führte zu großen Problemen auf den Inseln. So klein wie sie waren, hatten sie doch davon profitiert, strategische Basen für Konstaninopels Flotte zu sein und hatten wenig eigene Verteidigungsmöglichkeiten gegen Feinde. Nun waren sie durch das Fehlen einer Schutzmacht mehr denn je Invasoren schutzlos ausgeliefert. Die Piraterie nahm überhand – deshalb wurden im Mittelalter die Städte auf den Inseln im Landesinneren gebaut, in sicherem Abstand vom Meer und möglichst auf einem Hügel, so dass man sah, wer sich näherte. Auf den Inseln sind Legenden von Piratenhöhlen, Schlupfwinkeln von Schmugglern und vergrabenen Schätzen immer noch lebendig.

Einige Wehranlagen aus jener Zeit blieben erhalten. Die Venezianer, die auf Korfu, Zákinthos und Kefaloniá im Ionischen Meer bereits feste Basen hatten, übernahmen nach dem 4. Kreuzzug die Kontrolle über die Kykladen und regierten das Herzogtum Náxos bis 1537; sie errichteten auf den Inseln neue Burgen oder verstärkten alte byzantinische. Eine rivalisierende Seemacht, die Genueser, hielt u. a. Híos und Sámos und befestigte diese Inseln. Die Kreuzritter waren mittlerweile aus dem Heiligen Land vertrieben worden und hatten sich auf ihre Hochburg Rhódos zurückgezogen, wo die Johanniter bis 1522 die Stellung hielten. Aber am Horizont erhob sich eine andere große Macht: das Osmanische Reich, das 1453 Konstantinopel eroberte und damit dem Byzantinischen Reich endgültig den Gnadenstoß versetzte.

Nun stand der Eroberung der griechischen Welt, der Inseln und des Balkans, durch die moslemischen Osmanen nichts mehr im Wege. 1522 vertrieben die Türken die Kreuzritter von Rhódos, und nach 1537 griffen sie auch die Kykladen an. Bis 1566 übernahmen sie von Venedig das Herzogtum Náxos und von Genua die Nordostägäischen Inseln; allein Kreta blieb bis 1669 venezianisch.

Jetzt war das Osmanische Reich zum größten Europas geworden, und „Griechenland" war nur noch eine Ansammlung von Territorien in ihm. Das Volk der Griechen wurde vor allem durch die gemeinsame Sprache und Religion vereint und weniger durch das Territorium, lebte es doch überall verstreut. Viele Griechen träumten davon, das fremde Joch abzuschütteln und sich eine richtige territoriale Heimat (*Enosis*) zu schaffen. Es gibt viele Parallelen zwischen der griechischen Gemeinschaft unter osmanischer Herrschaft und den Juden vor der Gründung Israels; einige zionistische Schriften sind tatsächlich von den Ereignissen, die zum griechischen Unabhängigkeitskrieg führten, inspiriert.

Die Osmanen waren keine allzu strengen Herrscher; ihnen war es relativ egal, wer die Alltagsgeschäfte führte, so lange sie die übergreifende Macht besaßen. Da-

her konnte auch die orthodoxe Kirche ein bestimmender Faktor bleiben; sie pflegte die griechischen Traditionen und Ideale. Die Osmanen tolerierten sogar die Gründung griechischer Schulen, wie auf Pátmos, die sofort zu „Brutstätten" revolutionären Denkens wurden. Junge Rebellen nahmen sich die Revolutionen in Amerika und Frankreich zum Vorbild. Eine revolutionäre Gruppe, die sich „Gesellschaft von Freunden" (*Etaria Filike*) nannte, suchte nach Unterstützung für ihre nationalistischen Träume und wagte schließlich 1821 einen Aufstand gegen die Osmanen, der aber binnen weniger Stunden niedergeschlagen wurde.

Diese Offiziersrevolte entzündete einen Funken, der sich schnell ausbreitete; die Inseln spielten dabei eine wichtige Rolle. Zum einen war ihre Schifffahrtstradition sehr nützlich: Die wohlhabenden Inseln Ídra, Spetsés und Psára hatten unter den Osmanen eine der größten Handelsflotten des Mittelmeers aufbauen können und sorgten so dafür, dass die griechische Flotte einem Angriff stand-

halten konnte. Zum anderen waren einige der kleinen Inseln gute Verstecke. So schwoll etwa die Bevölkerung von Skopélos zeitweise auf unvorstellbare 70 000 an. Die erste Hauptstadt des neuen Landes lag auf der Insel Égina. Eine andere Insel, Híos, war die Lieblingsinsel des Sultans und wurde zu einem Symbol der Revolution, als der Sultan hier 1822 ein Exempel statuierte; Delacroix' Gemälde von dem Massaker an den Inselbewohnern brachte der griechischen Sache in Europa viele Sympathien ein.

In Westeuropa ließ sich die griechische Revolution gut verkaufen. Sprache und Kunst des antiken Griechenlands gehörten zum intellektuellen Gut der gebildeten Klassen, und diese fühlten sich verpflichtet, „ihr" Land zu retten. Sich der griechischen Sache anzuschließen, war wie am Trojanischen Krieg teilzunehmen

Oben: Athen um 1805 (farbige Aquatinta von E. Dodwell). Rechts: Elefthérios Venizélos, griechischer Patriot und mehrmals Ministerpräsident.

– ein Märchen, das Wirklichkeit wurde. Lord Byron war der berühmteste Westeuropäer, der nach Griechenland ging, um für Platon und Aristoteles zu kämpfen, dann aber „richtige" Griechen kennenlernte: raue Bauern und Führer von Bergstämmen (*Klefts*), die keine Ahnung hatten, wovon die zugereisten Humanisten redeten, aber beherzt für ihre Freiheit kämpften.

Das westliche Interesse rettete die Revolution; denn nachdem Mehmet Ali, der Pascha Ägyptens, auf Bitten des türkischen Sultans 1824 in Griechenland einmarschierte, wäre die griechische Sache verloren gewesen, wenn nicht Russland, Frankreich und England eingegriffen hätten. Diese drei Mächte entwarfen den Vertrag von London, der ein griechisches Fürstentum vorsah, das vom Sultan regiert werden sollte; da er ablehnte, kam es zur Schlacht von Navarino (1827), die der Sultan verlor. So wurde plötzlich der griechische Staat zu einer Realität, obwohl er völlig unter dem Einfluss von drei ausländischen Mächten stand. Erster

Präsident wurde der Korfiote Ioánnis Graf Kapodístrias; als er 1831 ermordet wurde, wollten es die drei Mächte mit der Monarchie probieren, suchten nach einer königlichen Dynastie und entschieden sich für Bayern. So wurde der 17jährige Otto, Sohn König Ludwigs I., zu Otto I., König von Griechenland.

Weiterhin wurde also die griechische Geschichte von Ausländern geprägt, die ihre Vorstellungen von dem Land aus mehr als 24 Jahrhunderte alten Schriften bezogen. Selbst die Sprache Griechenlands wurde ein Streitpunkt: *Katharévusa*, eine auf dem klassischen Griechisch basierende Kunstsprache, wurde zur offiziellen Amtssprache erklärt und nicht das *Dimotikí*, die von allen Griechen gesprochene Umgangssprache (die offziell 1978 eingesetzt wurde). König Otto sprach überhaupt kein Griechisch. Stattdessen widmete er sich der Ausschmückung des unter den Osmanen völlig heruntergekommenen Athens; die prächtigen klassizistischen Bauten sollten die antike Vergangenheit beschwören, erinnerten aber eher an Ottos Heimatstadt München (kein Wunder, denn er hatte seine Münchner Architekten mitgebracht). Die Farben Bayerns, weiß und blau, zieren bis heute die griechische Flagge.

Die Griechen selbst hatten ihrem Staat gegenüber gemischte Gefühle. Er wurde immer noch von Fremdmächten regiert und seine Wirtschaft kämpfte ums Überleben; der Lebensstandard war sehr niedrig. Außerdem lagen große Teile der griechischen Welt außerhalb der Grenzen. Die Ionischen Inseln waren bis 1862 britisch; der Dodekanes und die Nordostägäis blieben türkisch. Selbst die beiden kosmopolitischen Griechenzentren Konstantinopel und Smyrna (Izmir) lagen auf fremdem Gebiet. Tatsächlich zogen einige Griechen zurück in diese reicheren Städte des Osmanischen Reichs.

Aus diesem Gefühl unerfüllten Versprechens keimte die *Megáli Idéa*, die „große Idee", dass Griechenland ein so-

LE GRAND PATRIOTE GREC

zusagen göttliches Recht habe, den Spuren Alexanders des Großen zu folgen und die gesamte griechischsprachige Welt zu regieren. Ihr wichtigster Vertreter war Elefthérios Venizélos, nach 1909 Ministerpräsident. Dank seiner ging Griechenland mit nahezu verdoppelter Grenzlänge aus den Balkankriegen von 1912/13 hervor. Zu seinem Territorium gehörten nun auch die Nordostägäischen Inseln, Kreta und weite Teile Nordgriechenlands. Auf der Pariser Friedenskonferenz nach dem Ersten Weltkrieg trug Venizélos seine Gebietsansprüche seinen Alliierten Frankreich und Großbritannien vor. Italien, das immer noch den Dodekanes besetzt hielt, war nicht begeistert; um den Italienern zuvorzukommen, okkupierte Griechenland Smyrna und Anatolien – zur großen Freude der vorwiegend griechischen Population dieser Regionen.

Allerdings fiel der Einmarsch der Griechen mit dem Aufkommen der türkischen nationalistischen Bewegung zusammen; deren Führer Kemal Pascha (oder Atatürk) hatte bereits sein Volk – und nicht

die Westeuropäer – zum Gewinner aus dem Untergang des Osmanischen Reichs erklärt. Auf ihrem eigenen Boden konnte die türkische Armee den Griechen standhalten. Die unerwartete Niederlage von Venizélos bei den Wahlen von 1920 schwächte die mühevoll kultivierten Bande Griechenlands zu den europäischen Großmächten. Beim letzten Angriff der Türken auf die Griechen 1922 sah die internationale Gemeinschaft zu, wie Smyrna zerstört und seine griechischen Einwohner auf der Flucht massakriert wurden.

Die Folgen dieses Debakels haben das griechische Bewusstsein entscheidend geprägt. Bei der Ziehung ihrer Grenzen einigten sich Griechenland und die Türkei auf einen riesigen Bevölkerungsaustausch: die gesamte griechische Nation würde von nun an auf griechischem Terri-

torium leben. Das bedeutete die zwangsweise Umsiedlung von über einer Million Griechen aus Kleinasien, dem Land ihrer Vorfahren; nur in Konstantinopel wurden Griechen noch geduldet. Wohlhabende Familien standen auf einmal entwurzelt und heimatlos da; griechische Städte, vor allem Athen, und Dörfer, besonders auf den Nordostägäischen Inseln, wurden von Flüchtlingen überschwemmt. Die Verschleppung fand in beide Richtungen statt: Da eher die Religion als die Sprache das entscheidende Kriterium für die Staatsangehörigkeit war, wurden plötzlich zum Islam konvertierte kretische Landbesitzer in die Türkei verschleppt, während türkischsprachige orthodoxe Gläubige nach Griechenland gebracht wurden. In gewisser Weise profitierte Griechenland davon: Die Flüchtlinge brachten Fähigkeiten, Erfahrungen und manchmal auch ein kosmopolitisches Flair mit, das dem neuen Land bisher gefehlt hatte. Unter den Flüchtlingsfamilien waren Namen wie Onassis oder Kazan, die es später zu internationaler Promi-

Oben: Der „Ohi-Tag" (28. Okt. 1940) ist noch heute Nationalfeiertag. Rechts: Zweiter Weltkrieg – deutsche Fallschirmspringer besetzen Kreta (1941).

nenz brachten. Aber die melancholische Sehnsucht nach der verlorenen Heimat und dem gescheiterten großhellenischen Traum war nun unauslöschlich in die Psyche des Landes eingebrannt.

1936 ernannte König Georg II. General Ioánnis Metaxás zum Ministerpräsidenten; Metaxás überredete den König, die Verfassung zu ändern und die Pressefreiheit abzuschaffen, und regierte danach als ungeliebter Diktator. Obwohl er ausgesprochen faschistische Neigungen hatte und nur wenig für sein Land tat, behielt er jedoch wenigstens die Neutralität Griechenlands bei. Als Mussolini im Zweiten Weltkrieg italienische Truppen über die albanische Grenze nach Griechenland schicken wollte, lehnte Metaxás ab. Ganz Griechenland war stolz auf die klare Antwort *Ohi* – „Nein". Das geschah am 28. Oktober 1940, und noch heute ist der 28. Oktober, der „*Ohi*-Tag", ein nationaler Gedenktag.

In den schwer zugänglichen Gebirgsregionen vermochten die Griechen die Italiener anfangs noch im Zaum zu halten; aber dieser Widerstand störte die Expansionsgelüste Adolf Hitlers, der Kreta, die südlichste griechische Insel, als Versorgungsbasis für Rommels Afrikafeldzug brauchte. Durch ihren mutigen Kampf fügten die Griechen der deutschen Wehrmacht zwar unerwartete Verluste zu, vor allem in der Schlacht um Kreta im Mai 1941, aber das genügte nicht, um Hitlers und Mussolinis Truppen aufzuhalten. Am Ende dieses Jahres war Griechenland aufgeteilt zwischen Deutschland, Italien (das die meisten Inseln hatte) und Bulgarien.

Die Deutschen, die Athen, einen Großteil des Festlands und Kreta kontrollierten, waren die strengsten Herren: Etwa 500 000 Griechen verhungerten bei den mageren Kriegsrationen, und die Nazis deportierten die jüdische Bevölkerung – 50 000 Juden allein aus Thessaloníki – innerhalb weniger Wochen, meist direkt in die Gaskammern von Auschwitz.

Aber der Widerstand ging weiter, vor allem in den Bergen, dem traditionellen Bollwerk des Landes. Hier formierte sich die EAM, die nationale Befreiungsfront, mit ihrer Armee ELAS (Nationale Volksbefreiungsarmee), für die die Vertreibung der Deutschen nur der erste Schritt in ihrem Reformprogramm war. Beide Freiheitsarmeen wurden von der griechischen Kommunistischen Partei KKE unterstützt. Aber auch rechts gerichtete Widerstandsgruppen wie die EDES (Griechische Demokratische Liga) entstanden. Bereits vor Kriegsende kam es zu Kämpfen zwischen diesen Fraktionen, die sich nach dem Abzug der Deutschen und der Ankunft der britischen Truppen 1944 verschärften. Winston Churchill war ein Anhänger der Monarchie und daher gegen die Kommunisten. Er hatte bereits mit Stalin abgesprochen, dass bei der Umverteilung der Macht nach Kriegsende Großbritannien in weiten Teilen für Griechenland zuständig sein würde; Stalin befahl daher seinen Anhängern, ihre Waffen niederzulegen und sich den Bri-

ten zu fügen. ELAS-EAM demonstrierte dagegen in Athen; als die Polizei in die Menge schoss, löste sie damit eine monatelange Auseinandersetzung aus, die „Schlacht von Athen", die mehr als 13 000 Menschenleben forderte. Die Rechte fuhr fort, die Linke zu terrorisieren; die repressive Situation wurde noch verstärkt, als die KKE 1946 die Wahl boykottierte, die eine rechts gerichtete Regierung zur Folge gehabt hätte. Die zur Flucht gezwungene Linke versammelte sich in den Bergen, formierte Guerilla-Truppen und richtete sich auf einen offenen Bürgerkrieg ein.

Die Briten waren nach dem Krieg zu Hause mit eigenen Nöten geschlagen und zogen sich daher zurück. Nun mischten sich die USA ein und begannen ihren Nachkriegskampf gegen den Kommunis-

Oben: Konstandínos Karamanlís wird 1974 nach dem Sturz der Militärjunta Ministerpräsident. Rechts: Seit seinem EWG-Beitritt 1981 produziert Griechenland Obst und Gemüse für den europäischen Markt.

mus, der in so viele unglückliche Auslandskonflikte münden sollte. Dank ihrer massiven finanziellen und strategischen Unterstützung konnte die Rechte die KKE vertreiben. Die USA fuhren mit ihrer finanziellen und militärischen Hilfe für Griechenland fort und stärkten so ihre strategische Position gegenüber der Sowjetunion im Kalten Krieg.

Unter dem konservativen Ministerpräsidenten Konstandínos Karamanlís begann sich nach 1955 die wirtschaftliche Situation zu bessern. 1961 aber errang der Koalitionspartner, die Zentrumsunion-Partei, unter dem beliebten Politiker Geórgios Papandréou einen beachtlichen Erfolg in einer Wahl, die mit aller Macht von der Rechten zu ihren Gunsten manipuliert worden war. 1964 wurde Papandréou schließlich zum Ministerpräsident gewählt. Aber er hatte nicht viel Zeit zur Umsetzung seines Reformprogramms: Am 21. April 1967 putschte eine Gruppe von Generälen und übernahm die Regierung.

Die USA spielten in Griechenland eine unrühmliche Rolle: Der CIA rüstete die nun im Stil eines Drittweltlands herrschende Militärjunta aus. Die Ideologie der Generäle ging zurück bis auf die Tage Metaxás': Sie wollten ein besseres, reineres Griechenland, das frei sein sollte von solchen modernen Übeln wie langem Haar und Mini-Röcken. Jeder Andersdenkende wurde in abgelegene Straflager geschickt, von denen viele auf den Inseln waren; zu den Gefangenen gehörten Papandréou und sein Sohn Andréas. Einer der bittersten Vorfälle unter der Militärdiktatur war der Studentenaufstand in Athen im November 1973: Panzereinheiten fuhren in die Menge, und einige Studenten wurden getötet.

Ereignisse auf Zypern führten dann zum Niedergang der Junta: Unter Führung des Erzbischofs Makários hatten die griechischen Zyprioten – die Bevölkerungsmehrheit – seit 1955 die Vereinigung mit Griechenland gefordert; die tür-

kische Minderheit hingegen sprach sich für die Teilung der Insel aus. Als die britischen Besatzungstruppen endlich abzogen, wurde die Insel 1960 zu einer unabhängigen Republik erklärt und Makários ihr erster Präsident. 1974 plante die Junta die Ermordung von Makários, um ihn durch einen Vertreter der Rechten zu ersetzen. Aber der Plan ging nach hinten los: Makários floh und die Türkei besetzte 1974 den Nordteil der Insel. Die daraus resultierende Teilung der Insel in einen türkischen und einen griechischen Sektor führte zu einer bis heute festgefahrenen Situation.

Die Generäle überstanden dieses Fiasko nicht und Karamanlís wurde aus dem Exil zurückgerufen, um das Land aus dem Chaos zu führen. Eins seiner Hauptziele war die Mitgliedschaft in der EWG, das er 1981 verwirklichte, dem Jahr, in dem die PASOK, die Panhellenische Sozialistische Bewegung, an die Macht kam. Unter der Führung von Andréas Papandréou hatte die PASOK mit dem Versprechen von antiamerikanischen und ge-

gen die EWG gerichteten Maßnahmen gewonnen, die sie aber nicht umsetzte, zum Glück für das Land, das dank vieler Kredite der EWG einige Krisen überstand. Trotzdem wurde der greise Papandréou mit Unterbrechungen immer wieder gewählt, bis zu seinem Tod 1996. Sein alter Rivale Karamanlís blieb bis zu seinem Lebensende 1997 Führer der Opposition. Die PASOK hat noch immer breiten Rückhalt im Volk.

Die riesigen Militäreinrichtungen auf den Inseln, besonders in Nähe der Türkei, erinnern an die Kälte der türkisch-griechischen Beziehungen; aber bei den meisten Streitigkeiten heutzutage geht es um Fischereirechte oder Ölbohrungen in der Ägäis. Die wahren Grenzkonflikte in den 1990ern spielten sich im Norden ab, mit dem Zustrom albanischer Immigranten (auch auf die Inseln) und der Empörung über den Namen der Republik Makedonien. Aber die einzige Invasion, die heute auf den Inseln wirklich zählt, ist die jährlich wiederkehrende deutscher, britischer und skandinavischer Touristen.

GRIECHISCHE KUNST UND ARCHITEKTUR

Die expressiven, abstrakten Figuren von Frauen und Männern, die mit dem Begriff Kykladen-Kunst bezeichnet werden, haben heute einen Kultstatus erlangt, den sie wahrscheinlich auch zur Zeit ihrer Schöpfung schon in einem wörtlicheren Sinn hatten. Man weiß jedoch nicht, welche Funktion sie erfüllten; man kann nur festlegen, dass sie aus der Zeit zwischen 3200 und 2000 v. Chr. stammen und ursprünglich bemalt waren. Die Marmoridole entwickelten sich von einfachen, beinahe zweidimensionalen Gottheiten hin zu komplexeren sitzenden Figuren, oft Musikern; aber sie behielten ihre einfache, stilisierte, geometrische Form bei, die an Werke von Picasso oder Henry Moore erinnern.

Oben: Ein Schnabelgefäß aus minoischer Zeit (um 1800 v. Chr.), Festós, Kreta. Rechts: Vase im geometrischen Stil. Rechts außen: Archaischer Kúros aus Sámos.

Nach 2000 v. Chr. erblühte auf Kreta die **Minoische Kultur**: ausgedehnte Paläste und ein Fehlen von Wehranlagen deuten auf ein friedliches Königreich hin, das sich in seiner reichen Kunst widerspiegelt. Die minoischen Figuren auf Fresken und Keramiken sind stilisiert, aber kraftvoll: Knaben mit Wespentaillen stürzen sich auf einen Bullen; ein glotzäugiger Tintenfisch breitet seine Fangarme über eine Amphore aus. Die minoischen Fresken wurden direkt auf dem feuchten Putz ausgeführt; die schönsten sind in Knossós auf Kreta und Akrotíri auf Thíra zu bewundern.

Die nachfolgende **Mykenische Kultur** (1500-1100 v. Chr.) ist bekannt für ihre Festungen (großartig: die Ruinen von Mykene); auf einigen Inseln sind sie in Form von Zyklopenmauern sichtbar.

Die griechischen Töpferarbeiten sind sehr viel interessanter, wenn man lernt, zwischen den verschiedenen Epochen und unterschiedlichen Gefäßarten zu unterscheiden. Eine *Ámphora* ist ein Krug mit einem schmalen Hals und zwei Hen-

keln; kleinere waren verziert, größere dienten zur Lagerung und für den Transport (unverzierte finden sich oft in Schiffwracks). Andere häufige Formen sind der *Kratér*, ein Krug oder eine Vase mit weiter Öffnung und meistens auch Henkeln, und der *Kýlix*, eine flache Schale oder ein Teller auf einem Ständer.

Der kunsthistorische Begriff für das 9. und 8. Jh. v. Chr. ist der **Geometrische Stil** wegen der abstrakten, geometrischen, nicht figurativen Ornamente auf den Töpfereien. Nach und nach erscheinen dann Menschen auf den Amphoren und Kratern in Szenen, die mit der Zeit immer narrativer werden.

Um den Beginn des 7. Jh. v. Chr. machte die griechische Skulptur die ersten Schritte in ihre ruhmreiche Zukunft. Arbeiten der **Archaischen Zeit** (ca. 700-500 v. Chr.) verweisen auf den lebhaften Handel in der antiken Welt des Mittelmeerraums: auf ihnen sind Motive aus Babylon und Ägypten zu erkennen. Die archaischen Skulpturen sind äußerst stilisierte, idealisierte menschliche Figuren.

Sie stellen entweder einen Jüngling (*Kúros*) oder ein Mädchen (*Kore*) dar, deren langes Haar in tadellosen Locken auf die Schultern fällt; die Frauen tragen Gewänder, die sich in gleichmäßige Falten legen, der Mann ist nackt. Die stehenden Figuren haben einen Fuß ein wenig vor den anderen gesetzt, und ihre Gesichter tragen ein zartes, auf das Jenseits gerichtete Mona-Lisa-Lächeln. Einige dieser archaischen Kuroi, die auch eine religiöse Funktion hatten, waren gigantisch: auf Sámos und Náxos gefundene waren bis zu 10 m hoch.

480 v. Chr., das Jahr, in dem die Griechen die Perser besiegten, war ein Wendepunkt im griechischen Bewusstsein; dies spiegelte sich unmittelbar in der Kunst wider. Die steifen Kuroi drehten sich nun ein wenig um ihre strikt vertikale Achse und wurden mit Leben erfüllt. Die griechischen Skulpturen der nun beginnenden **Klassischen Periode** (480-323 v. Chr.) waren zwar noch idealisiert, aber viel realistischer und dynamischer. Dieser Wechsel fällt zusammen mit der Er-

zusätzlichen Platz für Skulpturen. Die Tempel waren vermutlich in leuchtenden Farben bemalt und die Kultstatuen der Götter, heute längst verschollen, bildeten den Mittelpunkt. Die Statue des Zeus von Phidias in Olympia war eines der Sieben Weltwunder; seine große Elfenbeinstatue der Athena im Parthenon repräsentierte ein Gutteil des finanziellen Vermögens der Stadt und verlor viele ihrer goldenen Verzierungen, als während des Peloponnesischen Kriegs immer mehr Geld benötigt wurde.

Heute sind von vielen Tempeln nur Fundamente und ein paar Säulen übrig. Auf dem Festland sind diese Säulen meistens schlichter und in *Dorischer Ordnung*: einfache, geriffelte Schäfte mit flachen, unverzierten Kapitellen, die das Dach tragen. Dorische Säulen sieht man im Parthenon, dem Tempel der Aphaéa auf Égina und dem Apollo-Tempel auf Dílos. Aus Ionien kommend, setzte die *Ionische Ordnung* ihre Säulen auf eine Basis und schloß sie oben mit einem Kapitell aus zwei spiralförmigen Voluten ab. Die einzig übrig gebliebene Säule des Hera-Tempels auf Sámos ist ionisch; besser erhaltene Beispiele finden sich im Erechtheion in Athen. Seltener sind die für die *Korinthische Ordnung* typischen ornamentalen, großen Kapitelle.

Sinnlichkeit und Sanftheit charakterisieren die Skulpturen der „barocken" **Hellenistischen Zeit** (336-23 v. Chr.). In den Arbeiten von Praxiteles und anderen späteren Bildhauern gewinnt die Schönheit den Vorrang vor der Erhabenheit: Die Nike von Samothráki und die Venus von Milo, beide im Louvre, oder die Laokoongruppe im Vatikan stammen alle aus dem 2. und 1. Jh v. Chr. Viele dieser Skulpturen können heute nur dank des unermüdlichen Kopierens der **Römer** (88 v. Chr.-391 n. Chr.) besichtigt werden, deren Villen ebenfalls Mosaikböden und kleinere dekorative Skulpturen besaßen.

Die Kunst der **Byzantinischen Zeit** (395-1204 n. Chr.) ist eine direkte Weiter-

richtung der großartigen Bauten, welche die von den Persern auf der Akropolis in Athen zerstörten ersetzen sollten. Diese Tempel waren mit fantastischen Skulpturen und Reliefs verziert, die sich von dem getragenen Schritt der Prozession auf dem Parthenon-Fries (448 v. Chr.) hin zu dem fließenden Gewändern der Siegesgöttinnen des Tempels der Athena Nike (410 v. Chr.) entwickelten.

Die griechischen Tempel waren um Votivfiguren herum gebaute Schreine, die meist die sie umgebende Landschaft integrierten. Die Kultstatue der Gottheit stand im *Naos* oder Innenraum; manchmal gab es dahinter eine Schatzkammer mit separatem Eingang. Dieser war von einem Säulenumgang umgeben; von außen waren die Säulen das spektakulärste Element des Tempels. Unter dem Dach boten dreieckige Giebel an beiden Enden

Oben: Ionische Säule der Nordhalle des Erechtheions (Akropolis, Athen). Rechts: Ikonen – sowohl Symbol byzantinischer Kunst als auch orthodoxer Religiosität.

führung der Themen und des Stils des klassischen Griechenlands. Im frühen Christentum wird Orpheus mit seiner Lyra zu König David, die aus Kleinasien stammende Fruchtbarkeitsgöttin Artemis zu Maria. Das Statische der archaischen griechischen Skulptur, die Wiederkehr festgelegter Typen, findet sich bei den byzantinischen Ikonen wieder, deren Figuren eher symbolische Werte als realistische Verdienste repräsentieren. Eine Idee in eine sichtbare Form zu kleiden, hat einen festen Platz in der Theologie der orthodoxen Kirche, und die Ikonenmalerei selbst ist eine Art des Gebets: Eine Ikone ist ein Fenster mit Blick auf die Realität des Himmels, und deshalb dürfen sich die Darstellungen eines bestimmten Heiligen von Ikone zu Ikone nicht unterscheiden; die dreidimensionale Darstellung ist streng verboten. Zu den bedeutendsten Werken gehören die großartigen Fresken im Kloster Néa Moní auf Híos. Diese Kirche ist zugleich ein perfektes Beispiel für die byzantinische Architektur: ein griechisches Kreuz mit einer Kuppel in der Mitte, das den Betrachter in einen ganz anderen räumlichen Kontext setzt als der längliche katholische Entwurf.

In der Inselarchitektur des **19. und 20. Jahrhunderts** ist der Einfluss anderer Länder ausgeprägt: Korfus Kopie der Rue de Rivoli, Villen im italienischen Stil auf Síros, die klassizistischen Häuser auf Sími oder die italienischen, futuristischen Bauten aus den 1930er Jahren auf Léros. Dennoch gibt es auch ein paar für die Inseln charakteristische Elemente: Auf die Fassaden der Häuser in den Mastix-Dörfern auf Híos sind schwarzweiße geometrische Ornamente gemalt. Ebenfalls schwarzweiß sind die *Krokalia* genannten Kieselmosaike mit Mustern oder figurativen Darstellungen in Kirchhöfen, auf Plätzen und in privaten Gärten. Der Begriff Kykladen-Architektur beschwört heute vor allem Visionen von weißgetünchten Hauswänden mit blauen Tür- und Fensterrahmen herauf – schlichte kubische Bauten, die zum omnipräsenten Postkartenmotiv avancierten.

ATHEN
Antike und moderne Hauptstadt

AKROPOLIS
AGORÁ / PLÁKA
MONASTIRÁKI / OMÓNIAPLATZ
SINDÁGMAPLATZ
VASSÍLISSIS SOFIÁS BOULEVARD
PIRÄUS

Athen

Voller Menschen und Hektik, die Smogluft erfüllt von Verkehrslärm – am modernen Athen müssen viele Reisende erst Geschmack finden. Als Verkehrsknotenpunkt für ganz Griechenland ist es auch für viele Inselspringer Zwischenstation: Man besucht zur Einstimmung die Akropolis, bevor man zum Inselparadies seiner Träume weiterreist. Die Rückkehr in das hochsommerlich heiße Athen nach ein oder zwei Wochen an einem idyllischen Inselstrand erscheint dagegen manchem wie ein Alptraumszenario.

Dennoch lohnt es, sich auf Athen einzulassen. Immer wieder stößt man ganz zufällig auf die Zeugen der langen und bewegten Geschichte der Stadt: Im Zentrum verkehrsreicher Plätze entdeckt man plötzlich eine byzantinische Kirche, die den Strom der Autos und Fußgänger so selbstverständlich teilt wie ein Fels einen Fluss. Klassische Säulen ragen aus Zypressen-Wäldchen empor und lassen einen den grauen Beton der Straßen und Gebäude um sie herum vergessen.

Viele Teile der Stadt legen Zeugnis ab von den Jahren Mitte des 19. Jh., als ein ausländischer König, der Bayer Otto I.,

Vorherige Seiten: In den Markthallen von Athen. Links: Die Minoischen Fresken aus Thíra gehören zu den schönsten Exponaten des Archäologischen Nationalmuseums.

eine griechische Hauptstadt zu schaffen suchte, die ihrer klassischen Vergangenheit würdig sein und zugleich neben den anderen europäischen Metropolen bestehen können sollte. So begann die ehrgeizige Umgestaltung einer Kleinstadt, die 1834, als der Regierungssitz des neuen, von der Türkei unabhängigen Griechenlands von Nauplia hierher verlegt wurde, noch ganze 4000 Einwohner und etwa 300 Häuser zählte. Weitere Baubooms folgten: 1923, als sich Athen mit einem gewaltigen Zustrom griechischer Flüchtlinge aus Kleinasien konfrontiert sah, und in den Jahren nach dem Zweiten Weltkrieg. Das Nebeneinander von Alt und Jung verleiht der Stadt ihr einzigartiges Flair: Einerseits verweist sie mit Stolz darauf, der Ursprungsort aller europäischen Hochkulturen zu sein, was die großartigen Ruinen der Akropolis belegen; andererseits hat sie die jugendliche Dynamik einer Stadt, die in ihrer jetzigen Inkarnation erst etwa 150 Jahre existiert.

DIE **AKROPOLIS

Im alten Griechenland hatte nahezu jede Stadt ihre eigene Akropolis, einen lokalen Hügel mit einer „hohen Stadt" aus Tempeln und Schreinen für die Götter. Aber die **Akropolis** ❶ Athens ist so herausragend und hat so viel von ihrem

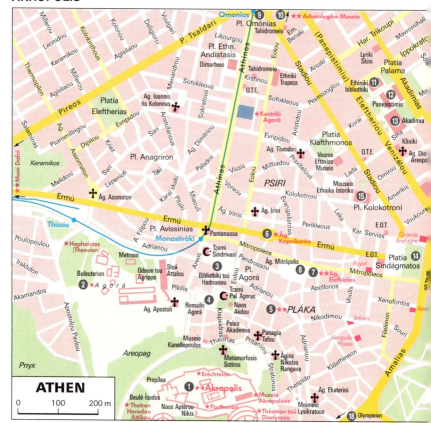

früheren Glanz bewahrt, dass sie zu *der* Akropolis wurde, der einzigen, die des Namens würdig ist. Trotz der venezianischen Granate, die im 17. Jh. den bis dahin intakten Parthenon zu einer prächtigen Ruine reduzierte – die Türken benutzten den Bau damals als Pulvermagazin – und trotz der fragwürdigen Art der Restaurierungsarbeiten, die die Bauwerke in ihrem früherem Glanz wiederherstellen sollen, bleibt die Akropolis von Athen der beste Ort Griechenlands, um die kulturellen Errungenschaften des klassischen Altertums zu würdigen.

Auf der Akropolis standen nicht von vornherein Marmortempel: Im 5. Jh. v. Chr. waren viele der Kultstätten aus Holz. Diese frühen Bauten fielen dem Ansturm der Perser zum Opfer. Persiens wachsende Macht wurde 490 v. Chr. zur konkreten Bedrohung, als König Darius eine gewaltige Streitmacht gegen Griechenland führte, die aber – aller Wahrscheinlichkeit zum Trotz – von der Armee des viel kleineren Stadtstaates Athen in einer Schlacht in der Ebene von Marathon besiegt wurde. Zehn Jahre später unternahm der persische König Xerxes eine Strafexpedition gegen die Emporkömmlinge aus Athen; seine Truppen überrannten die Stadt und brannten die Akropolis nieder, die große persische Flotte aber wurde dann bei Salamis von der taktisch überlegenen Flotte Athens besiegt.

Diese Siege gegen einen zuvor unbezwingbar scheinenden Feind aus dem Os-

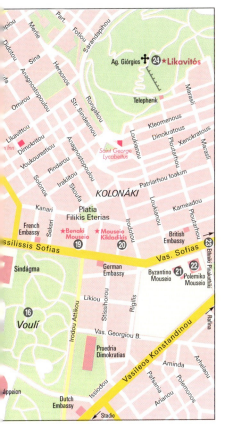

(nach dem Archäologen benannt, der es „entdeckte"), herauf zu den imposanten **Propyläen** auf der linken Seite, den Durchgangshallen zur Stätte. Dieses architektonische Meisterwerk wurde aufgrund des Ausbruchs des Peloponnesischen Krieges nie ganz fertiggestellt.

Zur Rechten liegt der (rekonstruierte) zierliche **Tempel der Athena Nike**, 420 v. Chr. zum Gedenken an den Sieg (*nike*) der Stadt über die Perser erbaut. Auch wegen der guten Aussicht – an einem klaren Morgen kann man Piräus und den Saronischen Golf sehen – gab es an dieser Stelle schon lange vor Perikles heilige Bauten. Einer Legende nach wartete hier König Aigeus auf die Rückkehr seines Sohnes Theseus. Theseus war nach Kreta gereist, um Athen von seiner Verpflichtung zu befreien, jedes Jahr 14 Jünglinge und Jungfrauen als Opfer für den Minotauros zu schicken. Theseus hatte mit seinem Vater verabredet, im Fall seines Sieges ein weißes Segel zu setzen; aber durch sein Abenteuer mit Prinzessin Ariadne wurde er abgelenkt und vergaß es. Als Aigeus das Schiff mit rotem Segel zurückkehren sah, stürzte er sich verzweifelt von der Klippe (aber auch Kap Sunion könnte der „Tatort" gewesen sein).

Die Schlüssellegende der Akropolis ist die von Athens Schutzgöttin Athena. Sie und Poseidon wetteiferten hier darum, wer den Bürgern Athens mehr bieten könne. Mit einem mächtigen Stoß seines Dreizacks schuf Poseidon eine Quelle; Athena aber bot einen Olivenbaum dar, der sogar noch nützlicher war, gab er doch Früchte und Öl, Schatten und Holz. Daher übernahm die Stadt ihren Namen.

Der Haupttempel der Jungfrau (*parthenos*) Athena, der ***Parthenon**, ist nach wie vor eines der Meisterwerke der Weltarchitektur. 46 dorische Säulen stehen auf einem gewölbten Fundament. Sie sind leicht gekrümmt und geneigt, um die Illusion perfekter Geradheit hervorzurufen.

Die Zierde des Parthenons bildeten seine Skulpturen. Sie thematisierten u. a.

ten gaben der Stadt Athen neues Selbstbewusstsein und Stolz, was sich auf zweierlei Weise ausdrückte: materiell in einer Flotte, die bald die gesamte Ägäis dominierte, und schöpferisch in den Tempeln, die die Stadt den Göttern aus Dank für den Sieg auf ihrer Akropolis errichtete. Unter dem gewählten General Perikles entstanden im Goldenen Zeitalter Athens Bauwerke und Skulpturen der größten Künstler des antiken Griechenland, vor allem von Phidias.

Die Akropolis war ein heiliger Ort. Sie wurde für Rituale und religiöse Feste genutzt, besonders, seit 566 v. Chr., für das Panathenäenfest. Der Festzug schlängelte sich auf dem Panathenäischen Weg entlang durch die Stadt und das **Beulé-Tor**

den Triumph des zivilisierten Menschen über die rohen Kräfte der Natur und der Barbarei, ein Ausdruck von Athens Überlegenheitsgefühl nach dem Sieg über die Perser und der so errungenen Vorherrschaft über die griechischen Meere. In den (heute verlorenen) Giebelfeldern, die Athenas Geburt und ihren Wettstreit mit Poseidon illustrierten, war dies weniger deutlich als in den 92 Metopen mit Szenen von mythologischen Schlachten zwischen Göttern und Giganten, Griechen und Amazonen, Kentauren und Lapithen. Dieses Thema ging über in den großartigen Parthenon-Fries, der sich wie ein Band um den Bau zog und einen Panathenäenzug zeigte, so wie er damals wohl tatsächlich stattfand. Mit die feinsten Details weisen die ihre Rosse zügelnden Reiter und die Männer, die Rinder zur Opferung führen, auf. Diese Werke wurden von dem Bildhauer Phidias entworfen, der auch das Mittelstück der Akropolis, die zehn Meter hohe Votivstatue der Athena aus Gold und Elfenbein, schuf. Sie galt als eines seiner Meisterwerke und verschwand in der frühen byzantinischen Zeit. Heute existieren nur noch Kopien der Statue.

Auch zahlreiche andere Skulpturen und Reliefs des Parthenons sind nicht mehr vorhanden. Vieles, was nicht der bereits erwähnten venezianischen Granate zum Opfer fiel, wurde um 1800 von Lord Elgin nach London gebracht und ist im British Museum ausgestellt. Angesichts der zerstörenden Wirkung des Athener *nefos* (Smog) auf die zurückgebliebenen Fragmente steht diese Tat im Hinblick auf die Konservierung der Skulpturen in einem positiven Licht, auch wenn sie vom ethischen Standpunkt aus weniger vertretbar erscheint. Auf der Akropolis findet man heute nur noch Abgüsse der Originalstatuen; im besuchenswerten *Akropolis-Museum sieht man

Rechts: Blick auf die Akropolis und den Likavitós von Südwesten.

ein paar geschwärzte, verwitterte Steinklumpen, die einst stolze Reliefs von Reitern und Wagen waren. Man kann hier jedoch auch großartige archaische Skulpturen aus dem 6. Jh. v. Chr. bewundern.

Lord Elgin entfernte auch eine der anmutigen Karyatiden von der Südterrasse des *Erechtheion, des letzten im Dreigestirn der großen Bauwerke der Akropolis. Es wurde von 420 bis 406 v. Chr. an der Stelle errichtet, wo der Überlieferung nach Athenas erster Olivenbaum gestanden hatte – obwohl ein Teil des Baus auch Poseidon gewidmet ist.

Ein weiterer wichtiger Aspekt des religiösen Rituals war das Theater. Stücke von Aischylos, Sophokles, Euripides und Aristophanes wurden bei Festen zu Ehren des Gottes Dionysos aufgeführt. (Üblicherweise waren es drei Tragödien, gefolgt von einem Satyrspiel; die *Orestie* des Aischylos ist die einzige vollständig erhaltene Trilogie.) Die Marmorteile des *Dionysos-Theaters lösten im 4. Jh. v. Chr. die früheren Holzbauten ab. Das Theater fasste 17 000 Besucher. Manche Aufführungen waren so mitreißend, dass einige schwangere Frauen bei dem Auftritt der Furien von Aischylos vor Schreck Fehlgeburten erlitten. Heutzutage beeindruckt das römische *Odeion des Herodes Atticus stärker, ein halbrundes Amphitheater mit gemauertem Prospekt. Es stammt aus dem Jahr 161 n. Chr. und war ursprünglich überdacht. Noch heute finden hier Vorstellungen statt.

Athen war auch Regierungssitz. Der Stadtrat tagte auf dem nahen Hügel **Areopag**, wo im Jahr 51 der heilige Paulus den Athenern zum ersten Mal predigte. Weiter westlich liegt der **Pnyx**, wo sich die Bürgerschaft Athens versammelte, nachdem in der Stadt die Demokratie eingeführt worden war und eine Mindestzahl von 5000 Bürgern (Frauen, Kinder und Sklaven zählten natürlich nicht dazu) notwendig war, um die Regierungsgeschäfte zu tätigen.

*AGORÁ UND **PLÁKA

Schon in der Frühzeit Athens lag das geschäftige Zentrum der Stadt am Fuß der Akropolis. Antiker Marktplatz und Treffpunkt war die **Agorá** ❷; während die Bauwerke der Akropolis vom Ruhm Athens kündeten, war die Agorá der Ort, wo Stadt und Regierung ihre Geschäfte tätigten. Einst befanden sich hier das **Buleuterion** (der Sitz des Stadtrats), die **Stoá Basileios** (Zeushalle), die das Gericht beherbergte, und der Rundbau **Tholos**, wo ab etwa 500 v. Chr. der „Rat der 500" tagte. Eine *stoá* ist eine Säulenhalle; leider ist nichts erhalten von der Stoá Poikile, in der Zenon lehrte und die der „stoischen" Philosophie ihren Namen gab. Auch Sokrates diskutierte auf der Agorá. Viel ist vom **Gymnasion** nicht übrig, das an der Stätte des **Odeion des Agrippa** errichtet wurde und später als Universität diente, bis diese im 6. Jh. n. Chr. schließen musste. Noch an ihrem Platz steht aber die restaurierte **Stoá des Attalos** (erbaut ca. 150 v. Chr.), eine frühe Ladenstraße mit Geschäften über die ganze Länge ihrer beiden Geschosse. Heutzutage beherbergt sie das **Agorá-Museum** mit Objekten, die bei Ausgrabungen seit den 1930er Jahren hier gefunden wurden.

Mitten durch die Agorá hinauf zur Akropolis führte der gepflasterte **Panathenäenweg**. Ein zentraler Punkt war das **Heiligtum der Zehn Phylen-Heroen von Athen**, nach denen die zehn attischen Volksstämme benannt wurden. Es gab hier noch weitere religiöse Bauten: den **Zwölf-Götter-Altar**, den **Altar des Ares** und den **Tempel des Ares**. Der ***Hephaistos-Tempel** (Theseion), dieser prächtige dorische Bau, erhebt sich fast unversehrt über dem Schutt der Vergangenheit; er ist der am besten erhaltene klassische Tempel von Griechenland. An der Ostseite der Agorá steht die im 11. Jh. erbaute byzantinische **Apostelkirche** mit ihrem roten Dach.

Östlich der antiken Agorá finden sich Spuren aus der Römerzeit. Die **Hadriansbibliothek** ❸ wurde 132 n. Chr. dem

Kaiser zu Ehren nahe der **Römischen Agorá** ❹ gebaut, einer Erweiterung der alten griechischen Agorá aus der Zeit um Christi Geburt. Ihre Ausgrabung ist noch im Gang. Ein römisches Wahrzeichen ist der achteckige **Turm der Winde** (Naos Aiolou; 40 v. Chr). Seinen Namen verdankt er den Reliefs der acht Windgottheiten, die seine Außenwand zieren.

Die Römische Agorá vermittelt zwischen dem antiken und dem „alten" Athen. Das Stadtviertel am Fuß der Akropolis hat sich in ein geschäftiges Touristenzentrum verwandelt: Enge Gässchen und Treppen, gesäumt von klassizistischen Fassaden, kennzeichnen die als **Pláka** ❺ bekannte Altstadt. Am Abend stehen hell erleuchtete Souvenirstände mit Vasen und Statuetten auf den Straßen, Kellner versuchen, Passanten auf die Terrassen ihrer Restaurants zu locken, Buzuki-Musik dringt aus den Lokalen, alles ist

Oben und rechts: Das alte Athen (Pláka) und die moderne Stadt (Café Neon am Omónia-platz) – ein reizvoller Kontrast.

voller Menschen, die in beschwingter Amüsierlaune durch die Gassen bummeln. Die Pláka hat sich jedoch, dem abendlichen Touristenrummel zum Trotz, eine dörfliche Atmosphäre bewahrt, vor allem in der Nachmittagshitze, wenn ihre Straßen und Stufen nur von streunenden Katzen bevölkert sind.

Als Athen 1834 Hauptstadt Griechenlands wurde, gab es im Grunde nur die Pláka. Ihre klassizistischen Fassaden sind Zeugnisse der frühen Versuche König Ottos, den Stadtteil angemessen herauszuputzen. Zuvor war die Pláka das Herz des albanischen Viertels gewesen; ihr Name – auf Griechisch „Pflasterstein" oder „Platte" – bedeutet auf Albanisch „alt".

Wenn man nach dem Besuch der zahlreichen antiken Stätten immer noch Appetit auf Kultur hat, kann man in der Pláka verschiedene Museen besuchen: das **Volkskunstmuseum**, das **Museum griechischer Volksmusik-Instrumente** oder das **Kanellopulos-Museum**, ursprünglich eine Privatsammlung mit Objekten aus dem Altertum bis zum 19. Jh.

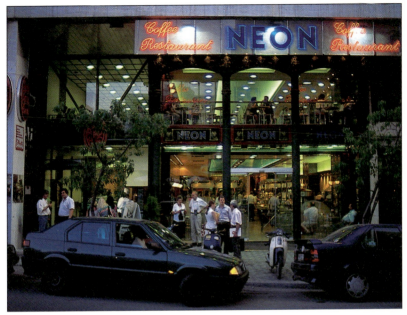

Auf dem Kidathinéon gibt es auch ein **Kindermuseum**. Aber die Hauptattraktionen der Pláka bleiben die stimmungsvollen Tavernen und die Musik – vielleicht ein bisschen zu touristisch, aber wen kümmert das an einem warmen Sommerabend unter Bäumen, die mit bunten Lichterketten geschmückt sind?

MONASTIRÁKI UND OMÓNIAPLATZ

Nachdem 1833 die letzten Türken die Stadt verlassen hatten, ließ König Otto den Kern dessen erbauen, was bis heute das Herz des modernen Athen geblieben ist. Unterstützt wurde er von seinem Landsmann, dem Architekten Leo von Klenze, der eine Partnerschaft deutscher und griechischer Architekten initiierte: Schaubert und Kleanthes entwarfen die großen Plätze (*platía*), Boulevards (*leoforos*) und öffentlichen Gebäude des Geschäftszentrums der heutigen City.

So wie die Touristenpfade das Alte mit dem Modernen verbinden, so verschmel-

zen in Athens neueren Stadtteilen Orient und Okzident miteinander. Der Geist Konstantinopels lebt im Viertel **Monastiráki**, unter der osmanischen Herrschaft einst der Basar der Stadt und immer noch Standort zahlreicher kleiner Läden. Einige von Athens schönsten byzantinischen Kirchen befinden sich hier, z. B. die ***Kapnikaréa-Kirche** ❻ zu Ehren der Darstellung Mariä aus dem 11. bis 13. Jh. auf der Ermú-Straße, oder die ****Ágios Elefthérios** (Kleine Mitropolis) ❼, dem hl. Elefthérios und der hl. Muttergottes geweiht und im 12. Jh. aus Fragmenten antiken Marmors erbaut. Heute steht sie im Schatten der viel jüngeren, von dem deutschen Architekten Schaubert entworfenen **Ágios Mitrópolis** ❽, Athens prunkvoller Kathedrale aus dem 19. Jh.

Die Hauptachse von Nord nach Süd, von Monastiráki zum zentralen **Omóniaplatz** ❾, ist der **Boulevard Athínas**, Athens Hauptgeschäftsstraße, die an den belebten ***Markthallen** (Kentrikí Agorá) und dem **Rathaus** vorbeiführt. Der „Platz der Eintracht" (Platía Omónia) wird der

Weg zu den griechischen Inseln können sich auf Funde von den Inseln konzentrieren, z. B. die aus minoischer Zeit stammenden Fresken aus Santorin, die – wie auch die Überreste von Pompeji – nach einer Vulkanexplosion um 1500 v. Chr. durch die Lava-Asche konserviert wurden. Aber sie sollten auch nicht an der Goldmaske des Agamemnon aus Mykene oder an der herrlichen Bronzestatue eines schreitenden Gottes aus Artemision vorübergehen, bei der sich die Gelehrten nicht einig sind, ob es sich um Poseidon mit dem Dreizack oder den einen Blitz schleudernden Zeus handelt.

SINDÁGMAPLATZ UND VASSÍLISSIS SOFÍAS BOULEVARD

Das Dreieck des modernen Athen begrenzen im Osten die diagonalen Straßen Panepistimíu und Akadimías, die auf den Sindágmaplatz führen. In der Panepistimíu (Venizélou) sollen drei öffentliche Gebäude die Erhabenheit des neuen griechischen Staates nach der Unabhängigkeit repräsentieren: die **Nationalbibliothek** ⑪, die größte Bibliothek des Landes, die **Universität** ⑫ mit Fresken klassischer Themen und die klassizistische, einem Tempel ähnliche **Akademie** ⑬. Alle drei wurden zwischen 1839 und 1884 von den Gebrüdern Hansen, zwei dänischen Architekten, entworfen.

Der **Sindágmaplatz** ⑭ (Platía Sindágmatos, „Platz der Verfassung") ist ein weiterer Mittelpunkt des modernen Athen und für Besucher besonders wichtig, denn in seiner Nähe liegt das Hauptbüro der Griechischen Zentrale für Fremdenverkehr **EOT**. Privatbusse starten hier zu Zielen außerhalb der Stadt und am Südende des Platzes beginnt die Filellínonstraße mit ihren unzähligen Reisebüros. Was die Gastronomie angeht, so reicht die Skala von McDonald's bis hin zum Restaurant des sehr teuren **Hotel Grande Bretagne**. Bis zum Jahr 2001 soll die neue U-Bahn-Linie fertig werden

Vorstellung von Harmonie, die man vom zentralen Platz der Stadt erwarten könnte, kaum gerecht, obwohl die ausländischen Arbeiter, die die Kafeníons dieses heruntergekommenen Bürodistrikts bevölkern, ihm etwas internationales Flair verleihen. Von hier aus führen die parallel verlaufenden Straßen des 3. September und des 28. Oktober nach Norden durch ein Viertel mit Boutiquen, vorbei an Athens bekanntestem Kaufhaus **Minion** (das in seinen trostlosen Räumen mehr als nur einen Hauch von Ostblock-Flair verbreitet) und Imbiss-Ständen, hin zu einem der größten Schätze Athens: dem **★★Archäologischen Nationalmuseum** ⑩.

In diesem klassizistischen Gebäude sind die archäologischen Glanzstücke ganz Griechenlands versammelt, eine Fülle von kunsthistorischen Exponaten, der man nicht an einem einzigen Tag gerecht werden kann. Reisende auf dem

Oben: Knoblauchhändlerin vor den Markthallen. Rechts: Die eindrucksvollen korinthischen Säulen des Olympieions (Zeustempel).

Athen

und die Baustelle auf dem Sindágma verschwinden. Die Ostseite des Platzes dominiert das heutige **Parlament** (Sindágma), um 1840 als Palast für König Otto und Königin Amalia erbaut. Am davor gelegenen **Grabmal des unbekannten Soldaten** kann man im Sommer zu jeder vollen Stunde der Wachablösung der mit Röcken bekleideten Nationalgardisten (Evzonen) zuschauen.

Im früheren Sitz des Parlaments, nördlich des Platzes auf der Stadíu-Straße, ist das **Historische Nationalmuseum** ⓲ untergebracht, mit Ausstellungen zur Geschichte – vom Ende des Byzantinischen Reiches bis in die Gegenwart.

Um das heutige Parlamentsgebäude breitet sich der ausgedehnte **Nationalgarten** (Voulí) ⓰, Athens wichtigster Park mit einem botanischen Garten und einem Zoo, aus. Im Süden schließt sich der **Park des Záppeion** ⓱ an, mit einer Kongress- und Ausstellungshalle aus dem 19. Jh. Südlich des Záppeions ragen die 13 noch erhaltenen, prächtigen korinthischen Säulen des **★Olympieion** ⓲

(Tempel des Olympischen Zeus) auf, das 515 v. Chr. begonnen und erst 131 n. Chr. vollendet wurde. Aus Dank an den römischen Kaiser Hadrian, der das langwierige Projekt vollendete, errichteten die Athener den **Hadriansbogen**.

Im Nordosten des Sindágmaplatzes beginnt der breite **Vassílissis-Sofías-Boulevard** mit seinen Botschaften, Hotels und Museen. Das **★Benáki-Museum** ⓳ beherbergt eine ursprünglich private Sammlung von byzantinischer und islamischer Kunst und Kunsthandwerk. Im **★Goulandrís-Museum der kykladischen Kunst** ⓴ sind die Früchte der Aktivitäten eines weiteren Privatsammlers zu bewundern: Nikolaos P. Goulandrís, aus einer reichen Reederfamilie, baute eine der weltweit bedeutendsten Sammlungen von Kykladenkunst auf. Markante Stücke sind die 4000 Jahre alten Figurinen aus weißem Marmor, deren abstrakte Formen in ihrer Schlichtheit und Eleganz fast wie moderne Kunst anmuten.

Im **Byzantinischen Museum** ㉑, ebenfalls auf dem Vassílissis-Sofías-Boule-

vard, kann man hervorragend nachvollziehen, wie sich aus den Formen der klassischen griechischen Kunst die Ikonen und Goldmosaiken der byzantinischen Welt entwickelten. Dennoch war es nur ein kleiner Schritt von der Stilisierung klassischer Grabstelen, die die Toten in wenigen gleichmäßigen Posen zeigen, zur Stilisierung der byzantinischen Ikonen. An einigen Objekten kann man ablesen, wie die frühe Kirche sich „heidnischer" Themen – Apollo nimmt die Gestalt Christi an – und Stätten bemächtigte: Die Tempel der Akropolis wurden für christliche Gottesdienste genutzt.

Nebenan steht das **Kriegsmuseum** ㉒ mit Waffen aus der Steinzeit bis zum Zweiten Weltkrieg. Noch weiter, nahe der Mündung der Vasiléos Konstandínos auf die Vassílissis Sofías, befindet sich die **Nationalgalerie** ㉓. Wie viele andere Athener Museen aus einer Privatsamm-

lung entstanden, dokumentiert sie die griechische Kunst der letzten Jahrhunderte, darunter Frühwerke des auf Kreta geborenen El Greco und den „Griechischen Reiter" von Delacroix sowie Werke zeitgenössischer griechischer Künstler.

In einem der Cafés des Wohnviertels **Kolonáki** hinter dem Benáki-Museum kann man sich vom Kulturmarathon erholen. In dieser exklusiven Gegend residieren Botschafter und Geschäftsleute. Die schicken Boutiquen laden zum Schaufensterbummel ein. Das Viertel liegt am Fuß des ***Likavitós-Hügels** ㉔, den der Legende nach Athena versehentlich auf die Stadt fallen ließ. Als die Türken abzogen, waren die steilen Abhänge des Hügels kahl, aber dank der um 1880 begonnenen Wiederaufforstung wachsen hier nun Pinien und Zypressen. Wen die steilen Pfade abschrecken, der kann die **Zahnradbahn** nehmen, die an der Ecke von Aristípou und Ploutárhou abfährt. Außer der herrlichen Aussicht gibt es auf dem Gipfel auch ein Lokal, die Ágios-Giórgios-Kirche und eine Freiluftbühne.

Oben: Das Pantokrator-Mosaik (11. Jh.) im Kloster Dafní lohnt den Abstecher in den Westen der Stadt.

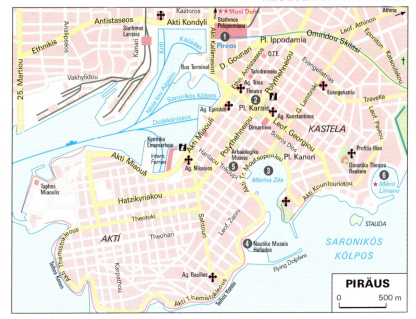

KLOSTER DAFNÍ

Hat man in Athen etwas mehr Zeit zur Verfügung, empfiehlt sich unbedingt ein Ausflug zum **Kloster Dafní**, 10 km westlich des Stadtzentrums. Die Kirche des bereits im 5. Jh. gegründeten Klosters ist für ihren wunderbaren byzantinischen Mosaikenschmuck aus dem 11. Jh. weltbekannt.

PIRÄUS (PIREAS)

Wer im Sommer in Piräus seine Fähre zu den griechischen Inseln besteigt, erlebt den Hafenbereich als heiße, die Nerven strapazierende Gegend, deren Geräuschkulisse geprägt ist von Autohupen und Nebelhörnern. Aber es gibt hier auch Jachthäfen, Tavernen, Strände und beachtenswerte Museen, die aus einem Aufenthalt in Piräus mehr als ein notwendiges Übel machen.

Im 5. Jh. v. Chr. reichte die Kapazität des alten Hafens *Phaleron* für die Flotte Athens nicht mehr aus, und Piräus übernahm dessen Funktion. Der athenische General Perikles ließ als Verbindung zwischen Hafen und Stadt die „langen Mauern" bauen. Wegen der Löwen, die die Einfahrten seiner drei Häfen bewachten, wurde der Ort später Porto Leone genannt. Wenn man auf einer Fähre den Zentralhafen verlässt, sieht man die Nachbildung eines der Löwen.

Piräus wurde nach Plänen des Hippodamos von Milet angelegt und auf dessen Entwürfen basiert auch die Straßenführung der modernen Stadt aus dem Jahr 1834. Die **U-Bahn-Station** ❶ befindet sich nahe dem **Zentralhafen**, wo die Boote zu den Inseln im Saronischen Golf, den Kykladen, den nordöstlichen Ägäischen Inseln, dem Dodekanes und nach Kreta ablegen. Hier herrscht viel Trubel und man kann kaum glauben, dass Inselurlauber jemals ihre gewünschte Fähre finden werden. Sonntag morgens sorgt ein **Flohmarkt**, einer der größten Attikas, in den Straßen um die U-Bahn-Station für Ablenkung, verstärkt aber das Gedränge noch. In der neuen, großen

Ágia-Paraskeví-Kirche gegenüber dem Hafen findet man einen Moment Ruhe.

Überquert man die Dimokratias oder eine ihrer Parallelstraßen, kommt man in ein ebenfalls geschäftiges, aber weniger touristisches Viertel; die Einheimischen treffen sich hier in den zahlreichen Cafés um den Platz vor dem **Theater ❷**.

Verweilen kann man auch in den von Seglern frequentierten Lokalen am zweiten Hafen, **Marina Zéa ❸**. Zéa ist nicht nur ein Jachthafen, sondern auch Abfahrtsstelle der Flying-Dolphins-Tragflügelboote. Grüne Plätze und Rasenanlagen zieren das Ufer. Am Südende der Marina ist in einem modernen Gebäude das **Marinemuseum ❹** mit Exponaten aus über 3000 Jahren griechischer Seefahrtsgeschichte untergebracht.

Fraglos das großartigste Museum von Piräus (und eines der besten Athens) ist das **Archäologische Museum ❺** auf der Harilaou Trikoupi mit den Ruinen eines klassischen Theaters in seinem Hinterhof. Unter den Skulpturen findet sich auch ein Löwe, vermutlich die Kopie eines der originalen Hafenwächter, die die Venezianer mitnahmen. Andere Objekte wurden auf dem Grund des Hafens gefunden, etwa Fragmente eines Frieses im Stil des Parthenon. Am stärksten beeindrucken vier fantastische Bronzen, die auf das 4. Jahrhundert v. Chr. oder früher datiert werden, darunter ein archaischer Apollo und eine Statue der Artemis, deren im naturalistischen Stil erhaltene Augen den eigenen Blick scheinbar erwidern. Drei der Bronzen wurden in einem Lagerhaus entdeckt, wo sie vor der Zerstörung der Stadt 86 v. Chr. versteckt worden waren.

Auf der Südostseite des vornehmen Wohnviertels **Kastela** befindet sich ***Mikró Límano** (Kleiner Hafen) ❻, der dritte Hafen von Piräus. Er ist von Cafés und Fisch-Tavernen gesäumt. Gegenüber liegen die Strände, aber die Fähren und Frachter sind nicht gerade eine Empfehlung für die Reinheit des Wassers.

ATHEN (☎ 01)

Die Zentrale der Nationalen Tourismus-Organisation **EOT** befindet sich in der Amerikis 2, Tel. 3223111. Filialen gibt es in der Ankunftshalle des Terminal East am Flughafen und in der National Bank of Greece am Sindágmaplatz, Tel. 3222545.

FLUGHAFEN: Ein moderner Flughafen wird in Spáta, 23 km östlich der Stadt, gebaut; Eröffnung voraussichtlich März 2001 (Informationen unter Tel. 3698300 oder http://www.athensairport-2001.gr). Bis dahin wird der Flugverkehr über den Flughafen in **Ellinikó**, 10 km südlich von Athen, abgewickelt. Es gibt zwei Terminals: **Terminal West** für *Olympic Airways*, **Terminal East** für alle anderen Linien. Kommt man am Terminal East an und hat einen Anschlussflug mit *Olympic Airways* auf eine Insel, muss man den Flughafenbus von einem Terminal zum anderen nehmen.

BUS: Der **Express-Bus 91** verbindet den Omóniaplatz (Stadtmitte Athen) mit dem Terminal East; **Bus 90** fährt zum Terminal West. Vom Zentrum Athens aus verkehrt **Bus 40** nach Piräus. Alle 30 Min. fährt ein spezieller Bus vom *Olympic Airways*-Büro am Leofóros Singroú 100 zum Terminal West. Busse nach **Rafína** (Fähren z. B. nach Évia, Ándros, Tínos, Mikonos) fahren vom Terminal C, am Egiptou-Platz, Tel. 8210872. Infos über sonstige Fernstreckenbusse siehe „Reise-Informationen", S. 241.

U-BAHN: Die neue, erweiterte U-Bahn soll 2001 in Betrieb genommen werden. Die derzeit noch einzige U-Bahn-Linie ist eine schnelle, billige Verbindung vom Zentrum Athens (Omóniaplatz oder Monastiráki) nach Piräus (20 Minuten). **Informationen über das öffentliche Verkehrsnetz**: Tel. 185 (täglich 7-21 Uhr).

TAXI: Taxi fahren in Athen ist ein echtes Abenteuer. Will man auf der Straße eines anhalten, ruft man dem Fahrer das Ziel zu, auch wenn im Auto schon andere Passagiere sitzen. Liegt es auf dem Weg, hält er an, ansonsten fährt er vorbei. Außerdem steigen die Preise, wenn man den Herkunftsort des Taxis verlässt. Am Nummernschild erkennt man, woher die Taxis kommen: A bedeutet Athen (Stadtgebiet), Z Flughafen. Ein Taxi mit A-Nummernschild vom Sindágmaplatz zum Flughafen kostet etwa 4500 Drachmen, eines mit Z-Nummernschild nur 1500 – also immer ein Taxi aus dem Gebiet nehmen, in das man fahren will. Man kann auch ein Funktaxi rufen: **Athina** 1, Tel. 9217942; **Kosmos** (Zentrum & Piräus: Tel. 4200042; Glifáda/Flughafen: Tel. 9642900); **Protoporia**, Tel. 2221623; **Piräus 1** (Piräus & Stadtzentrum), Tel. 41823335.

Athen

GEPÄCKAUFBEWAHRUNG: Am Flughafen kann man gegenüber dem Terminal West und östlich neben dem Terminal East rund um die Uhr sein Gepäck einschließen. Einige Hotels in der Pláka bewahren ebenfalls Gepäck auf, z.B. **Festos**, Filellinon 18, Tel. 3232455.

▆ ⊜⊜⊜ **Grande Bretagne**, Sindágmaplatz, Tel. 3230251, Fax 3228034. Athens bestes Hotel weckt manchmal den Wunsch nach etwas ungezwungenerer griechischer Freundlichkeit. **St. George Lycabettus**, Kleoménous 2 (Kolonáki), Tel. 7290711, Fax 7290439. Attraktiv, schöne Aussicht, Swimmingpool. **Amalia**, Xenofontos 9 (Ecke Amalia), Tel. 3237301, Fax 3238792, E-mail: hotamal@netor.gr, Internet: http://www.greekhotel.com/amalia/ Modernes, angenehmes Hotel gegenüber des Volksparks, unterhalb vom Sindágmaplatz.

⊜⊜ Auf der Apollonos zwischen Sindágmaplatz und Pláka gibt es einige Hotels; empfehlenswert: **Omiros**, Nr. 15, (Tel. 3235486, Fax 3228059), **Hermes**, Nr. 19, (Tel. 3235514, Fax 3232073) mit Reisebüro im Haus. **Hotel Museum**, Bouboulinas 16, Tel. 3605611, direkt hinter dem Archäologischen Nationalmuseum. Im **Athenian Inn**, Haritos 22 (Kolonáki), Tel. 7238097, Fax 7218756, war einst Lawrence Durrell Stammgast.

⊜ Es gibt mehrere günstige Hotels in der Pláka. Das **Hotel Royal**, Mitropoleos 44, Tel. 3238596, hat einige Räume mit hohen Decken, Duschen und der verblichenen Eleganz vergangener Tage. Die schöne **Pension Adonis**, Kodrou 3, Tel. 3249397, und **Akropolis House**, Kodrou 6-8, Tel. 3223244, sind besser ausgestattet und teurer.

▨ *EDEL:* **Gerofinikas**, Pindarou 10, Kolonáki, Tel. 3636710, gehört zu den besten Athens. **Apotsos**, Panepistimiou 10 (Sindágma), Tel. 3637046. Traditionelles Lieblingslokal vornehmer Athener. *MITTEL:* **O Thespis**, Thespidos 18 (Pláka), Tel. 3238242. Freisitz mit schönem Ausblick, gute Standardkarte. **Strophi**, Rovertou Galli 25, Tel. 9214130. Dachterrasse mit Blick auf die Akropolis, gutes Essen; aber manchmal etwas gehetzter Service wegen der Touristenmassen. **Ithaki**, Agias Filotheis 2 (Mitropóleos-Platz). Schöner Platz unter Bäumen, nahe der Kathedrale. **Sokrates' Prison**, Mitsaion 20 (Makrijanni), Tel. 9223434. Verdientermaßen beliebt. *BILLIG:* **Peristeria**, Patroou 5, Tel. 3234535. Einfache Taverne, Standardkarte, bei Einheimischen beliebt.

▥ **Akropolis-Museum**, Tel. 3236665, Mo 11-14.30, Di-So 8.30-14.30, im Sommer bis 20 Uhr. **Agora-Museum**, Tel. 3210185, Di-So 8.30-15 Uhr. **Archäologisches Nationalmuseum**, Tositsa 1/Patission 44, Tel. 8217717, Mo 10.30-17, Di-So 8.30-15, im Sommer bis 20 Uhr. **Kykladen-Museum**, Neophitou Douka 4, Tel. 7228321, Fax 7239382, 10-16, Sa bis 15 Uhr, Di und So

geschlossen. **Byzantinisches Museum**, Vass. Sofías 22, Tel. 7231570, Di-So 8.30-14.45 Uhr. **Nationalgalerie**, Vass. Konstandínu 50, Tel. 7211010, 9-15, So 10-14 Uhr, Mo geschlossen. Das großartige **Benáki-Museum**, Koumbari 1/Vass. Sofías, Tel. 3611617, ist wegen Renovierung geschlossen; Wiedereröffnung voraussichtlich 2000.

▤ Das **Athen-Festival** mit Freilichtvorführungen im Amphitheater des Herodes Atticus findet im Juli statt. Festivalbüro: Stadiou 4, Tel. 3221459.

▣ *EINKAUFEN:* Die Läden der **National Welfare Association** bieten Kunsthandwerk von Ikonen und Webarbeiten bis hin zu gestickten Kissenbezügen an. Ipatias 6 (Ecke Apollonos), Tel. 3211761, und Vass. Sofías 135, Tel. 6460603. Im **Benáki-** und im **Kykladen-Museum** gibt es große Läden mit einer guten Auswahl an Reproduktionen und Büchern. (Der Laden des Benáki-Museums ist trotz der Renovierungsarbeiten geöffnet.) **Compendium Bookshop**, Nikis 28 (Sindágma), Tel. 3221248, ist ein englischer Buchladen mit Zeitungen, Antiquariat und vielen Büchern über Griechenland.

⊕ **Polizei**: Tel. 100. **Krankenwagen**: Tel. 166. **Notarzt** (24-Stunden-Dienst): Tel. 3310310. Die **Touristenpolizei** ist über eine 24-Stunden-Hotline erreichbar, Tel. 171, Informationen auf Deutsch, Englisch, Französisch und Griechisch. Weitere Notrufnummern siehe „Reise-Informationen", S. 245.

PIRÄUS (☎ 01)

▣ Info über öffentliche Verkehrsmittel und Taxis s. o. Die **U-Bahn-Haltestelle** befindet sich direkt am Haupthafen. Einige *Flying Dolphins* zu den Saronischen Inseln und den Sporaden fahren von Marina Zéa ab, das auf der anderen Seite der Halbinsel von Piräus liegt (Taxifahrt vom Haupthafen ca. 500 Drachmen). Der **Express-Bus 19** verbindet Piräus mit dem Flughafen Ellinikó.

▆ ⊜⊜ **Park Hotel**, Kolokotroni 103, Tel. 4524611, Fax 4524615, etwas gehoben mit allem Komfort, an einem zentralen Platz zwischen den beiden Fährhäfen. ⊜ **Noufara Hotel**, Iroon Politehniou 45, Tel. 4115541, Fax 4134292. Sauber, zentral, an der Nord-Süd-Hauptachse.

▨ **Dipylo**, Kodrou 3 / Sindágmatos 34, Tel. 4172105. Beeindruckende, ansprechende Auswahl griechischer Gerichte, raffiniert zubereitet und stilvoll serviert. Nur abends geöffnet.

▥ **Archäologisches Museum**, Harilaou Trikoupi 31, Tel. 4521598, Di-So 8.30-14.45 Uhr. **Marinemuseum**, Akti Themistokleous, Tel. 4516822, Di-Fr 9-14, Sa 9-13 Uhr.

51

DIE INSELN IM SARONISCHEN GOLF

SALAMÍNA (SALAMIS)

ÉGINA (ÄGINA)

PÓROS

ÍDRA (HYDRA)

SPÉTSES

Saronischer Golf

Zwischen Athen und der Halbinsel des Peloponnes gelegen, bieten die Inseln des Saronischen Golfs eine bunte Mischung für Inselspringer: vom wenig attraktiven Salamína, das wie ein Vorstadtviertel des nahen Athen anmutet, über das kosmopolitische Ídra bis hin zum ruhigen Spétses mit seinen Pinienwäldern und schönen Stränden. Besonders Póros, Ídra und Spétses sind Anziehungspunkte für Prominente und Künstler.

Aufgrund ihrer Nähe zum Festland und ihrer leichten Erreichbarkeit sind die Inseln im Saronischen Golf die ideale Destination für alle, die eine Städtereise nach Athen oder einen Urlaub auf dem Peloponnes mit dem Besuch einer oder mehrerer Inseln kombinieren wollen. Ebenso können Inselspringer hier zum Anfang oder Abschluss ihrer Reise zum ersten oder letzten Mal „Inselflair" genießen.

SALAMÍNA (SALAMIS)

Für die klassischen Gelehrten schwingt im Namen **Salamína** ❶ Ruhm mit, denn dort errang 480 v. Chr. die athenische Flotte ihren großen Sieg über die Perser,

Vorherige Seiten: Der Tempel der Aphaéa in Égina. Links: Weiß gekalkte Wände und leuchtend blaue Türen – diese Farben sind das Markenzeichen der Kykladen.

der das Goldene Zeitalter Athens unter Perikles einläutete. Heutzutage fehlt Salamína alles Goldene: „bleiern" trifft auf die an einer verschmutzten Küste und den Schiffzufahrtswegen nach Piräus gelegene Insel eher zu. Dennoch gibt es an der Südküste passable Strände, und weniger gut situierte Familien, für die Salamína *das* Wochenend-Ausflugsziel ist, verleihen der Insel griechische Originalität.

Salamína, die Hauptstadt der Insel, besitzt einen nicht sehr schönen Strand und ein **Archäologisches Museum**. Busse fahren von hier in den Nordwesten und zum Kloster **Faneroméni**, dem Glanzlicht der Insel. Es wurde um 1600 an der Stätte eines antiken Tempels erbaut und in seiner Kirche gibt es einige überwältigende Fresken aus dem 18. Jh. Im Garten des Klosters kann man Pfaue beobachten. Die Strände in diesem Teil der Insel sollte man aber meiden und lieber denen weiter südlich bei **Eándio** (der antiken Stadt Telemon) oder zwischen **Kakí Vígla** und **Peristéria** den Vorzug geben.

Die berühmte Schlacht wurde in der Meerenge zwischen **Ambelákia** und dem Festland geschlagen, aber heute sind die Hafenstädte verdreckt und völlig unansehnlich. Bis zum Zweiten Weltkrieg wurde hier aus Stachelschnecken Purpurfarbe gewonnen – ein Verfahren, das auch schon die Phönizier kannten.

SARONISCHER GOLF

0   10   20 km

*ÉGINA (ÄGINA)

Mit dem Tragflügelboot nur 45 Minuten von Athen entfernt, liegt **Égina** ❷ noch in Reichweite für Pendler und ist an Wochenenden von Besuchern aus der Hauptstadt überlaufen. Aber trotz der vorstädtischen Siedlungen an der Nordküste und dem regen Tragflügelboot- und Fährverkehr ist Égina eine „richtige" griechische Insel. Pinienwälder, Überreste antiker Bauwerke und Pistazienplantagen dominieren die Landschaft. Eine Unmenge von Ruinen und byzantinischen Kirchen, zahlreiche Strände, *psarotavérnas* (Fischtavernen), und, als höchste Auszeichnung des „wahren Griechentums", die Tatsache, dass Níkos Kazantzákis hier *Alexis Sorbas* geschrieben hat, lassen den Besucher vergessen, dass die laute, geschäftige Hauptstadt so nahe ist.

Zu Beginn seiner Geschichte war Égina mächtiger und erfolgreicher als Athen. Nachdem es 950 v. Chr. Mitglied der Sieben-Städte-Allianz „Heptapolis" geworden war, entwickelte sich Égina zum blühenden Handelszentrum. 650 v. Chr. wurden hier die ersten Münzen Europas geprägt. Als Athen an Macht gewann, standen sich die beiden Orte oft feindlich gegenüber. Um 490 v. Chr. ein Bündnis von Égina mit Darius und den Persern zu verhindern, nahmen die Athener sogar einige Egineten als Geiseln. In der Schlacht von Salamis schlug sich Égina auf die griechische Seite und wurde für die führende Rolle seiner Flotte ausgezeichnet. Aber die Versöhnung mit Athen währte nur kurz. 458 v. Chr. besiegten die Schiffe der Athener just jene hoch gelobte Trieren-Flotte; drei Jahre später wurden die Inselbewohner gezwungen, ihre Mauern niederzureißen und ihre Flotte zu übergeben. Im Peloponnesischen Krieg verschleppte man, um einer Wiedervergeltung zuvorzukommen, die gesamte Inselbevölkerung.

Den Einfluss von Byzanz spiegeln die großzügig auf der Insel verteilten byzantinischen Kirchen wider. Zwei Kostbarkeiten aus dem 13. Jh., vom Ort Égina aus zu Fuß erreichbar, sind die **Ómorfi Ekklisía**, wegen ihrer Fresken „Schöne Kirche" genannt, und die kleine **Faneroméni**, eine unterirdische Höhlenkapelle.

Im Unabhängigkeitskrieg war Égina 1820 einer der ersten Orte, die das Joch der osmanischen Herrschaft abwarfen. Auch dies war ein Grund dafür, dass die Stadt Égina 1828 zur ersten Hauptstadt des freien Griechenlands gewählt wurde. Diese Ehre musste Égina aber bereits nach einem Jahr an Nauplia abgeben. Dennoch finden sich in der Inselhauptstadt Spuren der stolzen Vergangenheit in Form ehemaliger Regierungsgebäude, darunter die Münze, wo mehr als ein Jahrtausend, nachdem Éginas Tradition der Münzprägung begonnen hatte, die ersten Münzen des freien Athen produziert wurden (in der **Residenz**, der heutigen öffentlichen Bibliothek).

Auf Égina sind auch alte Traditionen des Kunsthandwerks lebendig geblieben: So werden immer noch geschmackvoll glasierte Töpferwaren produziert.

Allgegenwärtig auf der Insel sind Pistazien. Die Nüsse, die im August geerntet werden, kann man an Ständen und in Läden um den Hafen herum kaufen. Im Inselinneren prägen die in Reih und Glied stehenden Pistazienbäume das Landschaftsbild.

Der Inselhauptort **Égina** präsentiert sich als schmuckes, bürgerliches Städtchen mit neoklassizistischer Architektur. Sowohl die öffentlichen als auch die privaten Gebäude sind ockerfarben mit roten Ziegeldächern – außer der weiß gestrichenen Hafenkapelle **Ágios Nikólaos**, 1826 zur Feier der Fertigstellung des Hafens errichtet. Finanziert wurde der Hafenausbau von Samuel Gridley Howe, einem jungen Amerikaner, der zur Unterstützung des Freiheitskampfs nach Griechenland gekommen war.

Wenn die Fähre beim Einlaufen in den Hafen Éginas die vorragende Landspitze

Saronischer Golf

wie etwa den Mosaikfußboden einer Synagoge aus dem 7. Jh.

Das **Rathaus** an der Uferpromenade stammt aus dem 19. Jh. und beherbergt zwei schöne Cafés. Im Inneren der Stadt stehen die Kirche **Agía Tríada** und der venezianische Turm **Pírgos Markéllou**, beide aus dem 19. Jh.

Seiner langen Geschichte zum Trotz ging Égina gedankenlos mit seinen Kostbarkeiten um: So wurden die Überreste des Apollon-Tempels im 19. Jh., in den Gründerjahren des jungen Staates, zum Bau des neuen Hafens verwendet.

Noch unglaublicher ist, was mit dem Skulpturenschmuck des ****Tempels der Aphaéa**, Éginas berühmtester archäologischer Stätte und besterhaltener Tempel aller griechischen Inseln, geschah. „Besterhalten" heißt, dass die meisten seiner Säulen noch stehen, inklusive der zweiten Reihe um das innere Heiligtum (Cella). Aber der Skulpturenschmuck ist leider verschwunden: Bauern benutzten ihn im frühen 19. Jh. als Brennstoff für ihre Kalköfen! Der bayerische Kronprinz Ludwig kaufte die Reste auf der Stelle auf und brachte sie in die Münchner Glyptothek, wo man sie heute – zum Teil im 19. Jh. nach den Vorstellungen von archaischer Perfektion restauriert – bewundern kann. Der Tempel aber steht noch an Ort und Stelle, beherrscht majestätisch den Gipfel des Hügels und blickt nach zwei Seiten auf das Meer herab. Er dominiert Agía Marína, dessen Hotelklötze vergleichsweise unbeholfen wirken; ein Fußweg unter Bäumen vebindet den Tempel mit dem Badeort.

Bevor er zum Tempel der Aphaéa gelangt, hält der Bus aus Égina an dem Kloster und der Kirche **Ágios Nektários**. Die Einheimischen behaupten, sie sei nach der Hagia Sofia in Istanbul die zweitgrößte orthodoxe Kirche der Welt. Sie ist dem ehemaligen Erzbischof von Libyen gewidmet, der am 9. November 1920 starb. 1961 wurde er heilig gesprochen und ist damit einer der jüngsten or-

umrundet, sieht man eine abgebrochene Säule, die sich wie ein mahnender Finger auf der Spitze erhebt. Sie ist das einzige Überbleibsel des klassischen **Apollon-Tempels**, der die auch als Hügel **Kolóna** bekannte Stätte ihren Namen verdankt (lat. *columna* = Säule). Der Hügel war bereits in prähistorischer Zeit besiedelt. Die Ausgrabungen der zahlreichen Mauern und Fundamente sind noch immer nicht abgeschlossen, obwohl die Stätte für Archäologen von größtem Interesse ist.

Ausführliche Erläuterungen findet man im nahen **Archäologischen Museum** von Égina. Viele der historischen Schätze wurden nach Athen oder sogar noch weiter weg gebracht (wie etwa der „Äginetische Schatz" von minoischen Goldornamenten nach London ins British Museum). Dennoch gibt es hier einige bemerkenswerte Objekte zu besichtigen,

Oben: Pistazien – wichtigstes Produkt der Insel Égina. Rechts: Die riesige moderne Kirche des Klosters Ágios Nektários ist Ziel für Pilger aus ganz Griechenland.

thodoxen Heiligen. Die Gläubigen gedenken seiner besonders an seinem Todestag.

Vom architektonischen Standpunkt aus interessanter sind die vielen alten byzantinischen Kapellen – etwa 32, viele mit Fresken – auf dem Hügel von **Paleohóra**, der hinter dem Kloster gelegenen mittelalterlichen, seit 200 Jahren verlassenen Stadt. Obwohl der Hügel stets zugänglich ist, besucht man ihn am besten morgens, wenn der Verwalter dort ist und die abgesperrten Kirchen aus dem 13. bis 17. Jh. aufschließen kann. Wanderer können von Paleohóra aus in einer Stunde den ehemals befestigten Konvent **Hrisoleóntissa** („Muttergottes im Goldlöwenfell") aus dem 17. Jh. erreichen.

Die zweitgrößte Gemeinde der Insel, **Agía Marína**, ist zugleich ihr wichtigster Ferienort. Agía Marína besitzt einen relativ breiten Sandstrand; der Sand hat die für Griechenland typische beige Farbe. Im Sommer verwandelt sich die Stadt in ein Touristenzentrum mit allem, was dazugehört: Schnellrestaurants, Andenken-

läden und Bars, in denen man überteuerte Cocktails bekommt. Das alles wird von einem nicht fertig gestellten Betonklotz überschattet, der einen einst pittoresken Abhang verschandelt. Dennoch, wenn man gern am Strand liegt und abends ausgehen möchte, ist man hier richtig.

Kleinere Strände zieren die Nordküste von Égina. **Souvála**, von wo aus Fähren nach Piräus verkehren, ist hier der größte Touristenort.

Die südwärts aus Égina-Stadt hinausführende Hauptstraße schlängelt sich entlang der Westküste und bietet schöne Ausblicke auf das Festland sowie auf die vorgelagerten kleineren Inseln Agístri und Moní. Unterwegs kann man anhalten, um an einem der kleinen Strände zu baden oder um in **Marathónas** Fisch zu essen; von dort führt auch ein steiler Pfad hinauf zum Berg **Óros** (532 m).

Wenn man auf Meeresfrüchte aus ist, lohnt es sich, bis **Pérdika** zu warten, einem – in der Nebensaison – ruhigen Fischerdorf, wo man beim Essen die Fischerboote beobachten kann. Pérdika ist bekannt wegen seines Tierheims, in dem kranke Tiere gepflegt werden.

Auf der Égina vorgelagerten, unbewohnten Insel **Moní** ❸ gibt es ein Bergziegenreservat. Das bewaldete **Agístri** ❹ bietet zwar wenig Freizeitmöglichkeiten, aber einige Hotels. Es ist eine ruhige Insel mit drei Dörfern: **Skála**, dem Touristenzentrum, **Agístri** (Mílos), dem Hauptort, und der Siedlung **Limenária** im Süden.

PÓROS

„Griechenlands Canale Grande" nannten Schriftsteller die nur etwa 300 m breite, malerische **Meerenge**, welche die **Stadt Póros** vom Festland trennt: Sie ist voller Ausflugsdampfer und kleiner Fährboote und wird von weißen Häusern gesäumt, die sich von der Wasserkante den Hang hinaufziehen.

Die Vulkaninsel **Póros** ❺ entstand einst durch die Verbindung der beiden Eilande Kalouria und Spheria und hat, wie die meisten anderen Inseln im Saronischen Golf, zwar eine angenehme Atmosphäre, jedoch keine besonderen Sehenswürdigkeiten zu bieten. Dank des attraktiven Anfahrtswegs und der Nähe zu Athen ist sie das Zentrum des Pauschaltourismus der Saronischen Inseln.

Zu Beginn des 20. Jh. war Póros nur spärlich besiedelt, bis es nach 1923 zum Anlaufpunkt für die aus Kleinasien vertriebenen Griechen wurde. Im 7. Jh. v. Chr. war es jedoch schon einmal so dicht bewohnt gewesen, dass es als Hauptquartier des Bunds von Kalaúria, einer Marineallianz, diente. Dass gerade Póros auserkoren wurde, mag auch an dem Schutzgott der Insel, dem Meeresgott Poseidon, liegen, von dem man annahm, dass er „seine" Schiffe beschützen würde. Das **Heiligtum des Poseidon** wurde einigen Veränderungen unterworfen, sogar noch bevor Demosthenes der Redner hier 322

Rechts: Seit auf Ídra Autofahren verboten ist, wird Gepäck wieder von Mulis transportiert.

v. Chr. Schutz vor den Makedoniern suchte, die sich verständlicherweise über seine Versuche, die Griechen gegen sie aufzuhetzen, ärgerten. Die Makedonier galten nach den elitären Standards vornehmer Athener der damaligen Zeit als „barbarische" Wilde. Sie hatten keinen Respekt vor dem Heiligtum und drangen ein, um Demosthenes zu töten. Er aber kam ihnen zuvor, indem er Gift schluckte. Pausanias berichtete später, dass er das Grab von Demosthenes im marmornen Tempel besucht hätte.

Heute ist das Interessanteste an dem Heiligtum, von dem nur ein paar Steine übrig sind, die schöne Aussicht, die sich von dem Hügel bietet. Man kann zum Marienkloster **Zoodóhou Pigís** hinunterlaufen oder -fahren. Darunter liegt der Kiesstrand **Kalavreias**. Von der Stadt Póros aus bringen Boote die Besucher zu den etwas ruhigeren Badegelegenheiten an der Nordküste.

Wie auf allen Saronischen Inseln spielen Schifffahrt und Marine nach wie vor eine bedeutende Rolle. So gibt es auf Póros eine Handelsmarineschule.

Die Einheimischen werden nicht gerne daran erinnert, dass der General Papadopoulos von der Insel stammt. Er war Mitglied der berüchtigten Junta und sitzt noch im Gefängnis. Seine Familie ist aus Póros und streitet mit der örtlichen Regierung um die Rückgabe ihres Lands.

*ÍDRA (HYDRA)

Das kosmopolitische **Ídra** ❻ gilt als das „Sylt Griechenlands". Wie so viele schicke Orte zuerst von Künstlern entdeckt, ist es zum Tummelplatz des internationalen Jetsets geworden. Ídra ist baumlos und extrem wasserarm. Das besondere Flair der Insel beruht zum großen Teil darauf, dass Busse, Autos und Motorräder auf der Insel verboten sind.

Da die Insel selbst nur wenig bot, was zum Lebensunterhalt hätte beitragen können, wandten sich die ersten Siedler der

Seefahrt zu: Sie bauten eine gewaltige Flotte auf, die im Dienst der Handelsschifffahrt und – weniger offenkundig – der Piraterie stand. Die Stärke der Flotte der kleinen Insel brachte Ídra den Spitznamen „Klein-England" ein. Obwohl Ídra im Unabhängigkeitskrieg nicht zu den Vorkämpfern gehörte, setzte es sich, wenn es nötig war, mit voller Kraft ein: Ídras Schiffe stellten zwei Drittel der gesamten griechischen Flotte.

Andreas Vokos, auch als Admiral Miaoulis bekannt, war einer der legendären Führer in der Geschichte der griechischen Unabhängigkeit. Jedes Jahr gedenkt man des Helden auf seiner Heimatinsel mit dem großen Miaoulia-Fest um den 20. Juni herum. Als Höhepunkt wirft ein Flugzeug der griechischen Luftwaffe einen Lorbeerkranz für den Helden ab. In einem neuen **Historischen Museum** sind Erinnerungsstücke an den Unabhängigkeitskrieg ausgestellt.

In der pittoresken Stadt **Ídra** gibt es zahlreiche mehr oder weniger seriöse Kunstgalerien, vegetarische Restaurants

und Diskos. Reichtum bestimmt schon lange das Erscheinungsbild der Stadt, spätestens seit dem 19. Jh., als Seekapitäne ihr Vermögen in der Schifffahrt machten und hier ihre Herrensitze bauten, die heute verschiedentlich genutzt werden: im **Tombázis-Haus**, das einst zu Athens Kunstakademie gehörte, wohnen Kunststudenten; im **Satouris-Haus** residiert die Nationale Handelsmarineakademie; und eines der **Koundouriotis-Häuser**, einst ein Museum, wird gerade vom Verteidigungsministerium renoviert.

Die Familie Koundouriotis, die den ersten Präsidenten der Griechischen Republik stellte, kam ursprünglich aus Albanien. Wie viele von Ídras frühen Siedlern war sie im 15. Jh. vor den Türken geflohen. Trotz des heute angesichts einer neuen Welle von Einwanderern weit verbreiteten Misstrauens gegenüber den Albanern sind viele albanische Elemente in die griechische Kultur eingeflossen. Zum Beispiel stammt die *foustanella*, der Kilt aus der Uniform der griechischen Soldaten, aus der albanischen Kampfkleidung.

Spuren der ältesten Geschichte der Insel existieren im Westen, nahe Epikopí, wo im 10. Jh. v. Chr. die ersten Siedler, driopische Schäfer, lebten. Leider haben die Waldbrände in jüngster Zeit den ohnehin schon spärlichen Baumbestand noch mehr reduziert. Ein Spazierweg führt in etwa anderthalb Stunden zum Kloster **Profítis Ilías** und dem Konvent **Agía Efpraxía**, dessen Nonnen Textilien verkaufen. Mit Verpflegung und Getränken ausgerüstet, kann man von hier aus in die **Limoniza-Bucht** hinunterwandern. Beliebte Badeorte an der Nordküste sind **Mólos**, das reizvolle **Vlihós** mit seinen Tavernen und der Fischereihafen **Kamíni** mit dem von Familien bevorzugten „Baby-Strand", alle westlich der Stadt Ídra.

Der natürliche Hafen **Mandráki** im Osten, der früher als Werft bzw. Kriegshafen genutzt wurde, besitzt den einzigen Sandstrand Ídras. Religiöse Sehenswürdigkeiten sind die Kirche **Panagía tis Theotókou**, ein faszinierender Bau aus dem 18. Jh., und **Ágios Konstandínos**, die neueste Kirche Ídras. Sie wurde dem Schutzheiligen der Insel gewidmet und am Standort seines Wohnhauses erbaut. Von Interesse ist auch das Kloster **Agía Triáda**, etwas außerhalb der Stadt.

SPÉTSES

Das von allen Saronischen Inseln am weitesten von Athen entfernte **Spétses ❼** erinnert mit seinen Pinienwäldern und der ruhigen Atmosphäre schon stark an den nahen Peloponnes. Auch Spétses gelangte durch Reederei und Schiffsbau zu Wohlstand. Geprägt wurde es aber vor allem durch sein Lancieren des Unabhängigkeitskampfes als erste Flotte unter griechischer Flagge nach Ausbruch der Rebellion auf dem Peloponnes 1821. Die spetsiotische Heldin „Admiralin" Lascarína Bubulína errang eine Reihe von Siegen für die Griechen. Ihre Gebeine werden im **Heimatmuseum** der Stadt Spétses aufbewahrt, zusammen mit einer Originalflagge. Das Museum ist in einem eleganten Herrenhaus aus dem 18. Jh. untergebracht. Es gehörte einst Hadzigannis Mexis, einem Förderer des griechischen Freiheitskampfs. Eine **Statue von Bubulína** ziert den Hauptplatz des Stadthafens **Dápia**, der mit Bildern aus *krokalia* (schwarzen und weißen Kieseln) geschmückt ist, eine Besonderheit Spétses'.

Bemerkenswert ist das **Hotel Possidonion**. Es war das erste Hotel überhaupt auf den griechischen Inseln und wurde von dem von Spétses stammenden Tycoon Sotirios Anargiros in den 1920er Jahren erbaut. Anargiros war auch für die Aufforstung eines Teils der Inseln mit Pinien verantwortlich. Außerdem gründete er eine Grundschule nach englischem Vorbild, die heute jedoch geschlossen ist. Der englische Schriftsteller John Fowles, dessen Roman *Der Magus* auf Spétses spielt, unterrichtete hier.

Oberhalb des Hafens steht die hübsche Kirche **Ágios Nikólaos**. Die **Panagía Armada**, östlich der Stadt, wurde zum Andenken an den wichtigsten Sieg der spetsionischen Flotte im Unabhängigkeitskrieg am 8. September 1822 errichtet. Jedes Jahr am 8. September findet das Armada-Festival statt, bei dem die Schlacht gegen die Türken nachgestellt wird. Die brennenden Schiffe wirken nachts auf dem dunklen Wasser äußerst dramatisch.

Etwas weiter gelangt man zum **Agía Marína**, dem Strand der Hauptstadt. Archäologische Funde, die hier gemacht wurden, belegen, dass Spétses bereits vor über 4000 Jahren besiedelt war.

Einige der besten und beliebtesten Strände liegen an der Südwestküste bei **Agía Paraskeví** und **Agía Anárgiri.** In der Umgebung von Agía Anárgiri findet man auch die **Tropfsteingrotte Bekíri** mit einigen Stalaktiten. Eine weitere schöne Gegend, das „Paradies", liegt um den Strand von **Vréllou** herum. Von hier aus kann man zum **Profítis Ilías**, dem höchsten Punkt der Insel (248 m), wandern, wo ein Kloster steht.

ÉGINA (☎ 0297)

ℹ️ In Égina-Stadt gibt es einige Reisebüros, die meist von Apr.-Okt. geöffnet sind. **Colona Tours**, Tel. 22334, reserviert Zimmer und verkauft Fährtickets.

🚢 *SCHIFF:* Von Piräus aus braucht man mit der Fähre 1,5 Std., mit dem *Flying Dolphin* (von Marina Zéa) nur 45 Min. nach Égina-Stadt (es gibt auch eine seltener verkehrende Linie nach Agía Marína): ein schöner Tagesausflug, obwohl am Wochenende das letzte Schiff zurück nach Piräus schon am frühen Abend fährt – unbedingt vorher nachfragen! **Hafenbehörde**, Tel. 22328. *MIETWAGEN / -MOTORRÄDER:* **Trust Rent a Car**, Tel. 27010 oder 26478.

🏨 **ÉGINA-STADT:** 😊😊 **Hotel Pavlou**, Pavlou Eginitou 21, Tel. 22795. Schönes blauweißes, hinter Palmen verstecktes Gebäude. **Areti**, Tel. 23593. Nahe dem Fähranleger, Blick auf den Sonnenuntergang. **MARATHÓNAS:** 😊😊😊 **Moondy Bay Hotel**, Tel. 25147, Fax 61147. Schönster Bungalowkomplex der Insel, am Strand. **AGÍA MARÍNA:** 😊😊😊 **Hotel Apollo**, Tel. 32271. Großes Hotel mit Tennisplatz. 😊😊 **Hotel Liberty**, Tel. 32353. Am Strand gelegen.

❌ **ÉGINA-STADT:** Unter den Restaurants am Hafen ist besonders das **To Spiti tou Psarou** zu empfehlen, das bei den Einheimischen beliebt ist. Wenn nichts frei ist, ist auch das nahe **Maridaki** akzeptabel. **Lekkas**, Tel. 22527, wird ebenfalls geschätzt. **PÉRDIKA: Miltos** ist eine gute Taverne am Meer.

🏛️ **Archäologisches Museum**, Tel. 22248, Di-So 8.30-17 Uhr. Will man die abgeschlossene Kirche Ómorfi Ekklisía besichtigen, kann man hier fragen. **Tempel der Apháea**, Tel. 32398, Mo-Fr 8.15-19, Sa, So 8.30-15 Uhr. Besichtigung des kleinen **Archäologischen Museums** nach Absprache mit dem Wärter um 9, 11, 12 und 13 Uhr.

🐾 Das **Hellenic Wildlife Hospital** in Pérdika pflegt kranke Wildtiere, bis sie wieder in freier Natur leben können. Infos unter Tel. 9596988.

PÓROS (☎ 0298)

ℹ️ Am Hafen gibt es mehrere **Reisebüros**. **Touristenpolizei**, Tel. 22462.

🚢 *SCHIFF:* Fähren und *Flying Dolphins* (Marina Zéa) von Piräus aus; außerdem Fährverbindung mit Galatás auf dem Pelopónnes.

🏨 **PÓROS-STADT:** 😊😊 **Sirena**, Tel 22741 oder 22880. Das beste Hotel der Insel, mit Kasino. **Latsi**, Tel. 22392. Klein und angenehm.

❌ Die Restaurants am Meer in Póros-Stadt sind im Allgemeinen gut; probieren Sie das **Sailor**.

🏛️ **Archäologisches Museum**, Tel. 23276.

ÍDRA (☎ 0298)

ℹ️ **Saitis Tourist Office** am Hafen, Tel. 52184, Fax 53469, hilft bei der Organisation von Unterkunft und Ausflügen, ebenso **Hydra Tours**, Tel. 53718. **Touristenpolizei**, Tel. 52205.

🚢 *SCHIFF: Flying Dolphins* (1 Std.) und Fähren (4 Std.) von Piräus; *Flying Dolphins* fahren in Piräus von Marina Zéa ab. Fähren und Wassertaxis verkehren auch von Ermióni auf dem Pelopónnes aus (20 Min.).

🏨 **ÍDRA-STADT:** 😊😊😊 **Bratsera Hotel**, Tel. 53971, Fax 53626. Gepflegte Eleganz in einer umgebauten Schwammfabrik, schöner Innenhof mit Pool. **Mistral Hotel**, Tel. 52509, Fax 53412. Altes Steinhaus mit modernisierten Zimmern, zentrale Lage. 😊😊 **Ippokampos**, Tel. 53453, Fax 53454. Alte Villa mit schönem Innenhof. **Hydra Hotel**, Tel. 52102, Fax 53330. Alte Villa im Herzen der Stadt mit Blick aufs Wasser. **Pension Antonios**, Tel. 53227, und **Pension Alkyonides**, Tel. 54055, sind ebenfalls schöne alte Villen. 😊 **Hotel Sofia**, Tel. 52313. Klein, zentral und etwas laut. **MANDRÁKI:** 😊😊😊 **Miramare Bungalows**, Tel. 52300, Fax 52301. Komfortabler Komplex am einzigen Sandstrand der Insel.

❌ **ÍDRA-STADT: Xeri Elia**, Tel. 52886. Luxus innen und außen, begrünte Terrasse, guter frischer Fisch. **Christina**, Tel. 53516. Am Strand, mittlere Preisklasse. **O Kipos**, Tel. 52329. Taverne mit Plätzen im Freien.

🏛️ **Historisches Museum**, Tel. 52355, Schwerpunkt: griechischer Unabhängigkeitskampf.

🎆 Am Wochenende um den 21. Juni herum findet das große **Miaoulia-Fest** (mit Feuerwerk) zu Ehren des Freiheitskämpfers Admiral Miaoulis statt. Ein internationales **Puppentheater-Festival** wird jedes Jahr im Juli veranstaltet.

SPÉTSES (☎ 0298)

ℹ️ **Takis Tourist Office**, Tel. 72215, vermittelt Unterkunft und Ausflüge. **Hafenbehörde**, Tel. 72245.

🚢 *SCHIFF:* Von Piräus aus Fähren und *Flying Dolphins* (ab Marina Zéa); kleine Fähren von und nach Kósta auf dem Pelopónnes.

🏨 **SPÉTSES-STADT:** 😊😊😊 **Possidonion**, Tel. 72206, Fax 72208. Griechenlands erstes Touristenhotel floriert seit 1914. **Kasteli**, Tel. 72311. Großer, moderner Hotel- und Bungalowkomplex. 😊😊 **Villa Christina**, Tel. 72147. Nette Pension. **Akroyiali**, Tel. 73695. Am Strand gelegen.

❌ **SPÉTSES-STADT: Patralis**, am Meer, zu Recht beliebt, aber nicht billig. **Lazaros**, billiger und auch sehr gut.

🏛️ **Heimatmuseum**, Tel. 72994.

DIE KYKLADEN

NORDKYKLADEN
WESTKYKLADEN
ZENTRALKYKLADEN
SÜDKYKLADEN

Die Kykladen, das Herz der griechischen Ägäis, sind die populärsten griechischen Inseln und aufgrund ihrer Nähe zueinander ein Paradies für Inselspringer. Einige dieser Inseln wirken jedoch auf den ersten Blick wenig ansprechend: Sie sind felsig und karg, die trockene Erde ist nur von einer dünnen, spärlichen Decke genügsamer Pflanzen überzogen; die ockerbraunen Sandstrände werden von dürren Tamarisken gesäumt und im Sommer pfeift der Passatwind *Meltemi* über die Nordküsten der Inseln. Eilande wie Míkonos und Íos gehörten einst zu den ärmsten Gegenden Griechenlands.

Dennoch sind die Kykladen wunderschön. Diese Schönheit ist jedoch eher subtil als überwältigend: poetisch anmutende leere Windmühlen, Bauernhöfe inmitten terrassierter Felder, Steinmauern, die sich über Hügel schlängeln, die typischen weißen Lehmhäuser und die unbarmherzige Sommersonne, die das Blau des Meeres zu einem weißlichen Dunst verfärbt. Egal, ob man die weißen Strände von Míkonos oder die schwarzen des vulkanischen Thíra bevorzugt, ob man die zwischen die trockenen Hügel gebet-

teten fruchtbaren Täler von Ándros oder die antiken Ruinen von Dílos erkunden will, es gibt viel zu bewundern.

Neben den Reizen des aktiven Strand- und Nachtlebens macht eine ganz besondere Atmosphäre den Zauber der Kykladen aus. Nur hier findet man diese milde Luft, die besonders nachts schwer vom Thymianduft ist und erfüllt vom Vibrato der Zikaden in den Olivenhainen. Das Meer glitzert im Mondlicht und der nächtliche Himmel ist mit Sternen übersät, die zum Greifen nah scheinen. Besucher fühlen sich auf den Kykladen einfach wohl – und genau deswegen kommen viele immer wieder gerne zurück.

– NORDKYKLADEN –

ÁNDROS

Ándros verbirgt seine Reize. Im Kanal entlang der Westküste sieht man vom Schiff aus nur felsige Flanken, die von hohen Wellen gepeitscht werden. Bei der Ankunft im Haupthafen Gávrio bietet der Kai nur die übliche Reihe von Esslokalen und Fährschiffbüros – kein Ort, in den man sich auf Anhieb verliebt!

Deshalb bleibt Ándros auch ein Insider-Tipp. Diejenigen aber, die sich von diesem ersten Eindruck nicht abschrecken lassen und bereit sind, die verborge-

Vorherige Seiten: Ankunft in Míkonos. Links: Der Sonnenuntergang vergoldet das Meer vor Thíra (katholische Kirche im Ortsteil Firostefani, Firá)

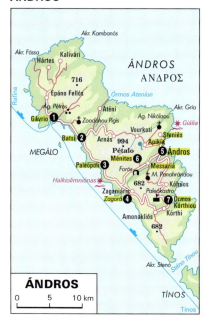

ÁNDROS
ΑΝΔΡΟΣ

ÁNDROS

0   5   10 km

Die Fähren legen in **Gávrio ❶** an, am Nordende der Insel. Von hier aus führt ein etwa einstündiger Weg zur besterhaltenen Ruine von Ándros, dem 20 m hohen Rundturm **Ágios Pétros**, einem hellenistischen Bauwerk aus dem 2. Jh. v. Chr., wie man es auf den Kykladen häufiger findet. Er diente wohl zur Verteidigung und als Zuflucht; in seine Obergeschosse gelangte man nur über Leitern, die bei Gefahr heraufgezogen wurden.

Etwa 8 km abseits der Straße von Gávrio gen Süden liegt das Kloster **Zoodóhou Pigís** mit einer der sieben byzantinischen Kirchen der Insel; sie besitzt eine großartige hölzerne Ikonostase. Das Kloster, von dem sich ein schöner Rundblick bietet, ist das größte der Insel. Besucher werden hier nicht immer eingelassen.

Im Kontrast dazu scheint die nächste Stadt an der Küste, **Batsí ❷**, nur zum Wohl der Pauschaltouristen errichtet worden zu sein. Im Touristenzentrum von Ándros gibt es alles, was man für den Urlaub braucht, von Hotels über Wassersportangebote bis hin zu einem leidlichen Sandstrand. Mit Wassertaxis kann man schönere, ruhigere Strände erreichen.

In der Frühzeit lag die Hauptstadt der Insel an dem Ort, der nun als „alte Stadt", **Paleópoli ❸**, bekannt ist. Von der Straße aus sieht man den antike Hafendamm; über tausend Stufen führen den Hügel hinunter zum kleinen, steinigen Strand. Ein winziges **Museum** im Rathaus des modernen Paleópoli beherbergt Funde von der Ausgrabungsstätte, aber es hat nur einmal pro Woche geöffnet. Weitere Objekte befinden sich im Museum von Ándros-Stadt.

Umfangreichere Ausgrabungen hat man in **Zagorá ❹** unternommen. Dabei kam ein vollkommen geometrisch angelegtes Dorf (900-700 v. Chr.) ans Licht, das jedoch nicht öffentlich zugänglich ist. Besucher können sich am nördlich gelegenen Strand von **Halkiolimniónas** vergnügen.

ne Schönheit der relativ grünen Insel zu entdecken, kommen immer wieder hierher und kaufen manchmal sogar ein Ferienhaus. Nummernschilder aus Belgien, New Jersey (USA) und Kanada zieren die Autos vor den Villen am Hang. Auch die Nähe zum Festland macht Ándros als Hauptwohnsitz oder Sommerresidenz vor allem für ausländische Geschäftsleute attraktiv.

Ándros, die nördlichste und zweitgrößte der Kykladen, wurde einst wegen ihrer vielen Quellen „Hydroussa", die Wasserinsel, genannt. Die Quellen entspringen besonders an der Ostküste, wo in grünen Tälern Obstbäume, Zypressen und Olivenbäume gedeihen. Ein anderes hervorstechendes Landschaftsmerkmal bilden die typischen Steinmauern oder *Xerolithies*, die wie Ketten über die Hügel verlaufen: In regelmäßigen Abständen sind in die Mauern aufrecht stehende Schieferplatten eingelassen.

Rechts: Die Fischernetze müssen regelmäßig überprüft und geflickt werden.

Kykladen

Ándros-Stadt ❺ ist geradezu kosmopolitisch für eine Inselstadt. Weil es nicht auf der Athen zugewandten Seite der Insel liegt, ist Ándros-Stadt nicht mehr Haupthafen der Insel; deshalb sind die Strände hier recht sauber und von Schwimmern und Surfern bevölkert.

Die wohlhabenden Reeder der Stadt begannen bereits kurz nach der griechischen Unabhängigkeit, hier reich verzierte Villen zu errichten. Über vielen Hauseingängen finden sich Inschriften aus dem 19. Jh. Die eleganten Häuser und interessanten Museen liegen auf einer Landzunge; auf dem ihrer Spitze vorgelagerten Inselchen sieht man die Ruinen der venezianischen **Festung** aus der Zeit um 1207, als die Venezianer während des 4. Kreuzzugs auf die Kykladen kamen. Eine schmale Steinbrücke verbindet das Inselchen mit der Stadt. Die Festung wurde 1943 von deutschen Bomben zerstört.

Weiter von der Küste entfernt steht der **Tourlitis-Leuchtturm**, die Replik eines älteren Bauwerks. Neben dem **Seefahrtsmuseum**, nahe dem Hauptplatz der Stadt, gibt es zwei weitere Museen. Die Familie Goulandrís, andriotische Reeder und Stifter des Museums der kykladischen Kunst in Athen, bedachte ihre Heimatinsel mit dem **Museum für moderne Kunst**, das eine Dauerausstellung von Werken griechischer Künstler sowie Wechselausstellungen präsentiert. Ein Glanzstück des exzellenten und informativen **Archäologischen Museums** ist die aus dem 2. Jh. v. Chr. stammende Kopie einer Hermes-Statue von Praxiteles aus dem 4. Jh. v. Chr. Als sie 1833 gefunden wurde, reiste König Ludwig von Bayern, der Vater des griechischen Königs Otto, extra nach Ándros, um sie zu sehen.

Die Kirche **Paltiana** ist die älteste der Stadt. Sie wurde im 13. Jh. erbaut und 1712 restauriert. Ebenfalls interessant sind die **Theosképasti-Kirche** (1555) und die Kathedrale **Ágios Geórgios**.

Die üppigen Täler um Ándros-Stadt widersprechen allen Vorurteilen von der Kargheit der Kykladen. Das Zirpen der Zikaden vermischt sich hier mit dem Plätschern von frischem Quellwasser – Án-

dros exportiert sogar Mineralwasser. Am Strand von **Giália**, nördlich von Ándros, dehnt sich der autofreie Ort **Steniés** aus; auf schattigen Pfaden spaziert man landeinwärts. Die berühmteste Mineralwasserquelle ist **Sáriza** in **Apikía**; sie sprudelt u. a. aus dem Mund eines steinernen Löwenkopfs. In Apikía befindet sich auch das ehrwürdige Kloster **Ágios Nikólaou**. Weitere Wasserspeier in Form von Löwenköpfen reihen sich im grünen **Ménites** ❻ an einer moosbewachsenen Wand unter Bäumen aneinander.

Die **Taxiárhis-Kirche** aus graubraunem Stein in **Messariá**, einer der ältesten Siedlungen der Insel, wenige Kilometer südöstlich von Ménites, stammt aus dem 12. Jh. Noch älter ist das Kloster der Unbefleckten Jungfrau, **Panahrándou**, auf dem Hügel Katafigi über **Fallíka**, das im 10. Jh. gegründet wurde. Westlich, bei **Aladinó**, liegt die Tropfsteinhöhle **Forós**.

Oben: Am 15. August pilgern viele Gläubige zur Marien-Ikone in der Panagía Evangelístria auf Tínos.

Südlich von hier können Wanderer der alten Hóra-Korthos-Straße am Fluss entlang folgen – durch die grüne Schlucht von **Dipotamata** gelangt man nach **Vouní**, einem Tal mit einigen Wassermühlen.

Órmos Kórthiou ❼, südlich von Ándros-Stadt, liegt an einer hübschen Bucht, mit Hotels und Restaurants. Die Stadt ist der zweite wichtige Ferienort auf Ándros; sie wurde während der türkischen Besatzung errichtet. Im Norden wachen die Überreste der venezianischen Burg **Paleókastro** über die Bucht. Im Meer, nahe des **Mélissa-Strands**, liegt ein Stein, der **To Pídima tis Griás**, „Sprung der alten Dame", genannt wird. Besagte Dame war eine leidenschaftliche Feindin der Venezianer und ließ eines Nachts die Türken in die Burg. Entsetzt über das blutige Massaker, das die Türken anrichteten, sprang sie von oben hinab in den Tod.

★TÍNOS

Die Griechen bezeichnen Tínos als das „griechische Lourdes" und strömen an jedem 15. August hierher, um die Ikone der gnadenreichen Jungfrau Megalohóri anzubeten. 1823 hatte die Nonne Pelagia die Vision einer in den Hügeln verborgenen Marien-Ikone. Die Ikone wurde gefunden und ihr zu Ehren die Kirche Evangelístria erbaut. Dies alles trug sich zur Zeit des griechischen Unabhängigkeitskriegs zu und so erhielt die Ikone für die nationalistische Bewegung und damit für das ganze Land eine besondere Bedeutung. Selbst heute noch schaut sich jeder Grieche die alljährliche Prozession wenigstens im Fernsehen an.

Auf den ersten Blick wirkt die Insel Tínos karg und braun. Aber in seinen Tälern wachsen Obst und Oliven. Knoblauch wird in den Hainen der vom Quellwasser gespeisten Dörfer geerntet, wo das kykladische Weiß der Häuser von grünem Laub durchbrochen wird. Seit Jahrhunderten gewinnt man hier Honig und unter den Venezianern wurde sogar Weizen angebaut. Etwa 80 Windmühlen halfen bei der Bewässerung, viele von ihnen waren noch in diesem Jahrhundert in Betrieb.

Unter der fruchtbaren Erde verbirgt sich hartes Gestein, ein anderes Wahrzeichen von Tínos: Granitblöcke liegen verstreut auf den Abhängen um **Vólax** und bilden eine Mondlandschaft, die „Klein-Mexiko" genannt wird.

Aber besonders bekannt ist die Insel für Schiefer und Marmor. Letzterer wird um **Pírgos** herum abgebaut, seit langem ein Zentrum für Marmorbildhauerei, mit einer **Kunstakademie** und unzähligen privaten Ateliers. Blättrige Schieferplatten sind geometrisch auf den viereckigen, reich verzierten Taubenschlägen (*Peristeriones*) angeordnet, für die Tínos berühmt ist. Über 600 gibt es auf der Insel; sie beherbergen weiße Tauben, die nicht nur als Düngemittellieferanten, sondern auch zur Bereicherung des Speiseplans gehalten werden. Die Korbflechterei, eine weitere tinische Tradition, stirbt zwar langsam aus, aber in Vólax kann

man noch ein oder zwei Korbmachern bei der Arbeit zuschauen.

Den Hafen der Stadt **Tínos** ❶ beherrscht die gewaltige Kirche **★Panagía Evangelístria**. Viele Pilger machen sich nach Ankunft der Fähren sofort auf den Weg bergauf. Einige rutschen auf Knien nach oben und beten dabei; andere tragen Ikonen, Kreuze oder riesige Andachtskerzen. Die Kirche ist ein riesiger, neuer, beinahe protziger Komplex. Im Hauptgebäude wird die Marien-Ikone, die der heilige Lukas gemalt haben soll, fast völlig von den unzähligen Votivgaben verdeckt, die zum Zeichen des Dankes geopfert wurden. Die Kapelle Evressis, der Fundort der Ikone (*Evressis* = „Entdeckung"), liegt im Unterbau. Hier sprudelt auch das „Heilige Wasser", das angeblich bei der Grundsteinlegung entsprang, aus einem Hahn. Zum Komplex gehören außerdem **Museen** mit griechischer Malerei, den Werken ortsansässiger Bildhauer, Ikonen und liturgischen Objekten.

Die „heidnischen Stätten" der Stadt liegen außerhalb des Komplexes, so z. B.

Kykladen

das **Archäologische Museum**. Bereits lange vor der Entdeckung der Ikone war Tínos ein Ort religiöser Verehrung: In der Antike galt der **Tempel für Poseidon und Amphitríte** als heilig und Pilger, die unterwegs nach Dílos waren, läuterten sich hier. Das Museum präsentiert Funde aus dem Tempel; Überreste des Heiligtums sind noch am Strand von **Kiónia**, 3 km nordwestlich von der Stadt Tínos, sichtbar. Südöstlich der Stadt gibt es bei **Ágios Fokás** und **Pórto**, einem bedeutenden Ferienort, gute, aber volle Strände.

Ebenfalls außerhalb der Stadt, im Norden, liegt das Kloster **Kehrovouníou** aus dem 10. Jh. Hier lebte die heilige Pelagia und hier hatte sie auch ihre Vision.

Aus der Schar der Dörfer im Inselinneren erhebt sich der **Exóbourgo** ❷ (540 m), auf dem einst eine venezianische Festung stand, uneinnehmbar wirkend und deshalb nie erobert. Potentielle Invasoren gaben wohl schon nach dem

Oben: Über 600 dieser reich verzierten Taubenschläge soll es auf Tínos geben.

ersten Blick auf den steilen Anstieg ihr Vorhaben wieder auf; hartnäckige Besucher können an der kleinen Kirche am Straßenrand parken und dem Pfad zum Gipfel folgen. Der Wind ist so stark, dass man leicht versteht, warum Tínos als Heimat des Gottes der Winde, Äolus, galt. Auf dem höchsten Gipfel der Insel, dem **Tsiknías** ❸ (713 m), nahe dem Dorf **Falatádos**, gibt es eine „Höhle der Winde".

Die Straße nach Norden führt durch die Mondlandschaft von **Vólax** und entlang des grünen Tals von **Kómi** zum hübschen **Loutrá** ❹ in der Bucht von **Kolimbíthra**. Dort gibt es schöne Sandstrände und Fischtavernen.

Fährt man in nordwestliche Richtung zu den Marmordörfern, sind die Hügel auf der rechten Seite majestätisch karg, während die zur Linken in einem Gewirr von üppigem Blattwerk und rieselndem Wasser zum Meer hin abfallen. **Kardianí** ❺ ist ein so grünes Dorf, dass es geradezu tropisch anmutet. Aus marmornen Wasserspeiern sprudelt Quellwasser. Noch weiter, im malerischen **Istérnia** ❻, gibt es ein kleines Kunstmuseum und das verlassene, aber schöne Kloster **Katapolianí**. Von hier lohnt ein Abstecher zum schönen Sandstrand von **Ágios Nikítas**. In dem hübschen Ort **Pírgos** ❼ (s. S. 71) ist neben der Bildhauerschule und den vielen Marmor-Werkstätten der Friedhof wegen seiner Grabsteine aus dem 18. Jh. sehenswert. Man kann auch das in ein Museum umgewandelte Wohnhaus des verstorbenen Bildhauers Jannolis Halepás besichtigen. In **Marlás** ❽ wurde früher Marmor abgebaut. In der **Pánormou-Bucht** ❾ gibt es einen hübschen Fischereihafen und einen Strand.

*MÍKONOS

Nichts an dieser Insel scheint zunächst ihre große Beliebtheit zu rechtfertigen. Allenfalls könnte man ihre kargen Hügel „golden" nennen statt prosaischer „braun". Die Liebhaber der Insel preisen jedoch die vielen Sandstrände, das romantische Licht der Abendsonne und die pittoresken kubischen weißen Gebäude im verschlungenen Straßenlabyrinth von Míkonos-Stadt.

Míkonos ist ein großer Tummelplatz. Die gebräunten Massen schieben sich vergnügungssüchtig durch die engen Straßen der Hauptstadt, lächeln Mitgliedern des anderen oder auch des eigenen Geschlechts zu (neben San Francisco und Sydney ist Míkonos einer der lebendigsten Orte der Schwulenszene) und kämpfen sich zu den Nachtklubs durch, die abends die ganze Stadt in eine gigantische Diskothek verwandeln. Man kann baden und sich sonnen, essen, trinken und einkaufen oder bis zum Morgengrauen tanzen und man ist dabei immer von hunderten von Leuten umringt.

Trotzdem ist ****Míkonos-Stadt** ❶, wo jeder Aufenthalt auf der Insel beginnt und endet, der Inbegriff einer malerischen mittelalterlichen Kykladensiedlung. Die Straßen ändern immer wieder überraschend ihre Richtung, und plötzlich findet man sich in einer engen, weißen Gasse unter blühendem Wein wieder, fernab aller Touristenströme. Die Häuser sind angenehm organisch in ihrer Form, mit abgerundeten Ecken und klobigen Kuppeldächern. Oberhalb der Stadt stehen markante Windmühlen.

Übrigens hat die Stadt auch ein Maskottchen: Pétros, der zahme Pelikan, mit seinem blaßrosa-weißen Gefieder und gelben Schnabel, ist ein echtes Original und ein beliebtes Fotomotiv.

Im Hafen liegen zahlreiche Fähren und Kreuzfahrtschiffe. Der Fährenanleger ist nördlich der Stadt, die Ausflugsschiffe nach Dílos legen am **Karaoli-Dimitriou-Kai** am Südende des Hafens ab. Zwischen diesen beiden Anlegern befinden sich ein kleiner Strand, der **Mantó-Platz** mit einer Statue seiner Namenspatronin, einer reichen Einheimischen, die ihr Vermögen für den griechischen Unabhängigkeitskampf spendete, und die Promenade **Akti Kambani**, wo Menschenmassen in den Straßencafés sitzen und zusehen, wie andere Menschenmassen vorbeiziehen.

Hinter dem Dílos-Kai ragt das Viertel **Paraportianí** quasi ins Wasser hinein. In seinem Zentrum liegt die verschachtelte **Kirche** gleichen Namens aus dem 16./17. Jh., die aus vier kleineren Bauten zusammengesetzt ist. Auf Míkonos gibt es beinahe so viele Kirchen wie Touristen; viele Familien errichteten Privatkirchen für ihre Totengrüfte. Gegenüber der Paraportianí-Kirche befindet sich ein kleines **Museum für Volkskunde**.

Auf der anderen Seite Paraportianís liegt ein Viertel, das „Klein-Venedig" (Venetia) genannt wird – wegen seiner malerischen alten Häuser, die direkt am Wasser stehen und beinahe so oft fotografiert werden wie die sechs Windmühlen am anderen Ende der Alefkandra-Bucht. Dazwischen steht, unvereinbar mit ihrer orthodoxen Umgebung, die **katholische**

Oben: Zeit für den allabendlichen Bummel rund um das Hafenbecken (Míkonos). Rechts: Die Panagía Paraportianí, häufigstes Fotomotiv der Kykladen.

Kirche. Die **Windmühlen** sind in Privatbesitz, aber an der Ringstraße um den Hafen gibt es eine weitere Windmühle, die auch von innen besichtigt werden kann. Die Ringstraße führt zum Fähranleger zurück, in dessen Nähe das ***Archäologische Museum** steht. Im Zentrum der Stadt befinden sich das **Schifffahrtsmuseum** und **Lenas Haus** (19. Jh.), ein mitsamt der Originaleinrichtung erhaltenes Wohnhaus einer Einheimischen aus der Mittelschicht.

Viele Besucher kommen vor allem nach Míkonos, um zu baden und sich zu sonnen. Das Leben an den Stränden von Míkonos ist ein riesiges Spektakel: Musik dröhnt aus den Tavernen, Jetski-Fahrer lassen ihre Wassermopeds aufheulen, Motorboote mit Parasailern tummeln sich zwischen den Schwimmern, und Liegestühle und Sonnenschirme markieren das Territorium wie Flaggen auf einer Landkarte. Der beliebteste ist der **Paradise Beach** ❷ südöstlich der Hauptstadt. Er ist Mittelpunkt einer Reihe von populären Stränden entlang der Südküste. Nä-

her bei Míkonos-Stadt, findet man in **Ornós** einige der führenden Luxushotels der Insel. **Psaroú** ist klein und sandig, **Platís Gialós** größer und ebenfalls sandig. **Agía Ánna Paránga** ist etwas weniger fotogen, dafür aber auch weniger voll als das pulsierende **Paránga**. Der in eine kleine Bucht eingebettete **Super Paradise Beach** war einst der „Schwulenstrand", heute zieht er ein bunt gemischtes Publikum an. Weiter östlich präsentiert **Agrarí** stolz die Grünflächen seines neuen Hotelkomplexes, dessen breiter Strand nicht so überfüllt ist.

Das im Zentrum der Insel gelegene **Áno Méra ❸** ist die „eigentliche" Stadt auf Míkonos. Sie hat (außerhalb der Saison) mehr Einwohner als Míkonos-Stadt und lebt hauptsächlich von der Landwirtschaft. Hier steht das schöne Kloster **Panagía Turlianí** aus dem 17. Jh. mit einem anmutigen Turm und einem **Kirchen**- sowie einem **Landwirtschaftsmuseum**. Der weite, schattenlose Stadtplatz wird von Tavernen gesäumt. Am 15. August kehrt mit dem dreitägigen Klosterfest Le-

ben in die Stadt ein. Etwas weiter nördlich stehen noch die Überreste der venezianischen Burg **Paleókastro**.

Kalafáti ❹, östlichster Strand von Míkonos, ist weniger hektisch als seine „paradiesischen Brüder", obwohl auch hier alle Wassersportarten geboten werden. Er liegt in Sichtweite des kleinen **Agía Ánna Kalafátis**, wo die Fischer ihre Netze zum Takt der Musik aus Kalafáti am anderen Ufer der kleinen Landzunge flicken. Das nahe **Kaló Livádi** wird seinem Namen („schöner Hafen") mit einem sandigen, nicht zu vollen Strand gerecht.

Die antiken Siedlungen von Míkonos gruppierten sich um die **Panórmou-Bucht ❺** im Norden der Insel mit dem Strand von **Fteliá**. Dort gibt es Höhlen wie **Mávri Spilia**, aber sie sind oft für Besucher geschlossen. Die nordwestliche Küste zwischen Míkonos-Stadt und **Fanarí** ist eher wegen der schönen Sonnenuntergänge als wegen der Strände bemerkenswert. Hier gibt es viele Hotels und ein aktives Nachtleben, besonders im schicken **Ágios Stéfanos ❻**.

DÍLOS

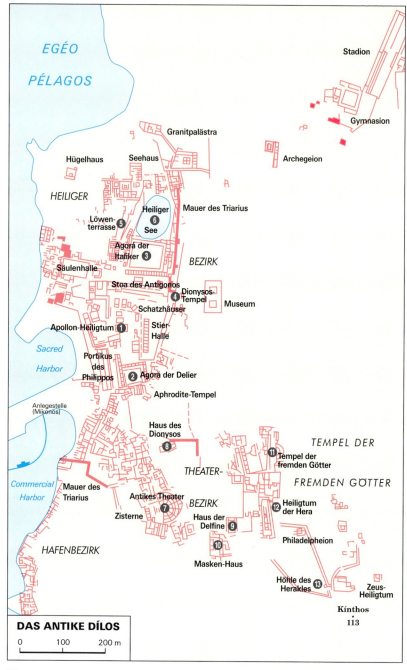

EGÉO PÉLAGOS

Stadion

Gymnasion

Archegeion

Granitpalästra

Hügelhaus

Seehaus

HEILIGER

Mauer des Triarius

Löwen-terrasse ❺

Heiliger ❻ See

BEZIRK

Agorá der Italiker ❸

Säulenhalle

Stoa des Antigonos

Dionysos-Tempel ❹

Museum

Schatzhäuser

Apollon-Heiligtum ❶

Stier-Halle

Sacred Harbor

Portikus des Philippos

Agorá der Delier ❷

Anlegestelle (Míkonos)

Aphrodite-Tempel

Commercial Harbor

Haus des Dionysos ❽

TEMPEL DER

Tempel der fremden Götter ❶❶

Mauer des Triarius

THEATER-

FREMDEN GÖTTER

Antikes Theater ❼

BEZIRK

Heiligtum der Hera ❶❷

Zisterne

Haus der Delfine ❾

Philadelpheion

HAFENBEZIRK

Masken-Haus ❿

Höhle des Herakles ❶❸

Zeus-Heiligtum

Kínthos 113

DAS ANTIKE DÍLOS

0   100   200 m

**DÍLOS (DELOS)

Nachdem Zeus Leto geschwängert hatte, befahl seine eifersüchtige Gattin Hera der Erde, dass sie Leto nirgendwo unter der Sonne ihre Zwillinge gebären lassen dürfe. Leto wanderte in der Ägäis umher und suchte einen Platz, um ihr Haupt niederzulegen; schließlich kam Poseidon seinem Bruder Zeus zur Hilfe und schuf mit einem mächtigen Schlag seines Dreizacks die Insel Dílos, nur wenig mehr als ein Fels. Hier gebar Leto Apollon und Artemis, zwei der am meisten verehrten Gottheiten des olympischen Pantheons.

Für viele Leute gehört zu einem Urlaub auf Míkonos auch der Abstecher nach Dílos; wenn man sich aber nicht für Archäologie und das Klettern um alte Ruinen herum interessiert, wird man daran wohl keine Freude haben. Die Überfahrt von Míkonos kann rau, die Sonne auf Dílos sengend sein und Touristen, die nur dorthin fahren, weil es eben in der Nähe ist, hört man laut klagen. Wenn man aber bereit ist, Zeit und Fantasie zu investieren, kann es zu einem wunderbaren Erlebnis werden, durch die mit Mosaikfußböden geschmückten Fundamente der Häuser römischer Geschäftsleute zu schlendern oder den Aufstieg auf den Berg **Kínthos** zu den **Heiligtümern von Zeus und Athena** zu unternehmen, wo einst siegreiche Athleten gekrönt wurden und wo man einen herrlichen Ausblick auf die umliegenden Inseln genießt.

Ab dem 9. Jh. v. Chr. existierte auf Dílos ein Apollonkult. Die Stätte war so heilig, dass selbst die Perser 492 v. Chr. auf ihrem Weg zur Eroberung Athens sie nicht anrührten. Nach den Perserkriegen wurde die Insel der Sitz des Attisch-Delischen Seebunds, einer im Grunde athenischen Allianz. Als Athen an Macht gewann, nahm es sich immer größere Frei-

Kykladen

Oben: Eine von fünf noch erhaltenen archaischen Löwenskulpturen der Löwenterrasse in Dílos.

heiten gegenüber seinen Verbündeten heraus und brachte schließlich 454 v. Chr. die Bundeskasse von Dílos fort auf seine eigene Akropolis. Außerdem erlegten die Athener Dílos einen Reinigungsprozess (Katharsis) auf, der Geburten oder Todesfälle auf der Insel untersagte. Die Kranken und Schwangeren wurden auf die Nachbarinsel Rínia gebracht.

Auf Kosten von Rhódos machten die Römer Dílos zu ihrem wichtigsten Handelshafen in der Ägäis. In den letzten drei Jahrhunderten v. Chr. siedelten Römer und Ägypter, Athener und Syrer auf der florierenden Insel und trieben Handel. Als Mithridates, der König von Pontos, die Insel 88 v. Chr. eroberte, hatte der Wohlstand jedoch ein jähes Ende. Danach geriet Dílos fast in Vergessenheit, bis die Archäologen im 19. Jh. mit der Erforschung seiner Ruinen begannen.

Kernstück der delischen Stätte war der Komplex des **Apollon-Heiligtums ❶**, zu dem ursprünglich eine Wallfahrtsstraße führte. Hier, bei der heiligen Statue des Apollons, wurde einst die Bundeskasse

Rund des heute ausgetrockneten **Heiligen Sees** ⑥, an dessen Ufer Leto die Zwillinge Artemis und Apollon geboren haben soll.

Auf der anderen Seite des Hafens (vom Schiff kommend rechts) liegt der „Theaterbezirk". Hier gruppierten sich um das **Antike Theater** ⑦ herum vornehme Villen und Geschäftshäuser. Am Theater befinden sich die gut erhaltenen Überreste einer **Zisterne**, die noch immer von Bögen überspannt wird. Geht man aufwärts zum Berg Kínthos, sieht man im **Haus des Dionysos** ⑧, im **Haus der Delfine** ⑨ oder im **Masken-Haus** ⑩ einige der besten Mosaike der Insel. Noch weiter bergan liegen der **Tempel der fremden Götter** ⑪, das **Heiligtum der Hera** ⑫ und nahe dem Gipfel eine dem Herakles geweihte **Höhle** ⑬.

SÍROS

„Aristokratin unter den Inseln" ist ein passender Beiname für Síros. Mit der verblichenen Eleganz vergangener Tage begegnet die Insel ihren Besuchern zwar mit freundlicher Toleranz, ist aber nicht auf sie angewiesen. Man spürt, dass hier das Leben unabhängig von der Saison im stets gleichen Rhythmus abläuft.

Unter den Kykladen ist Síros zweifellos *ancien régime*. Erstens war es eine Stätte der kykladischen Kultur (3. Jahrtausend v. Chr.), von Archäologen auch als „Síros-Keros-Kultur" bezeichnet. Jene Epoche wird durch einige weibliche Torsi im kleinen **Archäologischen Museum** der Inselhauptstadt **Ermoúpoli** ① dokumentiert. Zweitens war Ermoúpoli nach der Unabhängigkeit 1821 die erste Hauptstadt Griechenlands. Noch immer ist sie das Verwaltungszentrum der Kykladen. Zahlreiche Relikte erinnern an die Blütezeit der Stadt: das klassizistische **Rathaus**, das der bayerische Architekt Ziller nach seiner Vorstellung des Priamos-Palastes in Troja errichten ließ; das der Mailänder Scala nachempfunde-

aufbewahrt; heute ist nur noch wenig übrig von den Tempeln und den anderen Bauwerken. Flankiert wurde das Heiligtum von der **Agorá der Delier** ② und der **Agorá der Italiker** ③, einem großen Rechteck, das von den wenigen Überresten einer Kolonnade eingefaßt wird. Beeindruckender sind die Überreste des **Dionysos-Tempels** ④, die von Ecksäulen markiert werden, welche die Reste einiger mächtiger phallischer Symbole tragen. Geht man weiter nach Norden (vom Hafen kommend nach links), gelangt man zu einem der berühmtesten Glanzstücke von Dílos: der **Löwenterrasse** ⑤. Von den ursprünglich neun archaischen Löwen aus dem 7. Jh. v. Chr. sind fünf verwitterte Löwen übrig geblieben, die noch immer kraftvoll anmuten. (Sie sollten im Verlauf des Jahres 1999 ins **Museum** verbracht werden; ob in situ Kopien aufgestellt werden, ist fraglich.) Gegenüber sieht man das unregelmäßige

Rechts: Ermoúpoli (Síros) – Verwaltungszentrum der Kykladen mit städtischem Flair.

ne **Apollon-Theater**, Griechenlands erstes Opernhaus; und Griechenlands erste Oberschule (Gymnasion).

Síros besaß auch den bedeutendsten griechischen Hafen, von dem aus Schiffe in die ganze Welt fuhren. Aber mit der Eröffnung des Kanals von Korinth 1893 wurde es von Piräus abgelöst und versank in der Isolation. Dennoch hat es das Flair seines ehemaligen Internationalismus nicht ganz verloren. Anstelle der weiß getünchten kykladischen Häuschen findet man hier eher klassizistische Villen inmitten von Palmengärten. Abends sind die Cafétische am breiten Platz vor dem Rathaus meist besetzt, und man kann im weichen Zwielicht sitzen und an dem sironischen Konfekt *Lukumia* knabbern.

Eine Seite des Hafens wird von der **Schiffswerft Neorion** beherrscht, die einige Jahre stillgelegt war, jetzt aber wieder in Betrieb ist. Am anderen Ende der Stadt stehen die eleganten Wohnhäuser des **Vaporia-Viertels**. Die klassizistische **Ágios-Nikólaos-Kirche** fügt sich in die Fassaden aus dem 19. Jh. ein. Aus älterer Zeit stammt die **Kimisis-Kirche** mit einer Ikone des kretischen Malers Doménikos Theotokópoulos, der als **El Greco** weltberühmt wurde.

Vom Meer aus gesehen, zieht sich Ermoúpoli zwei mit Kirchen bestandene Hügel hinauf. Näher am Stadtzentrum liegt der Hügel **Vrondádo**, auf dem die **Anastásis-Kirche** steht, ein byzantinisches Juwel. Die katholische **St.-Georgs-Kathedrale** beherrscht den etwas zurückgesetzten Hügel **Áno Síros**, die Altstadt. Das malerische Viertel hat seinen dörflichen Charakter bewahrt. Zwei mittelalterliche Stadttore und zwei Klöster der Kapuziner und Jesuiten sind noch erhalten. Der katholische Glaube kam im 13. Jh. mit den Venezianern und ist noch immer lebendig.

Die Urlauber steuern im Allgemeinen die Strände der Westküste an. Von **Kíni**, einem kleinen Fischerdorf, oder **Delfíni**, Richtung Norden, aus kann man mit Káikis (Booten) die einsameren nördlichen Gebiete errreichen, die über Straßen kaum zugänglich sind, aber spektakuläre

Sonnenuntergänge bieten. An den Felsen bei **Grámmata** ❷ sollen Inschriften Schiffbruch abwenden. **Kastrí** war das Zentrum der prähistorischen Besiedlung; bei Ausgrabungen wurden Funde aus dem 3. Jahrtausend gemacht.

Südlich von Kíni liegt das Touristenzentrum **Galissás** ❸ mit einem langen Sandstrand und touristischen Einrichtungen, inklusive eines Campingplatzes. **Fínikas** ❹ ist vornehmer und attraktiver, entlang der Bucht mit ihrem klaren Wasser reihen sich Tavernen. Fínikas wurde nach den Phöniziern benannt, die vor langer Zeit hier landeten. Die Gegend strotzt nur so von alten, eleganten Häusern; einige Häuser in **Posidonía** (Delagrátsia) ❺ südlich von Fínikas sind Repliken mittelalterlicher Burgen. Die Strände an der Landzunge sind ruhig und bieten Ausblicke auf unbewohnte Inselchen.

Auch an der Südküste zwischen **Mégas Gialós** und **Vári** ziehen sich Strände ent-

lang. Sie ist nicht ganz so reizvoll, aber der geschützte Hafen von **Órmos** mit seinem kleinen Strand aus weichem Sand bei **Ahládi** ❻ ist doch sehr hübsch. **Azólimnos** ❼ im Osten hat einen breiten Strand. Der Hügel hinter dem Ort ist mit Häusern und Hotels bebaut. Fährt man in diesem Teil der Insel durch das Landesinnere, sieht man viele im Schatten von Palmenwedeln versteckte ruhige, alte Villen, z. B. um das Dorf **Hroúsa** ❽ herum. Nicht weit von hier bieten sich bei der Kirche von **Fanéromeni** herrliche Ausblicke über die Insel.

– WESTKYKLADEN –

KÉA

Kéa ist in nur drei Stunden mit der Fähre von Piräus aus zu erreichen, von Lávrion am Südzipfel Attikas sogar in einer Stunde. Da die Insel nicht an den Hauptschiffsrouten zu den Kykladen liegt, zieht sie zwar viele griechische, aber erst wenige ausländische Touristen

Oben: Der steinerne Löwe aus dem 6. Jh. v. Chr. ist das Wahrzeichen von Kéa.

an. Doch man sollte diese liebenswerte grüne Insel noch schnell besuchen, bevor sie vom Massentourismus entdeckt wird.

In der Antike gab es auf Kéa vier unabhängige Stadtstaaten – Ioulís, Korissía, Karthéa und Poiiessa (heute Písses) –, die noch heute entweder als Ruinen oder als moderne Siedlungen existieren.

Die Fähren legen in **Korissía** (auch Livádi) ❶ an, einem geschützten natürlichen Hafen an der Westküste. Das nördlich von hier gelegene ehemalige Fischerdorf **Vourkári** ❷ ist heute in den Händen der Urlauber, insbesondere der Segler. Auf der Landspitze von **Agía Iríni** wurde eine antike Stadt ausgegraben, die von der Bronzezeit an bis in die minoische und mykenische Epoche bewohnt war; einige Säulentrommeln markieren noch das Fundament eines Tempels. Etwas weiter östlich kann man in der Bucht von **Otziás** ❸ baden oder das der Schutzheiligen der Insel geweihte Kloster **Panagía Kastrianís** ❹ besuchen.

Um sie vor Angriffen vom Meer aus zu schützen, wurde die Hauptstadt der Insel,

Kéa (Ioulís) ❺, sicher im Landesinneren auf einem Hügel angelegt, von wo aus man die Insel überblicken kann. Auf dem höchsten Punkt, dem **Kástro,** befand sich die antike Akropolis, von der nur noch wenige Steine zeugen. Andere Höhepunkte sind das **Archäologische Museum** und das Wahrzeichen der Insel, der steinerne **Löwe von Kéa** (Léon tis Kéas, 6. Jh. v. Chr.), etwa 1 km nördlich der Stadt. Die 6 m lange Skulptur mit dem gütigen Gesichtsausdruck ist in einen Felsen gehauen. Leider weiß man nichts Genaues über ihre Geschichte.

Südlich von Kéa führt die Straße an den alten Klosterruinen von **Agía Marína** ❻ mit einem gut erhaltenen hellenistischen Turm vorbei. Schließlich gelangt man nach **Písses** (dem antiken Poiiessa) und **Koúndouros**, Ferienorten an der Westküste. Schlechtere Straßen führen zu einem anderen schönen Strand bei **Póles** ❼ und den Überresten der vierten antiken Stadt der Insel, **Karthéa**, wo der auf Kéa geborene Lyriker Simónides im 5. Jh. v. Chr. seine Schule hatte.

KÍTHNOS

Auf Kíthnos kann man kykladische Ursprünglichkeit erleben. Es ist nah genug bei Athen, um ein paar Touristen anzulocken, aber es gehört nicht zu den populärsten Kykladeninseln und besitzt keine großen Attraktionen. Viele griechische Besucher kommen hierher, Wochenendausflügler, Jachtbesitzer und Athener, die einen Wohnsitz auf der Insel haben. Es gibt zwei hübsche Dörfer, zwei angenehme Hafenstädte, antike Ruinen, etliche schöne Spazierwege und unglaublich freundliche Dorfbewohner, die noch neugierig auf ausländische Besucher sind.

Fähren und *Flying Dolphins* legen im engen Hafen **Mérihas** ❶ an. Das ist die geschäftigste und touristischste Stadt der Insel mit einigen Supermärkten und Restaurants, Hotels und Fremdenzimmern. Von hier aus führen Straßen in zwei Richtungen: nach Nordosten Richtung Kíth-

Oben: Mühsamer Aufstieg zum Hauptort Hóra auf Sérifos.

nos (Hóra) oder in den Süden und das Landesinnere zur zweiten Inselstadt Driopís (auch Horió). Wenn man schnell an den Strand möchte, nimmt man die Nordost-Straße nach **Episkopí** oder weiter nach **Ágios Nikólaos**, den die Einheimischen für den besten Strand der Insel halten. Sehr hübsch ist auch die kleine Insel **Ágios Loúkas**, die mit dem Festland durch eine schöne Strandzunge, **Kolónna**, verbunden ist, wo man wunderbar baden kann. Überragt werden die Strände von den Ruinen von **Vriókastro**, der bis ins 10. Jh. v. Chr. zurückreichenden antiken Inselhauptstadt.

Kíthnos (Hóra) ❷ ist ein schönes weißes Kykladendörfchen im Landesinneren, das zwischen Tradition und Moderne steht: Im „Windmühlenpark" wird mit modernen Windrädern die Energie für die Insel gewonnen, während es im Ort und seiner Umgebung so ehrwürdige Kirchen gibt wie **Agía Triáda**, die älteste Kirche der Insel, **Ágios Savás** und **Sotíros** mit einer Ikonostase aus dem 17. Jh. sowie das Kloster von **Pródromos** mit einer noch älteren aus dem 16. Jh. Von hier aus erreicht man nach 5 km **Loutrá** ❸, das wegen seiner Thermalquellen schon in der Antike ein Hauptanziehungspunkt der Insel war. Eisensedimente – bis 1940 gab es auf Kíthnos eine Eisenmine – verleihen dem Wasser einen rötlichen Farbton. Es soll gut gegen Rheuma, Arthritis und „Frauenbeschwerden" sein. Badestrände findet man bei **Ágios Iríni** und **Ágios Sóstis**.

Von Loutrá wandert man in einer Stunde zur byzantinisch-venezianischen Festung **Kástro Orías** ❹, von der aus die Insel ab dem 10. Jh. regiert wurde.

Die Straßen im Landesinneren sind unbefestigt und für Autofahrer eine Herausforderung. Für Spaziergänger sind sie hingegen ideal. Von Kíthnos nach Driopís kann man schön wandern, an dem weißen Kapellchen von **Taxiarhis** vorbei. Ein Umweg führt zum Strand bei **Ágios Stéfanos** hinunter.

Das Gegenstück zum „Windmühlenpark" von Kíthnos sind die alten, verlassenen Windmühlen oberhalb von **Driopís** ❺. Die Stadt ist auch wegen der **Katafáki-Höhle** bekannt, die einst bei Gefahr Zuflucht bot, heute aber wegen des Einsturzrisikos geschlossen ist. Besucher können sich die Volkskunst in der **Ágios-Minas-Kirche** ansehen, einheimische Keramik anschauen und kaufen und dann an den Strand nach **Léfkes** gehen oder den Bus zum beliebten Ferienort **Kanála** ❻ mit seinem pittoresken Hafen nehmen. Die hiesige Kirche besitzt eine hoch verehrte Marien-Ikone.

*SÉRIFOS

Die Insel Sérifos, deren Name „felsig" bedeutet, erscheint zunächst trocken und kahl; von der Antike bis in die 1960er Jahre gab es hier zudem Eisenerzminen – keine idealen Voraussetzungen für ein gutes Image. Dennoch steigt ihre Popularität im Tourismus ständig. Viele sind von der kleinen Kykladeninsel begeistert,

darunter etliche Architekten, die alte Häuser in Sérifos (Hóra) in traumhafte Feriendomizile umgebaut haben, die regelmäßig die Seiten internationaler Architektur-Magazine zieren.

Der weiße Hafenort **Livádi** ❶ besitzt die wichtigsten Ferieneinrichtungen: einen langen Sandstrand mit Schatten spendenden Tamarisken sowie die üblichen Tavernen, Läden, Hotels und Nachtklubs. Weitere schöne Strände findet man auch südlich des Ortes bei **Livadáki** und **Karávi**.

Wer gut zu Fuß ist, kann den langen Weg aus Beton und steinernen Treppen von Livádi nach **Sérifos** (Hóra) ❷ hinaufsteigen, das auf dem antiken Burgberg über über der grünen Küstenebene thront. Man kann aber auch vom Hafen aus den Bus nehmen. Gelegentlich sieht man sogar einen Esel, der sich unter dem Gewicht eines älteren Inselbewohners mühsam hinaufschleppt. Oben auf dem Hügel, in Sérifos, öffnen sich zahlreiche enge Gassen zu Plätzen. Auf dem Hauptplatz neben dem Rathaus steht die **Evan-**

Kykladen

gelístria-Kirche von 1907. Andere Gassen führen hinauf zu den Resten des mächtigen venezianischen **Kástro**, an dessen Stelle heute eine kleine Kirche – **Ágios Konstandínos** – steht. Von dort aus sieht man die Strände ***Psilí Ámmos** und **Ágios Sostís** an der Ostküste, die man aber leichter von Livádi aus erreicht.

Zu Fuß, mit dem Fahrrad oder mit dem Auto gelangt man von Sérifos aus über das Dorf **Galaní** zum Kloster ***Moní Taxiarhón ❸**. Allerdings besteht nur nach vorheriger Anmeldung die Chance, eingelassen zu werden. Der einzige Mönch, der noch im Kloster lebt, zeigt manchmal die Schätze des vom 15. bis 17. Jh. entstandenen Baus, darunter illuminierte Manuskripte und Fresken von den Leiden der Verdammten in der Hölle. Ist der Mönch nicht da, muss man weiterlaufen – zum unspektakulären braunen Strand von **Platís Gialós** westlich oder zur Bucht von **Sikamiá** östlich von Galaní.

Oben: Ein Schaftransport der besonderen Art (Sífnos).

Im Südosten der Insel befindet sich **Mégalo Horió ❹**, das einstige Bergwerkszentrum. Vermutlich war hier die antike Inselhauptstadt. Von Mégalo Horió aus gelangt man zu einigen kleinen Ferienorten: **Mégalo Livádi** und, auf der anderen Seite der Landspitze, **Koutalás**. An diesem südwestlichen Küstenstrich gibt es zwei – leider nicht zugängliche – Höhlen. In einer soll einst der Zyklop Polyphemos gewohnt haben.

*SÍFNOS

Sífnos ist ein echtes Insel-Kleinod. Seine wachsende Beliebtheit bei den Touristen ist wohlverdient, wird aber auch von jenen bedauert, die die Insel gerne „für sich" behalten hätten. Die raue Kykladen-Landschaft wird von Feldterrassen abgemildert. Es gibt einen großen Badeort, kleine mittelalterliche Dörfer, Buchten mit schönen Stränden und viele sakrale und antike Sehenswürdigkeiten.

Einst war Sífnos eine Schatzinsel im wahrsten Sinne des Wortes: Ab dem 3.

Jahrtausend baute man hier Gold und Silber ab und Sífnos wurde eine der reichsten griechischen Inseln; sein Schatzhaus im Heiligtum von Delphi auf dem griechischen Festland zählte zu den prächtigsten. Der Legende nach brachten die Insulaner dort jedes Jahr dem Apollon ein goldenes Ei als Weihegeschenk dar. Als sie aber einmal nur einen vergoldeten Stein sandten, überflutete Apollon in seinem Zorn die Minen und nahm damit der Insel für immer ihren Reichtum.

Anderen traditionellen Einkommensquellen ist es etwas besser ergangen: Keramik und gute Küche sind die beiden Wahrzeichen von Sífnos. Zwar wanderten viele der großen Küchenchefs auf den Kontinent aus, aber es gibt noch Spuren des kulinarischen Erbes. In einigen Tavernen wird die lokale Spezialität *Revithia* serviert, ein Püree aus Kichererbsen und Olivenöl, das über Nacht bei ganz niedriger Temperatur im Backofen gegart wird und dadurch einen rauchigen Geschmack erhält. Den speziellen *Revithia*-Topf findet man in den Keramikläden der Insel. Die Kamine vieler Häuser sind mit einem keramischen Ornament, der *Koutsonara*, verziert.

Kamáres ❶, Haupthafen der Insel, ist eine recht neue Stadt. Sie entstand bei dem Versuch, die Minen zu reaktivieren. Die erste Anlegestelle wurde erst 1907 gebaut. Es gibt einen Sandstrand und eine Reihe von Hotels und Bungalows, die von der auf einem Hügel über dem Wasser gelegenen **Kirche Agía Marína** überblickt werden. Südlich der Stadt kann man an der ehemaligen Eisenhütte vorbei zur Höhle von **Mávris Spiliás** wandern.

Die Straße landeinwärts nach Apollonía passiert einige Olivenhaine, aus deren Früchten das angeblich beste Öl der Kykladen gewonnen wird. Sie führt auch am **Konvent Theodorous tu Mongú** („die Stummen") vorbei; die schweigsamen Geschöpfe waren Nonnen aus reichen venezianischen Familien, die hier ihre Liebhaber empfangen haben sollen.

Kykladen

Apollonía ❷, seit 1836 Hauptstadt der Insel, ist eines der beiden Dörfer, die nach den Zwillingsgöttern Apollon und Artemis benannt sind. Apollonías **Volkskundemuseum** wirkt mit seinem verstaubten Ramsch, den verblichenen Fotos und den abgenutzten landwirtschaftlichen Geräten wie eine Mansarde aus Großmutters Zeiten. An der Stätte eines alten Apollon-Tempels steht die Kirche **Panagía Ouraniophóra** („die Trägerin des Himmels"), wo an jedem 2. Februar das „verrückte Fest", *Lolopanagirio*, gefeiert wird.

Artemón ❸ ist sehr gepflegt. Läden und Restaurants weisen auf die zunehmende Präsenz der Touristen hin, trotzdem ist Artemón lange nicht so frequentiert wie sein „Zwillingsdorf". Über Steintreppen gelangt man hinunter zur Kirche **Panagía Pouláti**, die über einer Bucht aufragt.

Von Apollonía aus kann man den höchsten Punkt der Insel erklimmen. Ein Pfad führt nach **Ágios Andréas** und den Überresten einer befestigten prähistorischen Siedlung in fast uneinnehmbarer Lage.

Auch Reste antiker Wachtürme sind hier noch zu sehen. Von hier kann man zum Gipfel des **Profítis Ilías** ❹ (678 m) weitergehen. Oben steht eine byzantinische **Kirche** aus dem 8. Jh., die älteste der Insel. Der Spaziergang dauert eine gute Stunde.

Ein etwas leichterer Weg führt nach ⋆**Kástro** ❺ (ca. 3 km von Apollonía), ebenfalls eine frühe Siedlung. Einer ionischen Stadt des ersten Jahrtausends v. Chr. folgte später eine Burg der Johanniter, nachdem diese die Insel von den Venezianern zurückerobert hatten. Einzelne Ruinen sind über die malerische Stadt mit ihren weißen Häusern verstreut, in der es ein kleines **Archäologisches Museum** gibt. **Panagía Eleussa** (Unsere Liebe Frau Voller Gnaden) war einst die Hauptkirche der Insel. Ihre jüngste Renovierung datiert aus dem Jahr 1635. Auf einem Felsvorsprung sitzt das weiße Kirchlein **Elia Martiras**. Von dort führen Stufen zu einer schönen Badebucht hinunter.

Südlich von Apollonía ist die erste Stadt an der Hauptstraße **Exámbela** ❻, schon lange ein Treffpunkt für Künstler und Musiker. Wegen seiner regen Caféscene tauften es die Türken *Aksam Belâ* („Ärger am Abend"), woraus der jetzige Ortsname entstand.

Folgt man der Straße weiter, stößt man auf das Kloster **Kíria Vrisiánis** oder einfach *Vrísis*. Sein Name bedeutet „Brunnen", und das Wasser hier soll das beste der Insel sein. Der Konvent wurde im 17. Jh. von dem reichen sifniotischen Kaufmann Vassilis Logothetis gestiftet und besitzt eine wundervolle Ikonostase sowie ein **Museum für kirchliche Kunst**.

Aber das bedeutendste Kloster auf Sífnos liegt bei **Fáros**, einem hübschen kleinen Fischerhafen: ⋆**Hrisopigí** ❼ erhebt sich wie eine weiße Markierung auf einer Landspitze. Es wurde 1650 an der Stelle erbaut, wo Fischer eine Ikone im Meer fanden. Und Unsere Liebe Frau von Hrisopigí hat seitdem die Insel schon zwei-

Oben: Die Panagía Hrisopigí birgt eine Ikone, die Sífnos schon zweimal vor Unglück bewahrt haben soll.

mal vor einem Unglück errettet: 1675 vor der Pest und 1928 vor einer Heuschreckenplage. Das Innere der Kirche, in der eine antike Säule verbaut ist, birgt eine geschnitzte Ikonostase mit zahlreichen Votivgaben, darunter eine große, von der Decke hängende Schiffslampe. Das Taufbecken steht vor der Kirche, genau auf der Spitze der Landzunge, so solle der Täufling mit der Gischt der sich brechenden Wellen getauft werden. Badelustige können zum **Apokoftó-Strand** hinuntergehen.

Platís Gialós ❽ ist der modernste und meistbesuchte Ferienort auf Sífnos. Unter den antiken Überresten des Ortes befindet sich auch ein Friedhof aus der Bronzezeit. Der wunderbare Sandstrand von Platís Gialós gilt als der längste der Kykladen, ist aber im Sommer völlig überlaufen. Wer Einsamkeit sucht, kann ruhigere, etwas schwerer zugängliche Strände wie **Fikiáda** zu Fuß oder mit dem Wassertaxi erreichen.

Das Wassertaxi war früher die einzige Möglichkeit, zu dem geschützten natürlichen Hafen **Vathí ❾** zu gelangen. Aber seit der Fertigstellung der Straßenverbindung ist der Ort nicht mehr so isoliert und damit auch nicht mehr so friedlich. Das weiße Kloster **Taxiárhis** bietet Übernachtungsmöglichkeiten an. Und die traditionelle Töpferei, die einst nur mit dem Boot erreicht werden konnte, hat nun auch einen Verkaufsstand in Vahtí eingerichtet.

Die Strände an der Westküste sind nur zu Fuß oder vom Wasser aus zugänglich. Vom Strand bei **Vliháda** führt ein Fußweg hoch nach **Mávro Horió**, genannt das „schwarze Dorf“, weil es einst von Piraten niedergebrannt worden war. Auf der Nordseite der Insel gibt es zwei weitere beliebte Strände: **Vourlídia** und den Fischereihafen **Herónissos ❿**, der auch wegen seiner traditionellen Töpferwaren, der alten Kirche **Ágios Geórgios** und dem runden Fundament eines antiken Turms bekannt ist.

KÍMOLOS

Kímolos ist vom größeren Mílos nur durch eine schmale Meerenge getrennt. Früher hingen die Inseln zusammen, bis das Land zwischen ihnen vom Meer „verschluckt" wurde. Kímolos ist die gebirgigste Kykladeninsel. Der Name „Kímolos" bedeutet „Kalk". Kalk war früher das wichtigste Exportgut der trockenen, weißen Insel. Noch heute wird hier ein kalkartiges Mineral, ähnlich der Fuller-Erde, abgebaut.

Die kleine und nur wenig besuchte Insel, die ein beliebtes Piratenversteck war, bietet Ruhe Suchenden Zuflucht. Spuren zeugen von der antiken Siedlung, die einst den verschwundenen Isthmus bei **Ellinikó ❶** an der Südküste der Insel schmückte. Dort befindet sich eine antike **Nekropole**, deren Gräber sogar bis in die mykenische Zeit zurückreichen. Gegenüber, auf dem kleinen Eiland **Ágios Andréas**, gibt es noch Überreste der antiken mykenischen Stadt. Von größerem Interesse für jeden, der von Kímolos (Hóra)

aus in der heißen Sonne hierher gelaufen ist, ist der schöne Strand. Unter Wasser kann man weitere Mauerreste erkennen.

Die Káikis legen in **Psáthi ❷** an. Von dort aus kann man bequem die zwei Kilometer nach **Kímolos** (Hóra) **❸** mit seinen weißen, kubischen Häusern, die sich auf einem Hügel verteilen, hinauflaufen. Auf dem Gipfel steht eine spätmittelalterliche Burg, die den zwei Stadtvierteln innerhalb ihrer Mauern die Namen verlieh: In **Messa Kástro**, der inneren Burg, sind die Häuser Wand an Wand gebaut und formen so eine Verteidigungsmauer mit vier Eingangstoren. Der andere Teil ist **Exo Kástro**, die „äußere Burg". Außerhalb der Stadt thront auf der höchsten Erhebung der Insel eine weitere Burg, die venezianische Ruine **Paleókastro** mit der **Hristós-Kirche**, der ältesten Kirche der Insel aus dem 16. Jh.

Prássa ❹ ist die nördlichste Siedlung und zugleich das Bergwerkszentrum von

Oben: Das römische Theater in Mílos. Rechts: Seepferdchen sind in der Ägäis häufig.

Kímolos. Das örtliche Mineralvorkommen unterstützt die heilende Wirkung der radioaktiven Quellen, die vor allem von Rheumatikern geschätzt werden.

✸✸MÍLOS

Mílos ist eine der Vulkaninseln der Ägäis. Eruptionen in längst vergangener Zeit haben ihr reiche Mineralvorkommen beschert, die seit Menschengedenken ausgebeutet werden. Das Einzige, was noch an den Vulkan erinnert, ist die Form der Insel. Der Hafen von Adámas, einer der größten in der Ägäis, ist der ehemalige Krater; er ist so groß, dass in ihm die Flotten der Alliierten während des Krimkriegs und des Ersten Weltkriegs Schutz fanden.

Von der vulkanischen Vergangenheit zeugen auch noch einige Thermalquellen. Der Vulkan muss jedoch schon vor sehr langer Zeit erloschen sein, denn Mílos war die Heimat einer der ältesten Zivilisationen der Ägäis, die bis 3500 v. Chr. zurückgeht.

Adámas ❺, der Haupthafen der Insel, verfügt über die meisten touristischen Einrichtungen auf Mílos – und es werden immer mehr. Die Insel besitzt einen neuen Airport und der Hafen soll zu einem Jachthafen umgestaltet werden. Wenn sich diese Entwicklung fortsetzt, wird Mílos sicher eine der populärsten griechischen Inseln, denn hier gibt es auch Strände für jedermanns Geschmack. Am ruhigsten ist das Wasser an den langen Sandstränden um die Bucht von Adámas herum, etwa bei **Ahivadolímni**. Die Kirche **Agía Triáda** in Adámas besitzt einige kretische Ikonen. In einer Grotte befindet sich das öffentliche Bad der Stadt, wo man auch das hiesige Mineralwasser kosten kann.

Die Hauptstadt von Mílos liegt in sicherer Entfernung zum Meer – wenn auch die Eroberer heutzutage eher Touristen als Piraten sind. Das hervorstechende Merkmal von **Pláka** ❻ ist die strenge weiße Kykladenarchitektur. Das **Archäologische Museum** enthält antike Funde aus Filakopí und Mélos. Jüngere Exponate sind im ansprechenden **Volkskundemuseum** zu sehen, das eine Wohnung aus dem 19. Jh. nachstellt. Am Rand eines Steilhangs steht die Kirche **Panagía Korfiatissa** aus dem 19. Jh. mit einigen älteren Ikonen. Beherrscht wird die Stadt vom venezianischen **Kástro**, von dem sich ein herrlicher Ausblick bietet. Auf dem Weg nach oben sollte man bei der schönen alten Kirche **Thalassítras** („vom Meer") anhalten.

Der Name von **Tripití**, Plákas Vorstadt, heißt übersetzt etwa „mit Löchern perforiert", was sich wohl auf seine **Katakomben** bezieht, eine der besterhaltenen frühchristlichen Stätten Griechenlands (2. / 3. Jh.). Nur ein kleiner Bereich ist öffentlich zugänglich, aber man erhält dennoch einen Eindruck von den unterirdischen Gängen mit ihren gewölbten Grabnischen in der Wand.

Von den Katakomben führt ein schöner Spaziergang zu der Ausgrabungsstätte

Mélos am Hang oberhalb von Klíma. Besonders markant ist das an den Hang geschmiegte **römische Theater**; gelegentlich finden hier Aufführungen statt. Man sieht auch Überreste eines Tempels.

Fast jeder kennt zumindest einen der Schätze von Mélos, der sich aber nicht mehr auf der Insel befindet: Die **Venus von Mílo** aus dem 1. Jh. v. Chr. Ein Bauer entdeckte die Statue 1820 auf seinem Land und heute ist sie ein Prunkstück des Pariser Louvre. In Mélos erinnern nur noch eine Tafel am Fundort an die sensationelle Entdeckung; eine Kopie der Venus steht im Archäologischen Museum von Pláka. **Klíma** war der Hafen des antiken Mélos; auch heute noch ist es ein Fischerhafen.

Unbedingt einen Besuch wert sind die fantastischen Felsformationen an der Inselküste. Von der Straße aus kann man die großartige kleine Bucht von **Mandrákia** an der Nordküste oder die Mondlandschaft von ★**Sarakíniko** ❼ erreichen, wo bizarre Bimssteinformationen an Eisschollen erinnern. **Papafrángas** ist eine

PÁROS
ΠΑΡΟΣ

Akr. Kórakas

Kamáres

Ó. Naoúsis

② Náousa

Dílio

M. Longovárdas

Tris Ekklisiés

Parikía ❶

③ Maráthio

Kóstos

Asklepiíon

Léfkes

Pródromos

Petaloúdes

Ág. Andónios

⑤

⑧

Ag. Ilías Márpissa

Piso

Livádi

Kámbos

706

Logarás

Póunda

⑥ Dríos

Ag. Ioánnis

299

⑨

Spiléo Stalaktitón

Voutákos

Angeriá

Aliki

⑦ Hrisí-Aktí

Akr. Mávros

PANDIERONÍSI

ANDÍPAROS
ΑΝΔΙΠΑΡΟΣ

DESPOTIKÓ

Akr. Skílos

Sýros

Ikaría

Naxos

Piréas

Sifnos

KÁVOURAS

DIPLÓ

Andíparos

St. Andipárou

PÁROS / ANDÍPAROS

0   5   10 km

interessante Höhle: Ein Wasserarm ragt tief in einen Felsenkorridor mit kleinen Grotten an seinem Ende hinein.

Spärliche Überreste einer antiken Stadt, die bis in die mykenische Zeit bewohnt war, wurden bei **Filakopí** ❽ entdeckt; von den einst prächtigen Villen ist jedoch nicht viel übrig, dafür gibt es aber nette kleine Sandbuchten.

An Filakopí vorbei gelangt man zu dem beliebten Touristenort **Apollónia** ❾. Sein Hafen und seine Strände liegen genau gegenüber von Kímolos.

Im mittleren Teil der Insel befindet sich **Zefiría** ❿ oder Hóra, das lange Zeit Hauptort der Insel war und heute ein stilles Dorf ist. An der Südküste gibt es auch beliebte Sandstrände; besonders schön sind **Paleohóri** und **Agía Kiriakí**. Ein landschaftlicher Glanzpunkt ist eine Art Felsenburg, die sich bei *Kléftiko* ⓫ im Südwesten der Insel aus der Bucht erhebt und von natürlichen Bögen aus Stein durchbrochen ist.

Rechts: Im Hafen von Náousa, Páros.

– ZENTRALKYKLADEN –

PÁROS

Das große, fruchtbare Páros wirkt durch den idyllischen Charakter seines agrarischen Inlands sanft und gemütlich. Wenn man aber im Juli oder August hier ankommt, ist die ländliche Ruhe nur eine kurze Illusion. Die guten Strände, der kykladische Charme und die Tatsache, dass die Insel von allen wichtigen Fährlinien angelaufen wird, ziehen die Touristen massenhaft an. Wem die Szenerie – vollgestopfte Busse, ausgebuchte Hotelkomplexe – missfällt, der kann landeinwärts „flüchten", wo die traditionellen Dörfer noch Ruhe und Frieden ausstrahlen.

Schon in der Antike war die Insel wegen ihrer Landwirtschaft und ihres Marmors berühmt. Seit der frühen kykladischen Epoche wuchs ihr Wohlstand beständig. An der Höhe des jährlichen Beitrags für den Attisch-Delischen Seebund im 5. Jh. v. Chr. lässt sich erkennen, dass Páros bereits damals reich war. Als die Römer auf die Insel kamen, galt ihr Interesse vor allem dem weißen Marmor. Aber die Bedeutung der Insel nahm allmählich ab und durch Übergriffe von Seeräubern war sie sogar eine Zeit lang entvölkert.

Ankunfts- und Ausgangsort der meisten Besucher ist **Parikía** ❶, das an der Stätte des antiken Páros erbaut wurde. Das geschäftige Hafenviertel wird von einer alten **Kreuzfahrerburg** geschützt, die Ruinen antiker Tempel birgt. Das wichtigste Gebäude Parikías aber ist die große Kirche *Ekatontapilianí*, einer der bedeutendsten byzantinischen Bauten auf den griechischen Inseln überhaupt. Sie soll im 5. Jh. von der Mutter Kaiser Konstantins, der heiligen Helena, gestiftet worden sein, als sie bei einem Sturm hier angetrieben wurde. Kaiser Justinian vollendete den Bau ein Jahrhundert später. Seitdem wurde die Kirche mehrfach umgestaltet. Obwohl der Name der Kirche „die Hunderttürige" bedeutet, besitzt

sie angeblich nur 99; der Überlieferung zufolge wird Konstantinopel an Griechenland zurückfallen, wenn die 100. Tür gefunden wird. Es ist ein großartiger Bau mit riesigen Innenräumen und prächtigen Kronleuchtern. Das Blattgold glänzt mit wahrhaft byzantinischer Opulenz im Kerzenlicht. Der älteste Teil des Gebäudes ist die Taufkapelle am Eingang. Dort befindet sich auch ein **Kirchenmuseum**.

Weiterhin gibt es in Parikía ein **Archäologisches Museum**, in dem sich u. a. Schriften des parischen Dichters Archílochos (7. Jh. v. Chr.) befinden, der das Versmaß des jambischen Pentameters entwickelte.

Von Parikía aus fahren Busse nach ★**Náousa ❷**, dem zweiten Inselhafen. Náousa ist der Inbegriff eines kykladischen Fischerdorfs. Allerdings ist der Ort von einem Ring touristischer Einrichtungen umgeben, der bei weitem größer ist als das Dorf selbst. Eine alte venezianische Festung ragt bis in den Hafen hinein, wo Boote auf Badegäste warten, um sie nach **Monastíri, Santa Maria, Kolimbí-**

thres mit seinen bizarren Felsformationen oder **Lagéri** zu bringen. (Geht man bei Lagéri den Strand ein Stück hinunter, kann man nackt baden.) In der Stadt werden in den Tavernen Tintenfische, die zuvor auf einem Stein weichgeklopft wurden, wie Girlanden zum Trocknen aufgehängt.

Die andere wichtige Buslinie führt quer über die Insel über **Maráthio ❸**, wo man noch die Marmorbrüche besuchen kann, die vom 3. Jahrtausend v. Chr. bis ins 15. Jh. n. Chr. in Betrieb waren, zu dem reizenden Dorf **Léfkes ❹** mit seinen verwinkelten Gassen und schönen Ausblicken über die Hügel. Hier gibt es ein winziges **Volkskundemuseum** und eine Töpferei. Ein alter byzantinischer Pfad führt von Léfkes nach **Pródromos** hinunter. Ein einziges Dach verbindet hier zwei Kirchen und um ins Dorf zu gelangen, muss man unter ihm hindurchgehen.

Márpissa ❺, wohl das schönste der Dörfer im Landesinneren, markiert zugleich den Beginn eines stark frequentierten Küstenstreifens, der bis Driós reicht.

Nahe Márpissas erhebt sich der Hügel Kéfalos, auf dessen Kuppe die Ruinen einer venezianischen Burg sowie das leuchtend weiße Kloster **Ágios Andónios** aus dem 16. Jh. stehen. **Píso Livádi** ist der Fährhafen der Stadt. Der Strand von Píso Livádi heißt **Logarás**.

Driós ❻ ist ein grünes Dorf mit einem schmalen weißen Strand. Von hier aus kann man zur **Kalpakis-Höhle** laufen, einer Tropfsteinhöhle, die in prähistorischer Zeit als Unterkunft genutzt wurde. Spuren einer weiteren prähistorischen Siedlung finden sich auf dem **Piragaki-Vorgebirge**. Hervorragend windsurfen kann man bei **Hrisí Aktí** (Golden Beach) **❼**. Hier fand sogar schon eine Windsurfer-Weltmeisterschaft statt.

Nimmt man die Straße, die von Parikía nach Süden, in Richtung **Alikí** und Flughafen, führt, passiert man die Ruinen des dorischen **Asklepieions** (4. Jh. v. Chr.) und des anschließenden **Pythions**. Es ist

Oben: Badevergnügen am Strand von Kolimbíthres im Norden von Páros.

Apollon geweiht, dem Vater von Asklépios, dem Gott der Heilkunst.

Die Straße ins Landesinnere führt weiter nach **Petaloúdes ❽**, dem Schmetterlingstal; die dort in großer Zahl vorkommenden Bärenspinner leiden jedoch unter allzu vielen Besuchern.

ANDÍPAROS

Von **Poúnda** aus kann man mit der kleinen Fähre für einen Tagesausflug nach **Andíparos** übersetzen, das viel ruhiger ist als sein größerer Nachbar und schöne Strände besitzt. Im Sommer ist es allerdings auch hier voll. Die große Tropfsteinhöhle **Spíleo Stalakitón ❾** auf dem Hügel **Ágios Ioánnis** bietet eindrucksvolle Stalagtiten- und Stalagmitenformationen. Sie wurde zur Zeit Alexander des Großen entdeckt.

**NÁXOS

Die grüne Insel Náxos bietet lange Sandstrände, Bergwanderwege, antike

Stätten und zahlreiche venezianische Wachtürme (*pírgi*). Die Lieblingsinsel des englischen Romantikers Lord Byron zieht mehr und mehr ausländische Touristen an. Aufgrund ihrer Größe findet man aber immer noch ruhige Orte.

Als größte Kykladeninsel hat Náxos in der Geschichte des Archipels schon früh eine bedeutende Rolle als Handels- und Verwaltungszentrum gespielt.

Der Mythos von Náxos ist die Geschichte der Ariadne: Ariadne hatte dem athenischen Prinzen Theseus geholfen, den Weg durch das Labyrinth von Knossós (Kreta) zu finden, um den Minotaurus zu töten. Als Theseus sich auf den Heimweg machte, nahm er Ariadne mit. Unterwegs legten sie auf Náxos an, wo Theseus Ariadne zurückließ. Die verzweifelte Ariadne beklagte ihr Schicksal, bis der Gott Dionysos sie fand und zur Frau nahm. Auch Dionysos war eng mit Náxos verbunden; der Legende nach soll er hier den Wein entdeckt haben.

Obwohl der Marmor auf Náxos gröber ist als der auf Páros oder Tínos, ist er seit der Antike ein Markenzeichen der Insel. In der Nähe von **Apóllon** gibt es alte **Marmorbrüche**; in einem davon liegt ein 10,45 m langer *Kuros, die halb fertige, noch im Fels verhaftete Statue eines Knaben. Einen ähnlichen unvollendeten Kuros findet man bei **Mélanes**, im Zentrum der Insel.

Náxos (Hóra) ❶ ist der Hafen der Insel. Das Wahrzeichen von Náxos, die **Portára, die man gleich bei der Einfahrt in den Hafen sieht, ist vermutlich der Überrest eines Apollon-Tempels. Möglicherweise war der Tempel aber auch Dionysos geweiht. Die Portára ist ein riesiges, rechtwinkliges Steintor, das sich auf dem Inselchen *Paláteia vor der Stadt erhebt. Der Tempel wurde nie vollendet und von den Venezianern als Steinbruch für den Bau ihrer Festung missbraucht.

Um Eindringlinge zu verwirren legten die Gründer der Stadt Náxos die Straßen eng und verwinkelt an; heute verwirrt dieses Labyrinth die Touristen. Wenigstens kann man sich an dem Anstieg des Hügels orientieren. Die Kuppe war die Stätte der antiken Akropolis und später des venezianischen **Kástro**, in dessen Mauern ein Gepränge zur Schau gestellt wird, u. a. Wappenschilder über den Türen der Palazzi, was man in Venedig missbilligt hätte. Auf dem Burgplatz stehen auch zwei Kirchen. Eine davon ist die katholische Kathedrale **Ipapandi** (Mariä Lichtmess) aus dem 13. Jh., restauriert im 17. Jh. Im *Archäologischen Museum bestechen die Objekte der kykladischen und mykenischen Kunst. Kirchenliebhaber können die orthodoxe Kathedrale **Mitropolis Zoodóhou Pigís** mit ihrer fein gearbeiteten Ikonostase besuchen.

Etwa 15 Minuten außerhalb der Stadt liegt das Kloster **Hrisostómou** aus dem 17. Jh., das zumindest für Ungläubige weniger wegen seiner wundertätigen Ikone aus dem Jahr 1818 als vielmehr wegen der großartigen Aussicht interessant ist. An der Küste nördlich von Hóra, in einem Gebiet, das wegen seiner Höhlen Grotta

genannt wird, finden sich auf dem Meeresgrund Überreste antiker – mykenischer oder kykladischer – Bauten.

An der Straße nach Norden, Richtung Apóllon, steht das weiße Kloster **Faneroméni** von 1603. Schöne Strände an der Nordwestküste sind **Amíti** und **Abrám**. **Apóllon ❷** ist ein Touristenzentrum und vor allem wegen des etwas außerhalb liegenden Kuros einen Besuch wert.

Fährt man von Náxos Richtung Osten, passiert man **Ágios Mámas**, eine der ältesten Kirchen der Insel (9. Jh.) mit einigen sehr alten Ikonen.

Die weißen klassizistischen Häuser von **Halkí ❸** im Inselzentrum bilden ein charakteristisches, reizvolles Stadtbild. Die ***Panagía Drosianí** kann sich rühmen, das älteste byzantinische Gebetshaus der Insel zu sein (6. Jh.). Etwa 2 km von der Stadt entfernt stehen die Ruinen der Festung **Ápano Kástro**, welche die

Oben: Die Portára, riesiges Steintor einer antiken Tempelruine, begrüßt die Gäste am Hafen von Náxos.

Venezianer wie üblich auf einer antiken Stätte errichteten.

Östlich von hier liegt das hübsche **Apírados ❹**, dessen Spitzname, „Marmarinas", „aus Marmor gemacht" bedeutet. Hier gibt es ein **Archäologisches Museum**; die Kirche **Ágios Kiriakí** enthält byzantinische Fresken. Von hier führt eine lange, kurvenreiche Straße zum Strand von **Moutsoúna**, von wo aus es eine noch längere, sehr schlechte Straße zu einem weiteren guten Strand, **Psilí Ámmos**, gibt.

Filóti ❺ ist das größte Dorf in dieser Gegend. Südlich des Ortes erhebt sich der höchste Berg der Insel, der **Zás** oder Zeus, in der Antike als Driós bekannt. Wanderer können über seine Hänge den 1004 m hohen Gipfel erklimmen oder den Pfaden zu einigen der antiken Türme an seinem Fuß folgen. Bemerkenswert gut erhalten ist der hellenistische, über 2000 Jahre alte **Chimaron-Turm**.

Südlich von Náxos versammeln sich die Strandliebhaber. **Agía Ánna ❻** ist oft überfüllt, aber auch weiter an der Küste

entlang findet man viele weiße Sandstrände. Zwei der besten sind **Mikrí Vígla** und **Kastráki**.

ERIMONÍSSIA – KLEINE OSTKYKLADEN

Zwischen Náxos und Amorgós liegt verstreut eine Gruppe kleiner, unspektakulärer Inseln (*Erimoníssia* = „einsame Inseln"), die für Ruhe suchende Urlauber genau das Richtige sind. Auf **Iráklia ❶**, der größten von ihnen, gibt es zwei Orte: **Ágios Geórgios**, die bewohnte Gegend um den Hafen herum, und das alte, verschlafene **Iráklia** (Hóra), dass man vom Hafen aus nach etwa einer Stunde Fußmarsch (bergauf) erreicht. **Livádi** bietet einen herrlichen weißen Sandstrand. Sehenswert ist die Tropfsteinhöhle **Ai Giannis**. Außerdem wurden hier Spuren kykladischer Besiedlung entdeckt.

Ruinen aus späterer Zeit charakterisieren die Hóra der Insel **Shinoússa ❷**: der Hauptort **Shinoússa** besitzt eine mittelalterliche Burg. Spuren einer Festung finden sich auch im kleinen **Messariá** an einer Bucht. Das nahe **Psilí Ámmos** hat einen Badestrand erster Güte, der aber nicht einfach zu erreichen ist. Leichter zugänglich und daher etwas voller ist der graue Sandstrand von **Tsigoúri**.

Obwohl **Kéros ❸** relativ groß ist, ist es unbewohnt und es gibt keinen regelmäßigen Fährverkehr. In den Grabstätten bei **Daskalió** fanden Archäologen zwei wertvolle, über 4500 Jahre alte Kykladenidole (heute im Nationalmuseum in Athen).

Es gibt zwei Koufoníssi-Inseln, von denen die kleinere, **Káto Koufoníssi ❹**, hauptsächlich von Ziegen bewohnt wird. **Áno Koufoníssi ❺**, die Hauptinsel, ist mit einer Fischereiflotte und einem Hotel die geschäftigste der „einsamen Inseln". Der *Meltemi* weht hier besonders stark, aber das hält die Touristen nicht davon ab, die schönen Strände in der **Harakópou-Bucht** zu besuchen.

Im Osten von Náxos liegt **Donoúsa ❻**, die isolierteste der „einsamen Inseln". Die erste Siedlung hier datiert aus minoischer Zeit; da es aber selbst heute

Info S. 104-107

95

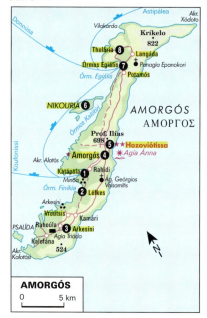

Amorgós mit seiner abweisenden Steil-
küste diente von der Römerzeit bis zur
Militärjunta oft als Verbannungsort.
Aber die Insel erlebte auch bessere Zeiten; in der Antike gab es hier drei blühende Städte, und heute lockt die Insel mit ihren schönen Strandbuchten und ihrem berühmten Kloster viele Touristen an.

Haupthafen der Insel ist **Katápola** ❶,
schon seit den Tagen der oberhalb des
modernen Orts liegenden antiken Stadt
Minóa (gegründet 4. Jh. v. Chr.) als Hafen genutzt. Heute ist nur wenig von der
antiken Stätte übrig, aber von oben bietet
sich ein schöner Ausblick auf den Hafen.

Südlich von Katápola liegt das Dorf
Léfkes ❷ und in seiner Nähe die mit
Fresken verzierte Kirche **Ágios Geórgios
Valsamítis**. Sie wurde über einer Quelle
erbaut, die vor allem bei Lepra heilende
Wirkung haben soll. Die südliche Insel-
hälfte ist als **Káto Meria** bekannt; von
dem Dorf **Vroútsis** aus kann man nach
Norden zu den Ruinen von **Arkesíni** ❸
bei Kastrí, einer der drei antiken Insel-
städte, wandern. Das moderne Arkesíni
befindet sich heute weiter südlich. Bei
Agía Triáda gibt es eine hellenistische
Turmruine aus der Zeit um 200 v. Chr.

Im Norden von Katápola befindet sich
*Amorgós (Hóra) ❹, der Hauptort der
Insel, um einen mächtigen, hochragenden
Felsen herum, auf dem das venezianische
Kástro aus dem 13. Jh. thront. Weiter un-
ten bildet der Fels teilweise die Innen-
wand der Kirche **Keras Leousas**. Das
Archäologische Museum befindet sich
im Herrensitz der Familie Gavras aus
dem 16. Jh. Als Souvenirs werden im Ort
Schattenspielfiguren verkauft, die den
Einfluss Kleinasiens widerspiegeln.

Unterhalb von Amorgós liegen die feinen kleinen Kiesbuchten von **Agía Ánna**.
Der Hauptweg vom Ort hinunter führt
zum Wahrzeichen der Insel, dem weißen
Kloster ****Hozoviótissa** ❺, das am Fuß
einer braunen Steilwand, wie ein den Fels
stützender Sockel, erbaut wurde. Das
Kloster wurde um 800 n. Chr. gegründet,

noch Versorgungsengpässe gibt, ist es
wenig verwunderlich, dass die Insel einst
wieder aufgegeben wurde. Die derzeiti-
gen Bewohner stammen aus Amorgós.
Für Touristen gibt es nur ein paar Zimmer, drei Tavernen und ein kleines Geschäft im Hauptort **Donoúsa**. Sogar
Trinkwasser muss importiert werden: Die
einzige Süßwasserquelle der Insel befindet sich unter einem schattigen Baum im
Dorf **Mersíni**. Von **Papás**, dem höchsten
Punkt der Insel aus (383 m), können Spaziergänger am Strand von **Kéndros** ein
versunkenes Schiff aus dem Zweiten
Weltkrieg ausmachen. Boote vom Hafen
bringen Besucher zur Höhle von **Fokio-
spiliá**; entspannen kann man sich an den
Stränden von **Livádi** und **Kéndros**.

*AMORGÓS

Das im äußersten Osten der Kykladen
gelegene langgestreckte und gebirgige

*Rechts: Das Kloster Hozoviótissa auf Amor-
gós ist für seine spektakuläre Lage berühmt.*

um eine wundertätige, vom hl. Lukas gemalte Marien-Ikone aus dem palästinensischen Kloster Chosiva aufzunehmen. 1080 wurde es vom byzantinischen Kaiser Alexis Comnenos erneut geweiht. Seit seinen Anfängen in einer Höhle in der Steilwand ist der Bau vor allem vertikal gewachsen und besitzt heute Dutzende von Räumen und Kapellen. Im Kloster leben noch einige wenige Mönche, die Besucher durch die Räumlichkeiten und zu den Aussichtspunkten 320 m über dem Meer führen.

Auf dem Weg nach Norden zum zweiten Inselhafen Egiáli sieht man vor der Küste die Insel **Nikouriá** ❻, Stätte einer antiken Siedlung und später eine Leprakolonie. **Egiáli** war die dritte antike Stadt der Insel. Das moderne Egiáli besteht aus drei Siedlungen: **Órmos** am Meer, **Potamós** und dem schönen **Langáda**. Die Bucht von **Órmos Egiális** ❼ besitzt den besten Sandstrand der Insel.

Das nördlich gelegene **Tholária** ❽ befindet sich nahe des antiken Egiáli. Unweit des Dorfs soll es römische Gräber geben, aber sie sind schwer zu finden. Von **Langáda** aus können Wanderer den **Kríkelo**, den mit 822 m höchsten Berg der Insel mit schöner Aussicht besteigen, oder zwei alte Kirchen aufsuchen. Der große Festplatz der byzantinischen **Panagía Epanokori** wird am 15. August von zahlreichen Gläubigen besucht. Näher zur Küste hin liegt das Kloster **Ágios Ioánnis Theológos** mit Gebäudeteilen, die bis ins 5. Jh. zurückgehen.

– SÜDKYKLADEN –

*FOLÉGANDROS

Der Name Folégandros rührt möglicherweise von dem phönizischen Wort für „felsig" her, ein Adjektiv, das die kleine Insel mit ihren Steilwänden hinreichend beschreibt. Es leben nur wenige Menschen auf Folégandros; im Mittelalter verlor die Insel sogar dreimal ihre gesamte Einwohnerschaft. Die heutigen Bewohner sind Nachfahren von Zuwanderern aus Kreta und Venedig. Heute zieht

die Insel im Sommer sehr viele Besucher an; einige davon suchen Zuflucht vor den Menschenmassen auf Íos.

Karavostásis ❶ ist der Inselhafen. Die nächste annehmbare Badestelle befindet sich am rauen Sandstrand der **Lustria-Bucht**, wo auch der Campingplatz von Folégandros liegt. Vom Hafen aus führt eine Straße auf die Felsen nach **★Folégandros** (Hóra) ❷, einem Kykladendorf wie aus dem Bilderbuch. Sein ältester Teil, das **★Kástro**, wurde von den venezianischen Herrschern im 13. Jh. erbaut. Die Häuser sind dort dicht an dicht gebaut, sodass ihre Außenmauern einen Verteidigungsring mit überdachten Torwegen bilden, die in die Stadt führen. Beherrscht wird das Dorf aber nicht von der Burg, sondern von der **Panagía**, einer wuchtigen, mit einer weißen Kuppel versehenen Kirche oberhalb der alten Stadtmauern. Kernstück dieser Kirche ist eine Marien-Ikone, die der Legende nach dreimal bei Piratenüberfällen gestohlen wurde, aber jedesmal wieder an die Ufer ihrer Heimatinsel angeschwemmt wurde.

Unweit der Kirche kann man mit einem Führer die Stalaktiten von **Hrisospiliá**, der „goldenen Höhle", erkunden. Die Höhle erhielt ihren Namen, als sich die Dorfbewohner mit ihrem Goldschatz vor plündernden Angreifern hierher flüchteten. Die Invasoren entdeckten das Versteck, verstopften die Ausgänge und setzten die Höhle in Brand. Zurück blieb nur eine Lache aus geschmolzenem Gold.

Das zweite Inseldorf, **Áno Meriá ❸**, ist eine an der Straße aufgereihte Häuserkette. Immerhin besitzt es ein **Volkskundemuseum**, und am 27. Juli wird hier das Fest von Ágios Pandeleímon gefeiert.

Zwischen Folégandros und Áno Meriá liegt der beste und damit unvermeidlich vollste Strand der Insel, **Angáli**. Weiter nördlich, bei **Ágios Nikólaos**, kann man nackt baden. Káikis fahren zu diesen beiden Stränden sowie nach **Ágios Geórgios**, einem großen, aber windigen Strand an der Nordspitze von Folégandros.

Oben: Getreide dreschen mit bewährten, aber nicht immer willigen Helfern.

Info S. 104-107

SÍKINOS

Síkinos ist eine ruhige, lauschige Insel, die es geschafft hat, dem Massentourismus zu entgehen. Schiffe legen in **Aloprónia** ❹ an. Von dort geht es stetig bergauf zu dem dreiteiligen Hauptort von Síkinos, in dem fast alle Inselbewohner leben. **Síkinos** (Hóra) ❺ besteht aus Horió, Kástro und Vuni. Es ist ein schönes Dorf; besonders hübsch ist das Viertel ★**Kástro**, wo stattliche alte Häuser den Hauptplatz mit der Kirche **Pantánassa** umringen. Einige der Gebäude sind verfallen; ein fein gemeißeltes steinernes Tor ist heute kein Hauseingang mehr, sondern rahmt nur noch eine Landschaft mit Berg und Himmel ein. Eines der alten Häuser beherbergt ein **Volkskundemuseum**. Gekrönt wird das Ganze von dem festungsartigen Kloster **Zoodóhou Pigís**, das an die Zeiten gemahnt, als das wichtigste Gotteshaus einer Insel zugleich als Zufluchtsort diente.

Südlich liegen bei **Episkopí** Überreste eines römischen Tempels, der im 17. Jh. in ein Kloster umgewandelt wurde. Wanderer können Strände wie **Ágios Georgiós**, **Ágios Nikólaos** und **Ágios Pandeleimonas** oder Höhlen, z. B. die „schwarze Höhle", **Drakofido**, besuchen.

ÍOS

Von Natur aus karg und schön, in bester Tradition der Kykladen, macht sich auf Íos heutzutage der Tourismus in seiner extremsten Form bemerkbar. Auf dem Tummelplatz für Leute unter 25, bekannt für Camping, Strandpartys und bis zum frühen Morgen geöffnete Diskos, kann es für alle, denen dieses Umfeld nicht behagt, ungemütlich werden. Wer aber vor allem baden, Leute treffen und Partys feiern will, ist hier genau richtig.

„Klein-Malta" lautet der Spitzname der Jachtbesitzer für den Hafen **Gialós** ❻, weil er wie Maltas Hafen windgeschützt ist. Von hier führen Steinstufen hinauf nach ★**Íos** (Hóra) ❼, der einzigen „richtigen" Stadt der Insel mit vielen Touristeneinrichtungen zwischen pitto-

resken kykladischen Mauern. Die zwei massigen weißen byzantinischen Kirchen haben charakteristische blaue Kuppeln. Als weiteres Wahrzeichen von Íos thront ein Dutzend Windmühlen über dem Ort. Für den kulturell Interessierten gibt es ein **Archäologisches Museum** und das **Odysseus-Elytis-Amphitheater**, wo unter sommerlichem Sternenhimmel Aufführungen stattfinden.

Beliebtester Strand ist ein breiter Sandstreifen bei **Milopótamos** ❽. Er ist ein Treffpunkt „wilder" Camper (es gibt hier aber auch zwei Campingplätze), wo ständig Partys stattfinden.

Von Íos aus fahren Busse an die Ostküste und an den Strand von **Agía Theodótis** ❾, wo es Tavernen und Hotels gibt und wo am 8. September das letzte traditionelle Kirchenfest auf der Insel stattfindet. In der Nähe stehen die Ruinen eines

römischen Aquädukts, aber das auffallendste Baudenkmal ist die venezianische Festung (oder vielmehr ihre Überreste) an der Stätte von **Paleókastro**, dem mittelalterlichen Hauptort der Insel. Weiter südlich in der Bucht von **Psáthis** mit ihrem schönen und beliebten Strand gibt es Überreste eines antiken Tempels.

Zu den Stränden an der Nordküste gehört auch **Plakatós** ❿. Nahe des Strandes befindet sich das vermeintliche Grab des Dichters Homer, dessen Mutter von Íos stammen soll. Im Mai wird dem Dichter zu Ehren ein Fest gefeiert.

An der Südspitze der Insel liegt der Strand von **Manganári** ⓫ mit seiner ständig wachsenden Feriengemeinde und FKK-Abschnitt. Am einfachsten erreicht man ihn von Gialós aus mit dem Káiki.

**THÍRA (SANTORIN)

In der Antike nannte man Santorin, die beliebteste aller griechischen Inseln, *Kalliste*, „die Schönste". Die einzige völlig vulkanische Kykladeninsel wurde durch

Oben: Gialós, der windgeschützte Hafen von Íos, ist bei Seglern beliebt. Rechts: Hotelanlage in Oía (Thíra) – ein architektonisches Gesamtkunstwerk.

eine Reihe von Ausbrüchen, die bis in die Gegenwart fortdauerten, aus dem Meer aufgeworfen und versank auch teilweise wieder darin. Santorin wird umrahmt von Stränden mit schwarzem Sand und roten Steilwänden, die das Licht der berühmten Sonnenuntergänge einfangen. Im Inselinneren gedeihen auf vulkanischer Erde schmackhaftes Obst und Gemüse sowie ein berühmter Weißwein. Leuchtend blau-weiße Häuser und Kuppelkirchen setzen charakteristische Farbkleckse in die Insellandschaft.

Ein weiterer früher Name der Insel war *Strongyle*, „die Runde", und an der Anordnung der heutigen Inseln um den einstigen Krater herum kann man die Kreisform noch erkennen. **Thíra** selbst, das kleine **Thirasía ❶** (kaum bewohnt, mit ein paar Tavernen) und **Asproníssi ❷**, die „weiße Insel", markieren den Kraterrand. Aus der Caldera zwischen diesen Inseln erheben sich schwarz **Paleá Kaiméni ❸**, das bei einer Eruption 197 n. Chr. aus dem Meer aufgeworfen wurde, und ***Néa**, das „neue", **Kaiméni ❹**, das im

18. Jh. entstand. Auf Néa Kaiméni befindet sich heute der Krater. Aus seiner Erde entweichen schwefelhaltige Dämpfe, und Besucher baden im übelriechenden, aber gesunden Schlamm der heißen Quellen. Nach Vulkanausbrüchen in der Antike versanken Teile von Thíra – so kam vielleicht die Legende von der versunkenen Insel Atlantis auf. 1956 erschütterte ein verheerendes Erdbeben die Insel. Die Hauptstadt Fíra und das Fischerdorf Oía waren besonders betroffen. Die Gebäude in diesen Orten sind heute größtenteils moderne Rekonstruktionen.

Die Bezeichnung „Thíra" leitet sich von Theras, dem legendären König der ersten dorischen Siedler der Insel, ab. Der Name „Santorin" wurde im 14. Jh. geprägt, als die Venezianer von der mittelalterlichen Hauptstadt Skáros aus herrschten und das kleine Dorf Emborió eine der Schutzheiligen Irene geweihte Kirche, die Agía Iríni, besaß. Aus „Santa Irini" entwickelte sich „Santoríni".

Haupthafen der Insel ist **Athiniós ❺**, von wo aus ein Bus in die hochgelegene

THÍRA / THIRASÍA / ANAFI

0   5 km

Hauptstadt **Firá** (Thíra) ❻ fährt. Einige Schiffe legen aber auch in **Skála Firá** an und ermöglichen so den Besuchern den Aufstieg entweder auf traditionelle Weise zu Fuß oder mit dem Esel oder – schneller und moderner – mit der Kabinenbahn, die der reiche Reeder Evangelos Nomikos gestiftet hat. Als Hauptstadt einer stark von Touristen frequentierten Insel ist Firá voller Läden und Lokale, Bars und Diskos. Das **Archäologische Museum** präsentiert Funde der beiden wichtigsten archäologischen Stätten Thíras, der minoischen Siedlung Akrotíri und der antiken Stadt Théra, aus der eine schöne Sammlung von therischen Vasen aus dem 7. und 6. Jh. v. Chr. stammt. In einem alten Herrenhaus residiert das **Megaron-Gyzi-Museum** mit Exponaten zur Geschichte des Ortes.

Nördlich von Firá liegt **Imerovígli** ❼ nahe der Stätte der mittelalterlichen

Rechts: Erkundungsgänge in einer versunkenen minoischen Stadt – die Ausgrabungsstätte Akrotíri.

Hauptstadt **Skáros**, an die heute fast nur noch Ruinen erinnern. Die einst die Stadt beherrschende Burg diente vorwiegend als Ausguck und zur Verteidigung gegen eindringende Piraten. Hier befindet sich auch **Ágios Stéfanos**, die älteste Kirche der Insel. In Imerovígli gibt es außerdem das noch aktive **Kloster Nikólaou**, aber die Hauptattraktion sind die großartigen Ausblicke auf die Caldera des Vulkans.

Das am anderen, nördlichen Ende der Insel liegende Dorf **Oía** (Ía) ❽ ist erst in viel jüngerer Zeit Opfer der Naturgewalten geworden: Beim Erdbeben von 1956 wurde es durch einen Felsrutsch begraben. Zum Teil in Ruinen, zum Teil wiederaufgebaut, ist die Stadt allein schon wegen ihrer Lage auf dem Rand der Caldera ein lohnendes Ausflugsziel. Spätnachmittags wimmelt es von Touristen, die hier mit ihren Kameras den berühmten santorinischen **Sonnenuntergang** einfangen wollen. Die in das weiche Gestein gegrabenen Höhlenwohnungen dienen heute als exklusive Feriendomizile. Vor dem Horizont heben sich die Kuppeln der restaurierten Kirche **Zoodóhou Pigís** und die Flügel der aufgegeben Windmühlen ab, die man nach dem Südwestwind *Garbis*, der sie einst antrieb, **Garbini-Windmühlen** nennt. Eine lange, in die Steilwand gehauene Treppe führt hinab zum Meeresufer, wo man sich nach einem Bad im blauen Wasser auf roten Felsen sonnen kann.

Die ältesten, traditionellsten Dörfer befinden sich in der Inselmitte. **Messariá** ❾ ist das Zentrum des Weinanbaus; eine ganze Palette von Weißweinen wird hier produziert. Pírgos und Emborió haben bei den Erdbeben dieses Jahrhunderts nur geringen Schaden erlitten. Besonders **Pírgos** ❿ hat seinen mittelalterlichen Charakter bewahrt. Sein venezianisches **Kástro** steht am Fuß des höchsten Berges der Insel, des **Profítis Ilías** (566 m), auf dessen Gipfel das gleichnamige **Kloster** von 1712 thront. Der noch aktive Klosterkomplex beherbergt ein **Museum** mit Ex-

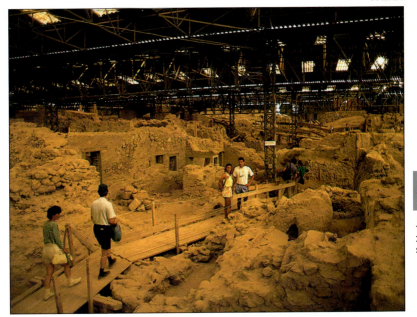

ponaten zum traditionellen Handwerk, z. B. Nachbauten einer Schusterwerkstatt und einer Schreinerei sowie das Innere eines thirischen Hauses einschließlich Web- und Stickereiarbeiten. Das Museum ist jedoch nur unregelmäßig geöffnet. Zwischen Pírgos und Kamári liegt **Méssa Goniá**. Die dortige **Panagía Episkopí** veranstaltet im Sommer ein riesiges Fest.

In Kamári und Périssa befinden sich die beiden beliebtesten schwarzen Sandstrände an der Ostküste. **Kamári** ⓫ ist sehr voll; in **Périssa** ⓬ gibt es einen Campingplatz und es ist weniger verbaut.

Ebenfalls an der Ostküste, etwa in der Mitte zwischen den beiden Stränden, stehen die Ruinen des ★**Antiken Thíra** ⓭, das im 9. Jh. v. Chr. gegründet und im 19. Jh. von deutschen Archäologen aus der Vulkanasche ausgegraben wurde. Höhepunkte sind das antike **Theater** und die überwältigenden Ausblicke von dem 300 m hohen Felsen.

In der Nähe von Emborió befinden sich Überreste der antiken Siedlung **Elefsina**. **Emborió** ⓮ selbst war Sitz der byzanti-

nischen Kirche Agía Iríni. Allerdings wurde die alte Kirche durch ein modernes Gebäude ersetzt.

Im Süden der Insel befindet sich der etwas weniger frequentierte **Vliháda-Strand** ⓯, wo sich auffällige rote Felsen vom dunklen Sand abheben.

Die Badeplätze **White Beach** und ★**Red Beach** ⓰ auf dem südlichen Ausläufer Santorins liegen in der Nähe der bedeutendsten archäologischen Stätte der Insel, ★★**Akrotíri** ⓱. Die Ausgrabung dieser minoischen Stadt dauert noch immer an. Dabei sind bereits einige der faszinierendsten Zeugnisse der minoischen Zivilisation gefunden worden, so die großartigen Fresken, die heute im Archäologischen Nationalmuseum in Athen zu bewundern sind. Akrotíri wurde erst 1967 entdeckt. Der Archäologieprofessor Spirídon Marinátos, der sich mit minoischen Stätten auf Kreta beschäftigte, wollte herausfinden, was die Zerstörungen auf der Insel, die den Untergang der minoischen Zivilisation ausgelöst hatten, verursacht haben könnte. Er stellte fest, dass es eine Naturkatastrophe gewesen sein musste, folgte Hinweisen auf minoischen Vasen, die auf Santorin entdeckt worden waren, und begann dort mit Ausgrabungen. Zuerst schien seine Arbeit keine Früchte zu tragen; erst als sein Team in fünf Metern Tiefe angelangt war, brach es in Räume ein, die gefüllt waren mit Vorratsgefäßen, Überbleibsel einer blühenden Zivilisation um 1500 v. Chr. Die Einwohner des „griechischen Pompeji" wussten wohl von der bevorstehenden Katastrophe, denn es wurden keine Überreste von Menschen oder Wertgegenstände gefunden, nur Fresken, Keramiken und Einrichtungsstücke.

ANÁFI

Abgelegen und wild, jedenfalls nach kykladischen Maßstäben, ist Anáfi ein Zufluchtsort für Urlauber, die ohne großes touristisches Angebot auskommen. Anáfis schöne Strände und seine ganz eigene Atmosphäre entschädigen dafür.

Der Sage nach schuf Apollon die Insel, um Jason und den Argonauten während eines Sturms Zuflucht zu geben; aus Dank für diese Unterstützung baute Jason dem Gott einen Tempel. Spuren des Apollon-Kults sollen in einigen dörflichen Ritualen noch überliefert sein. Die Reste des Tempels werden überragt von dem Kloster **Panagía Kalamiótissa** ⑱, das auf der Halbinsel liegt, welche die südöstliche Spitze der Insel bildet. Ein Grund dafür, dass von dem Tempel so wenig übrig blieb, ist, dass man Teile davon als Baumaterial für das nahe Kloster **Zoodóhou Pigís** verwendete. Aus Respekt vor den Mönchen ist das Nacktbaden in der Nähe der Klöster verboten.

Im Hafen **Ágios Nikólaou** ⑲ legen die spärlich verkehrenden Fähren an, unweit des reizenden Strands von **Klisídi**. Von hier kann man nach **Anáfi** (Hóra) ⑳ hinaufgehen, das in einem Becken zwischen den Bergen liegt, überragt von der Ruine eines venezianischen Kástro.

EOT-Büro für alle Kykladen: Dodekanessou 10, Síros, Tel. 0281/86275, Fax 82375.

Die Fährverbindungen innerhalb der Kykladengruppen (Nord-, West-, Zentral-, Südkykladen) sind gut; die Verbindungen zwischen den Gruppen sind problematischer (Zwischenstopps; Umsteigen). Die Touristeninformationen und Fährbüros helfen weiter.

ÁNDROS (☎ 0282)

SCHIFF: Fähren u. *Sea Jets* nach Rafína. Keine Direktverbindung nach Piräus (nur via Tínos). Die meisten Schiffe legen in Gávrio an, *Flying Dolphins* 1-2x tägl. nach Batsí. *MIETWAGEN / -MOTORRÄDER*: **GÁVRIO: Tasos**, Tel. 71040, Fax 71165, am Meer. **George's Rent a Moto**, hinter der Post, Tel. 71003. **GÁVRIO:** ☺☺ **Andros Holiday**, Tel. 71384, Fax 71097. **Perrakis**, Tel. 71456, Fax 71459. ☺ **Galaxy**, Tel. 71228. Schäbig, aber sauber, beim Schiffsanleger. **STENIÉS:** ☺☺ **Pigi Sarisa**, Tel. 22187, Fax 22340. Gegenüber der Quelle. **ÁNDROS-STADT:** ☺☺ **Egli**, Tel. 22303, Fax 22159. Zentral, viele Infos für Reisende. **Paradise**, Tel. 22187, Fax 22340. Pool, Restaurant. ☺ **O Neiborsos**, Tel. 22052. Sauber, am Strand. **ÓRMOS KÓRTHIOU:** ☺☺ **Korthi**, Tel. 61218, Fax 61118. Betonklotz, fantastische Lage am Meer. **BATSÍ:** ☺☺ **Meltemi**, Tel. 41016, Fax 41564, und **Erato**, Tel. 41943. Schöne Appartements.

GÁVRIO: Camping Andros, 300 m vom Hafen.

ÁNDROS-STADT: Ta Delfinia (Nimborió), Tel. 24179. Beste Taverne am Strand. **ÓRMOS KÓRTHIOU: To Bintzi**, beste Taverne in Órmos (am Ende des Strands). **BATSÍ: Oti Kalo**, Tel. 41465. Mit Hafenblick. **Sirocco**, Tel. 41023. **PALEÓPOLI: I Oraia Paleópoli**, Tel. 41539. Einfach und gut.

Museum für moderne Kunst, Juni-Sept. 10-14, 18-20 Uhr (außer Di, So); Okt-Mai Sa-Mo 10-14 Uhr. **Archäolog. Museum**, Di-So 8.30-15 Uhr.

Segelschule am Ende des Strands von Nimborió. **Wassersportzentrum**, Batsí, Tel. 41247. **Wanderungen**: Herr Valmas, Hotel Egli, Ándros-Stadt, Tel. 22303, Fax 22159. **Wassertaxis**: Info bei Greek Sun Holidays, Batsí (Tel. 41198, Fax 41239), auch Organisation von **Ausflügen** und **Trekkingtouren**.

TÍNOS (☎ 0283)

SCHIFF: Nach Piräus u. Rafína. *MIETWAGEN / -MOTORRÄDER:* **G. Vidalis**, Z. Alvanou 16, Tel. 23877, Fax 23400; Kionon 6, Tel. 24300 (Neuer Hafen). **Dimitris**, Z. Alvanou 8, Tel. 23585, Fax 22744. **TÍNOS-STADT:** ☺☺ **Aphrodite**, Tel. 23556, Fax 22456. Ruhig, nahe Fähre und Strand. **PÓRTO:** ☺☺

Carlo, Ai Yiannis, Tel. 24159, Fax 24169. Mit Pool, strandnah. **KIÓNIA:** ☺ **Anna's Rooms**, Tel. 22877. Sauber, strandnah. **KOLIMBÍTHRA:** ☺☺ **Kolimbíthra Beach**, Tel. 51300, Fax 51734. Taverne, Strand. **PÍRGOS:** ☺☺ **Elena Rooms**, Tel. 31694, 31840. Appartements.

✂ TÍNOS-STADT: O Peristerionas, Fr. Paximadi 9, Tel. 23425. Gut, zentral, ruhig. **Galera**, Tel. 25551. Eine der besten Fischtavernen im Hafen. **PÓRTO: Taverna Gialos**, Tel. 25630. Immer voll, am Strand. **PÍRGOS: Tzodertzis**, Tel. 31477, 31207. Beste Fischtaverne am Meer. **KARDIANÍ: To Periboli**, Tel. 31072.

ⓜ TÍNOS-STADT: Gemäldegalerie, Kirchen- u. Skulpturenmuseum (in der Panagía Evangelístria), Tel. 22256, tägl. 8-20 Uhr. **Archäolog. Museum**, Tel. 22670, Di-So 8.30-15 Uhr. **PÍRGOS: Kunstmuseum / Haus von J. Halepás**, Tel. 31262, **Ausstellungsraum der Kunstakademie**, tägl. 10.30-14, 18-19.30 Uhr.

MÍKONOS (☎ 0289)

ℹ Touristenpolizei, Tel. 22482, tägl. 8-12.30 Uhr; **Hotelier's Union**, Tel. 25450; **Union of Rooms to Rent**, Tel. 24860; alle am Hafen. Reisebüro **Blue Moon**, Míkonos-Stadt, Tel. 24040, Fax 23297, tägl. 8-24 Uhr.

✈ FLUGZEUG: Flughafen 2 km südöstl. von Míkonos-Stadt; häufig Flüge nach Athen, im Sommer Charterflüge. SCHIFF: **Haupthafen** nördl. von Míkonos-Stadt; Verbindungen mit Piräus u. Rafína. MIETWAGEN / MOTORRÄDER: **München**, Tel. 24772, 27534, einer von vielen am Busbahnhof (im Südostteil der Stadt).

☷ MÍKONOS-STADT: ☺☺ **Marios**, 24 N. Kalogera, Tel. 24670, Fax 22704. Ruhig, zentral, von einem netten Paar geführt. ☺ **Margarita**, Tel. 22145. Auf dem Hügel nördl. des Hafens, Meerblick. **ÁGIOS STÉFANOS:** ☺☺☺ **Princess of Mykonos**, Tel. 23806, Fax 23031. Lieblingshotel der Stars mit Blick auf die Stadt. **KALAFÁTI:** ☺☺☺ **Paradise Aphrodite Beach**, Tel. 71367, Fax 71525. Astronomische Preise, Strand, Wassersport, Pool. ☺☺ **Kalafatis-Windsurfing-Mikonos**, Tel. 71228. Tolle Appartements zu günstigen Preisen.

◪ Paradise Beach & Camping, Tel. 22852, Fax 24350. **Mykonos Camping Paraga Beach**, Tel. 25915, Fax 24578. Beide mit Disko und Busservice in die Stadt.

✂ MÍKONOS-STADT: Philippi, Tel. 22295, Fax 23382. Elegantes Gartenlokal hinter dem Philippi Hotel (Kalodera). **Sun Set** (Iliovasilema), Scarpa, Tel. 27948. Kein tolles Essen, dafür traumhafte Aussicht. **Alefkundra**, an der kath. Kirche, Tel. 22450. Groß, hektisch, gut. **O Kipos**, hinter dem Freiluftkino, Garten, billig, ruhig. **AGÍA ÁNNA PARÁNGA: Nicolas**, Tel. 23566. Strandtaverne, auch Zimmer (Tel. 25762). **ÁNO MÉRA: Taverna Vangelis**, Platía Anomeras, Tel. 71577. Gute Taver-

ne. **KALÓ LIVÁDI:** Kalo Livadi Beach, Tel. 71298. Gehobenes Publikum, Fisch, indonesische Gerichte. **ⓜ Archäologisches Museum**, Tel. 22325, Mo, Mi-Sa 9-15.30, So 10-15 Uhr. **Museum für Volkskunst**, Mo-Sa 16-20, So 17-20 Uhr. **Lenas Haus**, tägl. 19-21 Uhr.

✒ In Kalafáti gibt es eine Windsurf-Schule (Fanatic Board Center) und eine Filiale des **Greek Diving Center**, erreichbar über das Aphrodite Beach Hotel, Tel. 71368, Fax 71525. **Mykonos Diving Center** am Psaroú-Strand, Tel./ Fax 24808.

DÍLOS (☎ 0289)

ⓜ Antike Stätten und **Museum**, Di-So 8.30-15 Uhr, Tel. 22259.

✒ Regelmäßig Ausflugsboote von Míkonos. Rückfahrtszeiten genau erfragen, auf Dílos gibt es keinerlei Übernachtungs- oder Versorgungseinrichtungen.

SÍROS (☎ 0281)

ℹ EOT-Büro (für alle Kykladen), Dodekanessou 10, Tel. 86725, Fax 82375. **Galissas Tours**, Tel. 42801, Fax 42802. Unterkünfte, Auto- u. Motorradverleih.

✈ FLUGZEUG: Flughafen südl. von Ermoúpoli. **Olympic Airways:** Tel. 87025 (Flughafen), Tel. 22634. SCHIFF: Fähren nach Piräus, Rafína, Kreta u. zum Dodekanes. MIETWAGEN/-MOTORRÄDER: **Moto Rent Club**, Fínikas, Tel. 43708.

☷ ERMOÚPOLI: ☺☺☺ **Hermes**, Platía Kanari, Tel. 23011, Fax 87412. Beeindruckend, zentral, gutes Restaurant. ☺☺ **Villa Nostos**, Spartiaton 2, Tel. 84226. 120 Jahre alte Villa. **Ipatia Guest House**, Babagiotou 3, Tel. 83575. Charmante Villa, etwas überteuert. **GALISSÁS:** ☺☺ **Francoise**, Tel. 42000, Fax 42024. Strandnah, modern, angenehm. ☺ **Rooms**, Panaiota Sigala, Tel. 42643. Blumenterrassen, in Strandnähe. **POSIDONÍA:** ☺☺☺ **Kyklamino**, Tel. 42518. Elegante Villa, strandnah. **MÉGAS GIALÓS:** ☺☺ **Alkyon**, Tel. 61761, Fax 61000. Meerblick, Pool, Tennisplatz, schönes Restaurant. **AZÓLIMNOS:** ☺☺ **Galaxy**, Tel. 61586, 61497. Am Berg, Blick auf die Bucht.

✂ ERMOÚPOLI: Taverna Folia, Diakou 6, Vrodado, Tel. 23715. Schöner Blick, gutes Essen. **GALISSÁS: Aisthima**, Tel. 42862. Der Aufstieg lohnt sich. **FÍNIKAS: To Doublino**, Tel. 42696. Gegrillte Kalamari. **Hroussa**, Tel. 61813. Einfach, gut. **AZÓLIMNOS: Batis**, Tel. 61545. Ausgezeichnete Küche.

KÉA (☎ 0228)

ℹ Am Fähranleger, Tel. 31256. **Touristenpolizei**, Tel. 21100.

Kykladen

KYKLADEN

📱 *SCHIFF:* Fähren nach Piräus und Lávrion. **Hafen-behörde** in Korissía, Tel. 21334. *Flying Dolphins* nach Piräus (Marina Zéa), Tel. 21435 o. 01/428001.
🚌 **KORISSÍA:** 😊😊 **Karthea**, Tel. 21204. Am Hafen. **Tzia Mas**, Tel. 21305. Zentral, Restaurant. **KOÚN-DOUROS:** 😊😊😊 **Kea Beach Hotel**, Tel. 31230, Fax 31234. Luxuriös, auch Bungalows, Nachtclub.
🔺 **PÍSSES: E. Politis**, Tel. 31332/5.
❌ **KORISSÍA: Astéria**, Taverne unter Bäumen am Strand. **KÉA: To Stéki**, am Ortsausgang. Einfach, gut.
🏛 **Archäologisches Museum**, Kéa, Tel. 22079, Di-So 8.30-15 Uhr.

KÍTHNOS (☎ 0281)

ℹ️ Kleines Büro in **Mérihas**.
📱 *SCHIFF:* Fähren nach Piräus und Lávrion.
🚌 **LOUTRÁ:** 😊😊 **Meltemi**, Tel. 31271, Fax 31302. Freundlich, von einer Famile geführt. **MÉRIHAS:** 😊😊 **Romantza**, Tel. 32237. Auch Appartements, zentral.
❌ **MÉRIHAS: Ostria**, Tel. 32263. **To Kantouni**, Tel. 32220. **LOUTRÁ: O Koutsikos**, Tel. 31185.

SÉRIFOS (☎ 0281)

ℹ️ **Coralli Holidays**, Tel. 51488, Fax 51073. Auto- & Fahrradverleih, Auskunft über Wassertaxis.
📱 *SCHIFF:* Über Kíthnos nach Piräus.
🚌 **LIVÁDI:** 😊😊😊 **Asteri**, Tel. 51891, Fax 51789. Führendes Hotel der Insel. 😊😊 **Areti**, Tel. 51479, Fax 51507. Attraktiv, sauber, ansprechend. 😊 **Serifos Beach**, Tel. 51209. Etwas überteuert, sehr einfach.
🔺 **Coralli Camping**, Tel. 51500, Fax 51073. Nahe dem Fährhafen, freundliches Personal.
❌ **LIVÁDI: O Mokkas**, Tel. 51242. Der beste Ort für frischen Fisch. **Perseus**, Tel. 51273. Gute Taverne. **Margerita's**, am Ende des Strands, ausgezeichnet.
🏛 **Museum für Volkskunst**, tägl. 18-20, Sa, So auch 10-12 Uhr. **Archäolog. Museum**, Di-So 9-14 Uhr.

SÍFNOS (☎ 0284)

ℹ️ In **Kamáres** gegenüber dem Hafen, Tel. 31145, 31977. Filiale in **Apollonía** (Hauptplatz).
📱 *SCHIFF:* Regelmäßig Fähren nach Piräus über Sé-rifos und Kíthnos. *MIETWAGEN:* **Thrifty Rent a Car**, Kamáres, Tel. 33383, Fax 31709.
🚌 **KAMÁRES:** 😊😊😊 **Boulis**, Tel. 32122, Fax 32381. Komfortabel, am Strand. **Alkyonis Villas**, Tel. 33101, Fax 33102. Appartements, Blick auf Berge u. Hafen. **ARTEMÓN:** 😊😊😊 **Petali**, Ano Petali, Tel./ Fax 33024. Restauriertes Gebäude, Blick auf Apollo-nía. 😊😊 **Artemon**, Tel. 31303, Fax 32385. Modern,

angenehm. **APOLLONÍA: Anthousa**, Tel. 31431. Mit blumengeschmücktem Innenhof u. Konditorei. **PLATÍS GIALÓS:** 😊😊😊 **Simon Platís Gialós**, Strandhotel u. Bungalows, Tel. 71224, Fax 71325. Am Meer, schöne Terrasse. **Alexandros**, Tel. 71300, Fax 71303. Pool, Restaurant, strandnah. 😊😊 **Euphrosine**, Tel. 71353, 32140. Alle Zimmer mit Balkon zum Meer. **VATHÍ:** 😊 **Taxiarhis-Kloster**, am Meer, auch Fremdenzimmer.
❌ **ARTEMÓN: To Liotrivi** (Manganas), Tel. 31246. Hervorragende regionale Spezialitäten. **PLATÍS GIA-LÓS: Hrissopigi**, Tel. 71295. Sehr gute Strandtaver-ne. **Sophia**, Tel. 31890. Am Ortsausgang, gehobenes Publikum, vernünftige Preise. **Phoni**, Tel. 71308. Be-liebter Treff am Meer. **VATHÍ: I Okeanida**, Tel. 31191.
🏛 **APOLLONÍA: Volkskundemuseum**, tägl. 9-13 und 18.30-22.30 Uhr, Sa vormittags geschlossen.

KÍMOLOS (☎ 0287)

📱 **Touristenpolizei**, Tel. 51205.
📱 *SCHIFF:* Fähren nach Piräus und Mílos.
🚌 Die meisten Besucher sind Tagesausflügler von Mílos. Will man über Nacht bleiben, ist es kein Pro-blem, ein Privatzimmer zu finden.

MÍLOS (☎ 0287)

ℹ️ **Drougas Travel & Tourist Agency**, Adámas, Tel. 22369, Fax 22388, vermietet auch Autos. **Hafenbehör-de**, Tel. 23360. **Touristenbüro**, Tel. 21204.
📱 *FLUGZEUG:* **Flughafen** bei Zefiría, mehrmals täg-lich Flüge nach Athen. **Olympic Airways**: Tel. 22380.
SCHIFF: Fähren nach Piräus, Rafína, Kreta.
🚌 **ADÁMAS:** 😊😊😊 **Kapetan Georgantas**, Tel. 23251, Fax 23219, Appartements. 😊😊 **Hotel Delfini**, Tel. 22001, 23195.
🏛 **Archäologisches Museum**, Tel. 21620, Di-So 8.30-15 Uhr. **Volkskundemuseum**, Tel. 21292. **Kata-komben**, Tel. 21625, Mo-Di, Do-Sa 8.30-14 Uhr.

PÁROS (☎ 0284)

ℹ️ **Parikía:** Tel. 51220. In **Náousa** am Hauptplatz: Tel. 52158, tägl. 11-16, 20-23 Uhr.
📱 *FLUGZEUG:* Flughafen bei Alikí; Flüge nach Athen und Kreta, Charterflüge. *SCHIFF:* Páros ist das Zen-trum des kykladischen Fährverkehrs. Verbindungen nach Piräus, Rafína, Thessaloníki, Kreta, Sámos, Ika-ría und zum Dodekanes. *MIETWAGEN / -MOTORRÄ-DER:* **Spanopoulos**, Náousa, Tel. 51774, Fax 51914.
🚌 **PARIKÍA:** 😊 **Hotel Arian**, Tel. 21490, 22269. Rei-zender Innenhof, einige Zimmer mit Balkon, alle mit Bad. **NÁOUSA:** 😊😊😊 **Astir of Paros**, Tel. 51976,

Fax 51985. Eleganter Bungalowkomplex, Pool, Strand, aller Komfort. 😊😊 **To Spiti Tis Thalassas**, Tel. 52198. Kykladenhaus auf einem Felsen am Meer.

❌ **PARIKÍA: To Tamarisko**, Tel. 24689. Exzellentes Essen, Garten. **LÉFKES: Pezoula tis Lihoudias**, Tel. 094/371474 (Handy), Café mit Selbstgebackenem.

🏛 **Archäologisches Museum**, Tel. 21231, Di-So 8.30-14.30 Uhr. **Skoderpios-Volkskundemuseum**, Léfkes, Tel. 91129, tägl. 10-14 und 17-21 Uhr.

🤿 *TAUCHEN:* **Diving Club Santa Maria**, Náousa, Tel. 094/385307 (Handy), Fax 51937, alle Klassen.

NÁXOS (☎ 0285)

ℹ️ **Touristenbüro**, am Ufer, Náxos-Stadt, Tel. 22993, Fax 25200. **Zas Travel**, Tel. 23330, Fax 23419.

✈️ *FLUGZEUG:* Flughafen 4 km südl. von Náxos-Stadt. Flüge nach Athen und Charterflüge. *SCHIFF:* Fähren nach Piräus, Rafína, Ikaría, Sámos, Kreta, Kós, Rhódos.

🛏 **NÁXOS-STADT:** 😊😊😊 **Château Zevgoli**, Tel. 22993, Fax 25200. Romantisch. 😊😊 **Anixis**, Tel. 22112. Zentral. **Panorama**, Tel. 22330. Hübsch, klein.

❌ **NÁXOS-STADT: Lukullus**, Tel. 24386. Eines der ältesten u. besten. **Nikos**, Tel. 23153, am Meer. **APÓLLON: Apollon**, Tel. 67005. Gute Standardkarte.

🏛 **Archäologisches Museum**, Di-Sa 8.45-15, So u. Feiertage 9.30-14.30 Uhr.

AMORGÓS (☎ 0285)

ℹ️ **Mistis Tours** in Katápola, Tel. 71409, Fax 71003.

✈️ *SCHIFF:* Regelmäßig Fähren nach Piräus; teilweise sehr lange Fahrtdauer, da unterwegs noch zahlreiche andere Inseln angesteuert werden.

🛏 **KATÁPOLA:** 😊😊😊 **Hotel Aegialis**, Tel. 73393. Moderner Komplex. 😊😊 **Pension Lakkí**, Tel. 73393, Fax 73244. Am Strand, mit Garten. 😊 **Nikos's**, Tel. 73310, Fax 73368. Taverne u. Pension.

🏛 **Archäologisches Museum**, Tel. 71289.

FOLÉGANDROS (☎ 0286)

ℹ️ **FOLÉGANDROS:** Tel./Fax 41285. **ÁNO MERIÁ:** Tel. 41387.

✈️ *SCHIFF:* Folégandros liegt an der Fährstrecke Piräus-Thíra (Santorin).

🛏 **Vereinigung der Hotelbesitzer:** Tel. 41205. **KARAVOSTÁSIS:** 😊😊 **Aeolos**, Tel. 41205. Sauber, in Strandnähe. **FOLÉGANDROS:** 😊😊😊 **Anemomilos Appartements**. Neu, mit allen Annehmlichkeiten.

🏕 **KARAVOSTÁSIS: Camping Livadi**, 2 km westl. des Hafens an der Küste.

❌ **FOLÉGANDROS: Kritikós**, schöne Taverne, gute griechische Gerichte.

🏛 **Volkskundemuseum**, Áno Meriá, Tel. 41387, tägl. 16-19 Uhr.

SÍKINOS (☎ 0286)

ℹ️ Tel./Fax 51238. **Touristenpolizei**, Tel. 51222.

✈️ *SCHIFF:* Regelmäßig Fähren von/nach Piräus.

🛏 **ALOPRÓNIA:** 😊😊 **Porto Sikinos**, Tel. 51220. Attraktiv, am Strand. 😊 **Privatzimmer** in Síkinos (Hóra).

❌ Kleine **Taverne** am Fähranleger.

ÍOS (☎ 0286)

ℹ️ **Hafenbehörde**, Tel. 91264. **Reisebüro Plakiotis**, Tel. 91221, Fax 91118.

✈️ *SCHIFF:* Fähren nach Piräus, Kreta und zu einigen Dodekanes-Inseln. *MIETWAGEN / -MOTORRÄDER:* **Jacob's**, Gialós, Tel. 92097, Fax 91047.

🛏 **MILOPÓTAMOS:** 😊😊 **Ios Palace**, Tel. 91269, Fax 91082. Wunderschön. **GIALÓS:** 😊😊 **Corali**, Tel. 91272, Fax 91552. Am Strand. **ÍOS-STADT:** 😊😊 **Afroditi**, Tel./Fax 91546. Klein, nett. **Poseidon**, Tel. 91091, Fax 91969. Attraktiv, mit Pool. 😊 **Marcos Pension**, Tel. 91059, Fax 91060. Nahe einer Disko.

🏕 **MILOPÓTAMOS: Far Out Camping**, Tel. 91468, Fax 92303. Gehobener Campingplatz.

❌ **KOUMBÁRA-STRAND: Polydoros**, Tel. 91132, Taverne. **ÍOS-STADT: Pithari**, sehr gute Taverne.

🤿 **Meltemi Water Sports**, Milopótamos, Tel. 91680.

THÍRA / SANTORIN (☎ 0286)

ℹ️ **EOT**, Oía, Tel. 71234. **Hafenbehörde**, Tel. 22239.

✈️ *FLUGZEUG:* Flughafen (Tel. 31525) bei Monólithos; Flüge nach Athen, Charter. **Olympic Airways:** Tel. 22793. *SCHIFF:* Fähren nach Piräus, Thessaloníki, Rafína, Kreta und zum Dodekanes.

🛏 **FIRÁ:** 😊😊😊 **Atlantis**, Tel. 22232, Fax 22821. Vulkanblick. 😊😊 **Gallini**, Tel. 23097. Schöne Aussicht. 😊 **Pension Argonaftis**, Tel. 22055. **PÉRISSA:** 😊 **Vassilis Rooms**, Tel. 81739, Fax 82070. **OÍA:** **Jack's Village**, Tel. 71439. Alle Preisklassen.

🏛 **Archäolog. Museum**, Tel. 22217. **Ausgrabung** Akrotíri, Tel. 81366; beide Di-So 8.30-15 Uhr.

ANÁFI (☎ 0286)

ℹ️ **Rathaus**, Tel. 61266.

✈️ Regelmäßig Fähren von/nach Piräus.

🛏 Einige **Pensionen** am Hafen; netter wohnt man jedoch in **Privatzimmern** in Anáfi (Hóra).

Kykladen

NÖRDLICHE SPORADEN

SKIÁTHOS
SKÓPELOS
ALÓNNISOS
ÉVIA (EUBÖA)
SKÍROS

„Sporaden" bedeutet „verstreut" und lange Zeit wurde diese Bezeichnung nicht nur für die hier beschriebenen Inseln der nordwestlichen Ägäis benutzt, sondern auch für den Dodekanes. Auf Skiáthos, Skópelos, Alónnisos und Skíros hielt der Tourismus später Einzug als auf allen anderen griechischen Inseln. Von Athen durch das vorgelagerte Évia (Euböa) abgeschnitten, lagen die Sporaden abseits der Hauptrouten der „Inselhüpfer". Ende der 1960er Jahre wurde Skiáthos dann von griechischen und deutschen Touristen „entdeckt". Heute sind vor allem Skiáthos und Skópelos beliebte Ferienziele. Das am weitesten vom Festland entfernte Alónnisos hat einen eigenen Archipel winziger Inseln, um die herum sich der erste Meeresnationalpark Griechenlands befindet, wo insbesondere Mönchsrobben ungestört leben und sich fortpflanzen können.

Trotz ihrer geografischen Nähe zu diesen drei Inseln gehören Évia und Skíros zu einem anderen Verwaltungsbezirk. Besonders Évia ist eine Welt für sich. Die zweitgrößte Insel Griechenlands liegt so nahe am Festland, dass sich eigentlich gar

Vorherige Seiten: Der Koukounariés-Strand in Skiáthos, gesäumt von einem Schatten spendenden Pinienwald. Links: Warten auf den nächsten Flirt?

kein „Inselgefühl" einstellt. Griechische Touristen drängen sich in den wenigen Badeorten, aber große Teile Évias sind immer noch wild und ländlich. Wanderer können hier die Ruhe und Ursprünglichkeit genießen und alte Ruinen erforschen.

Die Nördlichen Sporaden sind wesentlich grüner als die anderen griechischen Inseln. Ausgedehnte Pinienwälder, Felsenküsten und herrliche Strände warten darauf, entdeckt zu werden.

SKIÁTHOS

Skiáthos ist für seine großen Strände bekannt – leider allzu bekannt. Es ist die Sporadeninsel, die am stärksten vom Tourismus geprägt ist. Pensionen und Hotels säumen die engen Gassen des Hauptortes und die 62 Strände sind im Sommer von Badelustigen, Wassersportlern und Ausflugsbooten bevölkert.

Der schön gelegene Hauptort Skiáthos entstand erst, nachdem die Insel 1830 Teil von Griechenland geworden war und die Inselbewohner ihren alten Wohnort Kástro an der Nordspitze verließen und **Skiáthos** (Hóra) ❶ um die Hafenbucht herum erbauten. Das augenfälligste Bauwerk des neuen Ortes gab es schon damals: Die Festung auf der kleinen Halbinsel **Bourtzi** wurde von der venezianischen Ghizzi-Familie erbaut, die hier

1207 die Herrschaft übernahm. Vor dem griechischen Unabhängigkeitskrieg wanderte Skiáthos zwischen byzantinischen, venezianischen und türkischen Herrschern hin und her. Heute sind in der Festungsruine ein Lokal und ein Freilufttheater untergebracht, wo es im Sommer Aufführungen gibt. Vom felsigen Ufer aus kann man baden.

Die Stadt Skiáthos ist stolz auf ihren Sohn Aléxandros Papadiamántis (1851-1911), einen der bedeutendsten Schriftsteller des modernen Griechenland. Da sein Werk kaum in andere Sprachen übersetzt wurde, wird vielen Ausländern der Reiz des **Papadiamántis-Hauses**, heute ein Museum, leider entgehen.

Die Hauptstraße der Insel führt südlich und westlich der Stadt an vielen Stränden vorbei. **Megáli Ámmos** liegt am nächsten zur Stadt und ist daher überfüllt, aber hier beginnt eine Strandzeile, die sich die Küste hinunter bis zur **Kalamáki-Halb-**

Oben: Die Stadt Skiáthos ist in den Sommermonaten fest in der Hand von Touristen.

insel erstreckt, einer mit Ferienhäusern und Hotels übersäten Landzunge mit herrlichen Ausblicken. **Kanapítsa** ist der größte – und am meisten bebaute – Strand hier; wer Ruhe sucht, gehe nach **Vromólimnos** oder **Agrirolimnos** auf der anderen Seite der Halbinsel.

Die Strände von **Plataniás** und **Troúllos** sind attraktiv, aber viele Besucher ziehen *★Koukounariés* ❷ vor, die Perle unter Skiáthos' Stränden. Der weiße Sandstrand wird von Pinien gesäumt, die bis an den **Strofília-See** heranreichen. Fußwege führen zu weiteren Stränden. Das Gebiet steht unter Naturschutz und ist ein Refugium für Reiher und Zugvögel. Vom Parkplatz aus führt ein Fußweg nach **Banana Beach**, einem Nacktbadestrand. Ein längerer Fußmarsch (etwa 20 Min.) endet an einem weiteren schönen Strand, **Mandráki** an der Nordküste.

In Troúllos zweigt von der Hauptstraße eine kleinere, landschaftlich schöne Straße nach **Asselínos** ❸ mit seinem windigen Sandstrand ab. Von hier bietet sich ein Abstecher zum **Kounístra-Kloster** an. Es wurde an dem Platz erbaut, wo im 17. Jh. eine wundertätige Ikone der hl. Jungfrau gefunden wurde, die seither die Schutzheilige der Insel ist.

Im Norden steht das einzige noch aktive Kloster der Insel, **Evangelístria ❹**. Hier wurde 1807 zum ersten Mal die griechische Flagge gehisst. Das Museum des Klosters stellt Ikonen und andere geweihte Objekte aus.

Am besten läßt sich der Inselnorden mit dem Boot erkunden. Auf diese Weise gelangt man zur mittelalterlichen, 1829 aufgegebenen Stadt ***Kástro ❺**, hoch über dem Meer, deren 12 Kirchen gerade restauriert werden. Vom hellen Kieselstrand ***Lalária ❻** aus kann man zu den Meeresgrotten **Skotiní** und **Galaziá Spiliá** schwimmen. Boote fahren zu den kleineren vorgelagerten Inseln wie **Tsoungriá** oder **Argós**, wo ein Leuchtturm Schiffen den Weg durch die Inselwelt weist.

SKÓPELOS

Die ruhige Zufriedenheit, die Skópelos heutzutage vor allem in der Nebensaison ausstrahlt, erinnert kaum noch an die Bedeutung, die die Insel bis weit ins 19. Jh. genoss. 1845, bei der ersten Volkszählung des neuen griechischen Staates, war Skópelos-Stadt nach Nauplia und Athen die drittgrößte Stadt Griechenlands. Ihren Reichtum verdankte sie der Schifffahrt. Die englische Schifffahrtsgesellschaft Lloyd's hatte ein großes Kontor im Hafen. Auch heute gibt es hier noch viele Büros, die ihre Dienste anbieten – das große Geschäft ist jedoch inzwischen der Fremdenverkehr.

*Skópelos-Stadt ❼ ist ein hübscher, einladender Ort mit viel Flair, bei Künstlern und Touristen gleichermaßen beliebt. Überragt wird die Inselhauptstadt von den Ruinen eines venezianischen **Kástro**. Diese Festung, ein Überbleibsel der Ghizzi-Familie, diente der Insel während des Unabhängigkeitskrieges als unein-

nehmbares Bollwerk. Etliche Kirchen erheben sich auf dem Festungshügel, von dem sich ein schöner Blick über die grauen und roten Dächer der Stadt bietet; die älteste ist die aus dem 9. Jh. stammende **Ágios Athanásios**, die auf der Stätte eines antiken Tempels erbaut wurde. Die Stadt soll insgesamt 123 Kirchen besitzen; besonders sticht die **Panagía Eleftheria** ins Auge, deren Außenmauern mit leuchtenden Keramikfliesen verziert sind. Die **Hrísto-Kirche** besitzt eine bemerkenswerte Bilderwand. Einen Besuch lohnt das kleine **Museum für Volkskunst**, das Stickereien, Trachten und traditionelle Möbel zeigt.

Östlich von Skópelos-Stadt befinden sich sehenswerte Klöster, die auf einer Tageswanderung erkundet werden können. Vom **Moní Evangelismoú** (1712) bietet sich ein schöner Ausblick; das Kloster beherbergt eine Marien-Ikone aus dem 10. Jh. Das älteste Kloster der Insel, **Metamórfosis** aus dem 16. Jh., ist heute verlassen. Die Nonnen des **Prodómou-Klosters** (1721) verkaufen Handarbeiten. Die Ikonostase der Kirche weist Tierschnitzereien auf. Schön ist der blumengeschmückte Innenhof.

Die **Stáfilos-Bucht ❽** im Süden der Insel bietet einen großen Strand. Sie ist nach dem kretischen Prinzen Staphylos, Sohn von Ariadne und Theseus – oder, wie eine andere Legende besagt, von Ariadne und Dionysos – benannt, welcher der Überlieferung nach der erste Bewohner der Insel Skópelos war. Die Ausgrabungen im sogenannten Staphylos-Grab nahe der Bucht brachten Goldschmuck und Streitäxte ans Licht. Die Funde sind im Archäologischen Museum in Vólos (Thessalien) zu besichtigen.

Zwischen Stáfilos und Agnóndas befindet sich die Felsklippe, wo der hl. Regínos einen Drachen in den Tod lockte – der Legende nach war der Heilige ein Priester, dessen Predigten so langweilig waren, dass der Drache von selbst hinuntersprang. Aber wie immer es auch wirklich

Nördliche Sporaden

gewesen sein mag, wegen seines land-schaftlichen Reizes ist **Drakontoshisma** sehenswert. Regínos, heute der Schutz-heilige der Insel, starb 362 n. Chr. den Märtyrertod; sein Sarkophag befindet sich im Hof des **Ágios-Rigínou-Klosters** in der Nähe von Skópelos-Stadt.

Agnóndas ⑨ dient als „Ersatzhafen", wenn die Schiffe bei stürmischem Wetter nicht im Hafen von Skópelos-Stadt ein-laufen können. Der **Limonária-Strand** ist für seinen weichen, weißen Sand be-kannt. Fährt man weiter an der Südküste entlang nach Nordwesten, gelangt man nach **Panórmos**, einer herrlichen Bucht mit tiefblauem Wasser, die von einem schmalen hellen Sandstrand umschlossen ist, der in einen Pinienhain übergeht. Bei **Miliá** weicht der Sand einem breiten grauen Kieselstrand.

Paleó Klíma ⑩ wurde nach einem Erdbeben 1965 weitgehend verlassen. Es

Oben: Mit Steinplatten sorgfältig gedeckte Dä-cher – ein Merkmal der Architektur auf Skópe-los (Panagía ston Pírgo, Skópelos-Stadt).

ist ein guter Ausgangspunkt für Wande-rungen durch den Nordteil der Insel. So kann man zum traditionellen Inseldorf **Glóssa** laufen, das auf einer Anhöhe er-baut wurde. Wie in vielen alten griechi-schen Dörfern gibt es auch hier ein Ge-wirr von Gassen, in denen der Ortsunkun-dige oft einige Zeit herumirren muss, ehe er zum verborgenen Ortskern findet. Ein großer Teil des Dorfs stammt aus der Zeit der Türkenherrschaft. Von Glóssa aus führt ein etwa einstündiger Spaziergang zur Kirche **Ágios Ioánnis** an der Nord-küste, die auf einem Felsen über brausen-den Wellen thront. Eine weiteres Wan-derziel an der Südküste ist **Loutráki**, Skópelos' zweiter Hafen, wo Fähren an einem relativ ruhigen Strand anlegen.

Skópelos rühmt sich seiner regionalen Produkte. Aus den Mandeln der Insel wird eine Süßigkeit hergestellt. Eine an-dere Spezialität sind die weißen Pflau-men, die es sonst nirgendwo in Griechen-land gibt.

ALÓNNISOS

Alónnisos wurde bei dem Erdbeben von 1965 schwer zerstört, das Dorf Alón-nisos (Hóra) fast ausgelöscht. Viele der alten Weinstöcke der Insel waren schon zuvor verkümmert. Aber die „vergessene Insel" erlebte einen neuen Aufschwung, als 1992 um Alónnisos der erste Meeres-park Griechenlands entstand. Heute kom-men zahlreiche Touristen hierher, um den Lebensraum der Mönchsrobbe (*Mona-chus monachus*) und anderer Meeresfau-na und -flora (darunter auch Delfine) zu besuchen. Auch die Obstgärten und Weinberge der inzwischen wieder grünen Insel haben sich erholt.

Östlich und nördlich von Alónnisos liegen weitere Inseln und Inselchen, dar-unter **Pipéri** mit seinem Naturreservat und seiner Mönchsrobbenkolonie sowie das unberührte, einst klösterliche **Kirá Panagía**, das immer noch zur Mönchsre-publik des Berges Athos gehört und wo

SKÍATHOS / SKÓPELOS / ALÓNNISOS

0   5   10 km

vor **Ágios Pétros** ein versunkenes byzantinisches Schiff liegt. Alónnisos' Nachbarinsel ist **Peristéra** mit seinen Olivenhainen. Ein weiterer Nachbar ist **Giúra**, Heimat einer speziellen Bergziegenrasse (Bezoarziege). Auf der Insel gibt es auch bemerkenswerte Kalksteinhöhlen, in denen der Sage nach Kyklopen gelebt haben sollen. Auf der Vulkaninsel **Psathoúra** steht ein Leuchtturm Außerdem befindet sich vor der Insel eine versunkene Stadt. Mit einer solchen kann aber auch Alónnisos aufwarten: **Íkos**, Hauptort der Insel im 5. Jh. v. Chr., versank ebenfalls im Wasser und ist in der Nähe von Kokkinó Kástro noch immer zu sehen. Die hiesige Region war sogar noch früher besiedelt. 1970 wurden hier bei Ausgrabungen einige der ältesten Spuren menschlichen Lebens in der gesamten Ägäis entdeckt – sie gehen bis auf ca. 100 000 v. Chr. zurück.

Alónnisos' Haupthafen, **Patitíri** ⓫, wirkt modern – er erlangte seine Bedeutung erst, als sich in Folge des Erdbebens von 1965 die meisten Inselbewohner hier

ansiedelten. Heute ist er ein betriebsamer kleiner Ort mit einem Jachthafen, einem **Mönchsrobbenmuseum** und einer **Akademie für Homöopathie**.

Im Gegensatz zu Patitíri wirkt **Alónnisos** (Hóra) ⓬ verlassen, obwohl Sommerurlauber, Tavernen- und Ladenbesitzer unentwegt daran arbeiten, die alten Häuser vor dem Verfall zu retten. Ihre Mauern sollen bis auf die byzantinische Zeit zurückgehen. Von dem alten Inselhauptort bietet sich ein grandioser Rundblick.

Hauptattraktion von Alónnisos sind neben den Mönchsrobben seine Strände und die guten Wandermöglichkeiten. Von Patitíri ist es nicht weit nach **Marpoúnda** und **Vithisma**, den Stränden an der Südküste; die Alónnisos nächstgelegenen Strände befinden sich in **Vrísitsa** und **Giália**. Die anderen beliebten Strände an der Südküste liegen in Sichtweite des nahen Peristéra (wo es ebenfalls schöne Strände gibt): der von Bäumen gesäumte **Hrisí Miliá**, **Kokkinó Kástro**, **Kalamákia** und **Ágios Dimítrios**. In der Nähe

des letzteren stehen antike Ruinen, darunter ein byzantinischer Springbrunnen.

Je weiter man nach Norden kommt, desto einsamer wird die Insel. In **Stení Vála** ⓭ zeigt die **Griechische Gesellschaft für Studium und Schutz der Mönchsrobben** ein Video über die gefährdeten Meeressäuger. Um **Gérakas** ⓮ gibt es einige Strände. Wanderer können den höchsten Berg der Insel erklimmen, den **Kouvoúli** (472 m), und dort den Blick über den Archipel genießen.

ÉVIA (EUBÖA)

Jede Insel erhebt den Anspruch, einzigartig zu sein – Évias Einzigartigkeit ist, dass es gar nicht wie eine Insel wirkt. Die mit 250 km Länge nach Kreta zweitgrößte griechische Insel erstreckt sich so nah am Festland, dass ihre Hauptstadt Halkída quasi eine Grätsche über den

Oben: Die Mönchsrobben werden durch den Meeres-Nationalpark bei Alónnisos vor dem Aussterben geschützt.

schmalen Evrípou-Kanal macht und mit einem Bein auf dem Festland, mit dem anderen auf der Insel steht. Évias spärlicher Fremdenverkehr beschränkt sich auf wenige Flecken und ist hauptsächlich griechisch geprägt. Große Teile der Insel sind noch unberührt. In den kleinen Dörfern betreiben die Bauern seit Jahrhunderten Viehwirtschaft – der antike Name der Insel, Euböa, bedeutet „kuhreich".

In der Inselmitte liegt **Halkída** ❶, eine große, moderne Stadt, die sich dank zweier Brücken – die erste wurde bereits 411 v. Chr. erbaut – zu beiden Seiten des ***Evrípou-Kanals** erstreckt, der hier nur 30 Meter breit ist. Die Richtungen seiner Strömungen wechseln häufig und unvorhersehbar, ein Phänomen, das seit der Antike das Interesse von Wissenschaftlern erweckt und auch der Schifffahrt Probleme bereitete. Der Sage nach war Aristoteles so verzweifelt, weil er die Strömungen nicht erklären konnte, dass er sich 322 v. Chr. in den Kanal stürzte.

Seit der Antike ständig bewohnt, finden sich in Halkída die Zeugnisse vieler

Zivilisationen. **Ágia Paraskeví** ist die Schutzheilige der Stadt. Die zwischen dem 5. und 8. Jh. n. Chr. erbaute Basilika, die ihr geweiht ist, wurde unter den Kreuzrittern im gotischen Stil umgebaut.

Die langen Jahre türkischer Herrschaft von 1470 bis 1830 spiegeln sich in der **Moschee** (vormals venezianische Kirche San Marco) mit ihrem schönen Springbrunnen – sie beherbergt heute eine Sammlung byzantinischer Fragmente – und einem Aquädukt im **Kástro**, dem alten venezianisch-türkischen Viertel, wider. In dem einzigen noch vorhandenen Teil der alten Festung ist ein **Volkskundemuseum** untergebracht. Die Türken erbauten auch die **Karababa-Festung**, die auf dem Festland von Halkída steht.

Neben dem türkischen Viertel gab es hier früher auch ein jüdisches. Erhalten sind eine **Synagoge**, die nach dem Brand einer älteren im 19. Jh. erbaut wurde, und der **Jüdische Friedhof**.

In der Antike waren Halkída und **Erétria ❷** zwei mächtige Stadtstaaten, die häufig um die fruchtbare Ebene zwischen

beiden Städten kämpften. Am Ende trug Halkída den Sieg davon; es ist heute Inselhauptstadt, während Erétria heute eher als archäologische Stätte bedeutend ist; beachtenswert sind: Theater, Mosaikenhaus, Westtor und Apollontempel, die teils verstreut liegen in dem im 19. Jh. für ionische Flüchtlinge gegründeten Küstenort. Die interessantesten Funde von dort werden in Halkídas **Archäologischem Museum** aufbewahrt; es ist besser als das kleine **Museum** in Erétria.

Der **Dírfis ❸**, höchster Berg Évias, erhebt sich 1743 Meter hoch in der breiten Mitte der Insel. Die quer über die Insel verlaufende Bergkette teilt Évia sozusagen in zwei Hälften. Zum stillen Küstenort **Kími ❹** im Osten gelangt man nur über die weitläufig um die Berge herumführende Straße. Das Dorf liegt inmitten grüner Bäume und Felder 250 m über dem Meer. Angeblich kommen aus Kími die besten Feigen der Welt. Hier gibt es ein **Volkskundemuseum** und ein neoklassizistisches Haus. Kímis Strand und Hafen ist **Paraliá Kímis**, der Hauptfähr-

hafen für Schiffe nach Skíros; von dort legen im Sommer auch Fähren zu den anderen Sporaden ab. Am Sandstrand von Paraliá Kímis kann man gut schwimmen.

Die inoffizielle Haupstadt des Inselsüdens, **Káristos** ❺, hat eine Fährverbindung zum Festland nach Rafína (20 km östlich von Athen), von wo aus sie leichter zu erreichen ist als über die Straße von Halkída. Káristos war in der Antike ein bedeutender Stadtstaat und ist heute einer der Orte der Insel, der auch ausländische Besucher anlockt. Im 14. Jh. schufen sich die Venezianer hier eine Art Küstensitz mit der **Bourtzi-Festung,** die zum Teil mit Steinblöcken aus dem antiken Apollon-Tempel erbaut wurde, der an einem Ende des langen Strandes der Stadt steht. Über der Stadt thront das **Kastell Rosso,** das im 11. Jh. von den Byzantinern errichtet und später von den Venezianern, Franken, Türken und anderen Herrschern bewohnt wurde. Die Burg galt als so un-

Oben: Manchmal trifft man auf Skíros noch Männer in der traditionellen Tracht.

bezwingbar, dass nur 30 Männer nötig waren, um sie zu verteidigen. In der Stadt zeigt ein kleines **Museum** Funde aus örtlichen Ausgrabungen.

Vom 2 km von Káristos entfernten **Míli** aus kann man zum **Óhi** wandern, dem zweithöchsten Berg der Insel (1398 m). Der Aufstieg dauert ca. 3 Stunden und führt an **Marmorbrüchen** vorbei, wo noch immer Säulen aus grünweißem *Cipollino*-Marmor liegen, der nach dem italienischen Wort für „Zwiebel" benannt ist. Neben dem herrlichen Rundblick gibt es hier eine weitere Attraktion: das **Drakóspito** oder „Drachenhaus", ein ohne Mörtel aus riesigen Blöcken unbehauenen Steins errichteter Bau. Möglicherweise war es eine religiöse Kultstätte. Ein ähnliches Haus steht in der Nähe von **Stíra**, ca. 30 km weiter nördlich.

Der Nordteil der Insel ist sehr grün. **Prokópi** ❻ ist ein viel besuchtes Dorf, wegen seiner Landschaft – es liegt in einer bewaldeten Bergschlucht – und wegen seiner Pilgerkirche **Ágios Ioánnis o Róssos**, wohin die Reliquien des hl. Jo-

hannes des Russen nach dem erzwungenen Exodus der Griechen aus Kleinasien 1924 gebracht wurden. Interessant ist auch das **Noel-Baker-Anwesen** in der Ortsmitte. Die englische Familie, die das Land seit dem 19. Jh. besaß, unternahm große Anstrengungen, um die Lebensbedingungen für die Bewohner zu verbessern. Trotzdem waren die Einheimischen erzürnt darüber, dass fremdländische „Feudalherren" griechischen Boden besaßen. Der Protest dauerte bis in die 1980er Jahre an. Das Haus beherbergt heute eine Töpfer-Schule. Von Prokópi führt eine Straße in nordöstliche Richtung zu den Stränden von **Píliou, Vlahiás** und **Sarakíniko**.

Viele Leute empfinden das Fischerdorf **Límni ❼** als den hübschesten Ort auf Évia; die Strände sind sehr schön und das Meer ist hier besonders klar. Límni ist der Legende nach der Ort, wo Zeus und Hera heirateten und ihre Flitterwochen verbrachten. Ungefähr 8 km entfernt liegt Évias ältestes noch von Mönchen bewohntes Kloster, **Galatáki**, dessen Kirche schöne alte Fresken hat.

In einem Hafenbecken nahe der Nordspitze Évias liegt **Édipsos ❽**, der größte Kurort Griechenlands. Die hiesigen Thermalquellen heilen angeblich jedes Zipperlein. Wer lieber in Salzwasser badet, kann in **Ília** oder dem hübschen kleinen **Roviés**, weiter südlich, schwimmen oder sich nach Norden über die bewaldete Lihás-Halbinsel zu den schönen Stränden **Ágios Geórgios** und **Gregolimano** begeben. Auch an der Nordküste kann man gut schwimmen, z. B. in **Pefkí**. Südwestlich von Pefkí liegt **Oreí ❾**, wo an der Uferstraße ein **Marmorstier** aus dem 4. Jh. v. Chr. ausgestellt ist, der im Meer gefunden wurde.

In dem im Inselinneren zwischen Hügeln gelegenen **Istiéa ❿** wird nach wie vor Landwirtschaft betrieben – schon Homer beschrieb es als „weinreich". Ein venezianisches **Kástro** schmückt das Ortszentrum. Nahe **Artemísio ⓫**, weiter östlich, wurden aus einem Schiffswrack zwei der berühmtesten, heute im Archäologischen Nationalmuseum befindlichen Statuen geborgen: Der Schreitende Gott und der sich an den Rücken seines Pferdes klammernde junge Reiter.

SKÍROS

Da Skíros etwas abseits liegt, ist es eine der weniger bekannten und daher auch weniger besuchten Inseln. So konnte es sich seinen Charakter und seine Traditionen, z. B. die Trachten, bewahren. Wegen ihrer Lage war die Insel seit alters her prädestiniert, entweder als Militärstützpunkt oder als Versteck für Piraten zu dienen; die Piraten wurden schon 470 v. Chr. vertrieben, als Kimon von Athen die Insel in Besitz nahm, kehrten aber während des Mittelalters immer wieder zurück. Die Insel war außerdem ein Verbannungsort für jene, die den byzantinischen Hof beleidigt hatten. 1821 wurde sie der Zufluchtsort für die Freiheitskämpfer des Unabhängigkeitskriegs.

Nördliche Sporaden

In den letzten Dekaden haben die Inselbewohner etwas gegen ihre Abgeschiedenheit unternommen und einen Fährverkehr zwischen Skíros und Kími auf Évia eingerichtet. „Die Gesegnete" ist ein Beiname der Insel, den sie ihren Quellen und den ergiebigen Regenfällen verdankt, die für die Fruchtbarkeit des mit Pinien bedeckten Nordteils sorgen. Ein anderes Geschenk der Natur war der buntscheckige Marmor, der in römischer Zeit auf der Insel gebrochen wurde. Im trockeneren Südteil grasen die *Pikermies*, sehr kleine, für Skíros typische Ponys.

Lineariá ❶, der Hafenort der Insel, ist relativ neu; er entstand erst nach 1860. Skíros' wichtigste Ansiedlung ist das auf einem Hügel gelegene ★**Skíros** (Hóra) ❷, das von den Überresten eines **Kástro** gekrönt wird. Glanzpunkt des Kástro ist das **Ágios-Geórgios-Kloster**, das die byzantinischen Kaiser Nikeforas Fokas und Johannes Tsimiskis 962 n. Chr. gründeten. Die mittelalterlichen Festungsmauern stammen aus byzantinischer und venezianischer Zeit. Das **Archäologische Museum** enthält Funde aus Skíros' ältester Siedlung, dem aus der Kupferzeit stammenden **Palmari** an der Nordküste. Ausgestellt ist auch ein typisch skirisches Haus mit gekachelten Wänden und Puppen, die die einheimische Tracht tragen. Auch im **Faltaits-Museum** kann man sich über die Traditionen der Insel informieren. Hier sind für Skíros typische Töpferwaren und Stickereien ausgestellt.

Unterhalb von Skíros liegen die Strände **Magaziá** und **Mólos**, wo sich das Nachtleben der Insel konzentriert. **Órmos Ahíli ❸** hat einen Jachthafen.

Ganz im Norden der Insel, nahe **Markési ❹**, locken gute Strände. **Atsítsa ❺** ist ein charmantes Dorf; etwas südlicher, bei **Ágios Fókas ❻**, gibt es noch einen schönen Strand.

Mit dem Boot erreicht man die beiden schönen Meeresgrotten **Pendekáli** und **Geránia ❼** sowie das **Kap Lithári ❽** im Süden mit seinem hohen Leuchtturm.

Stündlich fahren Busse von Athen nach **Ágios Konstandínos** (2,5 Std.) und **Vólos** (5 Std.); von dort aus fahren Fähren und *Flying Dolphins* zu den Sporaden. Auch von Thessaloníki aus gibt es regelmäßige Fährverbindungen mit den Sporaden. Zwischen Skíathos, Skópelos und Alónnisos verkehren regelmäßig Schiffe. Von Skíathos gibt es auch eine (seltene) Verbindung nach Kími (Évia). Fähren von Kími nach Skíros fahren regelmäßig.

SKIÁTHOS (☎ 0427)

FLUGZEUG: Der Flughafen (Tel. 22200 oder 22229) liegt ca. 2 km nordöstl. von Skiáthos-Stadt. Charterflüge und Flüge nach Athen. *SCHIFF:* S. o.; außerdem Verbindungen mit den Kykladen und Kreta. Rundfahrten von Skiáthos nach Alónnisos und Skópelos: Tel. 22417.

Zimmervermittlung, Tel. 22920, Fax 23852. Zimmer mit Bad unter Tel. 21165. Sehr einfache Zimmer unter Tel. 21406.

SKIÁTHOS-STADT: ☺☺ **Hotel Alkyon**, Tel. 22981, Fax 21643. Ein großzügig angelegter, moderner Bau am Meer. **Hotel Pothos** und **Hotel Bourtzi**, Tel. 22694, Fax 23242. Zentral, sauber, bequem, blumengeschmückte Innenhöfe. ☺ **Hotel Kastro**, Tel. 22623. Die Balkone sind von Weinreben umrankt. **KOUKOUNARIÉS UND UMGEBUNG:** ☺☺☺ **Muses Hotel/Bungalows**, Tel. 49384, Fax 49440. Riesiger luxuriöser Komplex. **Skiathos Palace**, Tel. 22242. Häßlich, aber schöne Aussicht. ☺☺ **Golden Beach**, Tel. 49395. Angenehm, mit Balkon, Blick auf Wälder. **TROÚLOS:** ☺☺ **Korali Hotel/Apartments**, Tel. 49212, Fax 49551. Am Strand.

KOUKOUNARIÉS: Camping Kukinariés, Tel. 49250.

SKIÁTHOS-STADT: Limanakia, hinter dem Hafen, hat gutes, auf den Geschmack der Urlauber ausgerichtetes Essen, ebenso **Asprolithos**. Im Hafen findet man im *Ouzeri* **Aigaion** Lokalkolorit und gutes Essen. Richtig griechisch geht es im **O Kiros** zu: einfach eingerichtet, verqualmt, viele Einheimische und billiges, liebevoll zubereitetes Essen. **KANAPÍTSA:** Die Taverne **O Stathis** ist die beste im Ort.

SKÓPELOS (☎ 0424)

Hafenpolizei, Tel. 22235. **Madro Travel**, bucht Zimmer und Ausflüge, Tel. 22145, Fax 22941. **Hafenbehörde**, Tel. 22180.

SCHIFF: S. o. *BUS / TAXI:* Busse und Taxis fahren am Hafen von Skópelos ab. *MIETWAGEN / -MOTORRÄDER:* **Moto Center**, Tel. 23789.

Karte S. 119

Verband der Hotelbesitzer: Tel. 23272, 22986. **SKÓPELOS-STADT**: ☺☺☺ **Skópelos Village**, Tel. 22517, 23011, Fax 22958. Teuerste Unterkunft auf Skópelos, komfortable Appartements mit Hafenblick, Pool. ☺☺ **Kavouris Hotel**, Tel. 23238 oder 22596, Fax 22596. Bescheidenes, aber modernes Hotel. **Rooms to rent**, Tel. 22361. Kleines, von Weinreben umranktes Haus im Herzen der Altstadt. **STAFILOS**: ☺ **Rooms to rent**, Tel. 23917. Hübsches Haus unweit des Strands. **AGNÓNDAS**: ☺☺ **Pavlina**, Tel. 23634, Fax 23272. Appartements unweit der schönen, im Schatten von Pinien liegenden Bucht. **PANÓRMOS**: ☺ **Sandra**, Tel. 20361. Zimmer in einem kleinen Haus auf einer Wiese mitten im Wald. **LOUTRÁKI**: ☺☺ **Hotel Avra**, Tel 33550, 33526. Moderner Klotz, Hafenblick.

❌ **SKÓPELOS**: Die beiden nebeneinander am Fähranleger liegenden Tavernen, **Klimataria**, Tel. 22273, und **Molos**, behaupten, die ältesten der Stadt zu sein, und sind verdientermaßen beliebt. **O Platanos**, Tel. 23067. Vor allem im Sommer sehr schön. **Kipos tou Kalou**, Tel. 22349. Schöne Taverne mit hübschem Garten. **AGNÓNDAS**: **Pavlos**, Tel. 22409. Berühmt für Meeresfrüchte. **LOUTRÁKI**: Ein gutes, einfaches Restaurant am Meer ist **I Oraia Ellas**, Tel. 33408.

🏛 **Volkskundemuseum**, Tel. 23494.

ALÓNNISOS (☎ 0424)

ℹ️ **Alónnisos Travel**, Tel. 65188. **Touristenpolizei**, Tel. 65205.

🚢 *SCHIFF*: S. o. **Hafenbehörde**, Tel. 65595.

🏨 **Vereinigung der Hotelbesitzer**, Tel. 65212/3, Fax 65582. **Vereinigung der Zimmervermieter**, Tel. 65573, Fax 65577. **PATITÍRI**: ☺☺ **Alkyon**, Tel. 65602, Fax 65195. Zentral, am Meer, mit Balkons. ☺☺ **Paradise**, Tel. 65213, Fax 65161. Mit Pool. **Galaxy**, Tel, 65251, Fax 65110. Mit Restaurant. **MARPOÚNDA**: ☺☺☺ **Marpoúnda**, Tel. 65212, Fax 65582. Bungalowkomplex mit Pool u. Tennisplatz, am Strand.

❌ **PATITÍRI**: **To Kamáki**, I. Dolópon, Tel. 65245. Sehr gute Meeresfrüchte.

ÉVIA (EUBÖA)

HALKÍDA UND ZENTRALES ÉVIA
(☎ 0221, KÍMI ☎ 0222)

ℹ️ **Eviorama Tours**, Halkída, Tel. 81420, Fax 88069, bietet ein vielfältiges Ausflugsprogramm. **Stadtverwaltung von Kími**, Tel. 24000, Fax 22022.

🚌 *BUS:* Euböa ist durch zwei Brücken bei **Halkída** mit dem Festland verbunden. Es fahren regelmäßig Busse vom Athener Busbahnhof Liossion (1,5 Std.). Von **Kími**, an Euböas Nordküste, 3,5 Busstunden von Athen ent-

fernt, gibt es Fähren und *Flying Dolphins* nach **Skíros**. **Busbahnhof** in Halkída: Tel. 22640. Regelmäßig Busse nach Athen (auch von Kími aus). *ZUG*: **Bahnhof** in Halkída, Tel. 22386, Züge nach Athen. *TAXI*: Tel. 22204, 89300 (Halkída), Tel. 23666 (Kími).

🏨 **HALKÍDA**: ☺☺☺ **Lucy Hotel**, Voudouri 10, Tel. 23831, Fax 22051. Ausblick auf den Evrípou-Kanal. **Paliria Hotel**, 2. El. Venizelou, Tel. 28001, Fax 81959. Modern, mit Dachgarten. **ERÉTRIA**: ☺☺☺ **Malaconta Vogue Club Hotel**, Tel. 60544, Fax 62518. Schöner Komplex mit allen Annehmlichkeiten. ☺☺ **Delfis**, Tel. 62380. **KÍMI**: ☺☺ **Korali**, Tel. 22212.

🏛 **HALKÍDA**: **Volkskundemuseum**, Venizelou 13, Tel. 76131, Fax 25131. Di-So 8.30-15 Uhr. **Archäologisches Museum**, Di-So 8.30-15 Uhr. **ERÉTRIA**: **Archäologische Stätte** (und Museum), Tel. 62206, Di-So 8.30-15 Uhr. **KÍMI**: **Archäologische Sammlung**, A. Potamia, Tel. 71498, So 10-13 Uhr.

KÁRISTOS (☎ 0224)

🚌 *BUS*: **Busbahnhof**, Tel. 22453. *SCHIFF*: Verbindungen mit Rafína und den Kykladen. **Hafenbehörde von Káristos**: Tel. 22227. *TAXI*: Tel. 22200.

🏨 ☺☺☺ **Apollon Suite Hotel**, Psilí Ámmos, Tel. 22045, Fax 22049. Groß, neu, am Strand, ganzjährig geöffnet. ☺☺ **Amalia**, Bouros, Tel. 22311.

🏛 **Archäologisches Museum**, Kriezotou, Tel. 22472, Di-So 8.30-15 Uhr.

ÉDIPSOS / LÍMNI (Édipsos ☎ 0226, Límni ☎ 0227)

🚢 **Hafenbehörde von Édipsos**: Tel. 23317.

🏨 **ÉDIPSOS**: Zahlreiche Hotels im Ort; es gibt sogar einen **Club Med** (in Ágios Geórgios, Tel. 33281, Fax 33115). ☺☺☺ **Egli**, Odós 25. Martiou 18, Tel. 22217. ☺☺ **Capri**, Odós 25. Martiou 45, Tel. 22496, unweit der Bäder. **LÍMNI**: **Hotel Limni**, Tel. 32445, 31374.

💧 **Bäder/Hydrotherapie-Physiotherapie-Zentrum**: Tel. 23501, Fax 23500.

SKÍROS (☎ 0222)

ℹ️ **Stadtverwaltung von Skíros**, Tel. 91716. **Touristeninformation**, Tel. 92789.

✈️ *FLUGZEUG*: **Olympic Airways**: Tel. 91607. **Flughafen** bei Markési, Tel. 91625. *SCHIFF*: Fähren nach Vólos, Thessaloníki und zu den Kykladen. **Hafenbehörde** in Tel. 91475. **Skíros Shipping Company** (Schiffe nach Kími), Tel. 91789, Fax 91791.

🏨 ☺☺ **Pension Hara**, Tel. 91601, Fax 91763. Attraktives Haus, 2 km von Mólos; Zimmer mit Bad.

🏛 **Archäolog. Stätte / Museum**, Tel. 91327. Stätte tägl. 8.30-21 Uhr; Museum Di-So 8.30-15 Uhr.

DIE THRAKISCHEN INSELN

THÁSOS
SAMOTHRÁKI

Die beiden Inseln im Thrakischen Meer, Thásos und Samothráki, haben in Bezug auf Natur, Kultur und Geschichte mehr mit dem nordostgriechischen Festland gemein als mit den anderen, weiter südlich in der Ägäis gelegenen Inseln. Pinienwälder, Berge und sogar kalte Winter mit Schnee sind typisch für die beiden „Außenseiter" und die Badesaison ist viel kürzer als etwa auf Rhódos oder Kreta. Die beiden Inseln liegen ziemlich weit ab von den Piräus-Fährrouten zu den touristischen Hauptinseln; am besten erreicht man sie vom makedonischen (Kavála) bzw. thrakischen Festland (Alexandroúpoli) oder mit dem Flugzeug von Thessaloníki.

Für Urlauber gibt es hier viel zu erforschen – von Bergwäldern bis hin zu antiken Ruinen und guten Stränden.

*THÁSOS

Das grüne Thásos, „eine jener Wonnen unter den Inseln" (Lawrence Durrell), verdankt seine üppige Vegetation dem nördlich geprägten Klima. Es gibt hier sogar verschneite Winter, was die Spitzdächer der Inselhäuser erklärt. Zahlreiche Quellen, viel Grün und weidendes Vieh

Links: Im Marmorsteinbruch bei Thásos-Stadt (Liménas).

bestimmen das Bild der runden Insel. Die Küstenstraße legt sich wie ein Band um das gebirgige Zentrum.

In der Mythologie war Thásos ein Verwandter der Jungfrau Europa, der bei der Suche nach seiner von Zeus entführten Schwester die Insel fand.

Siedler aus Páros gründeten im 7. Jh. v. Chr. eine Siedlung auf der Insel. Später litt Thásos unter den Persern, die die Insel auf ihrem Weg nach Athen (490 und 480 v. Chr.) passierten. Andere fremdländische Herrscher waren die Russen, die Thásos im späten 18. Jh. für vier Jahre regierten, und kurze Zeit später die Ägypter: Mehmet Ali, der 19. Vizekönig von Ägypten, verbrachte hier einen Teil seiner Kindheit und liebte die Insel so sehr, dass der Sultan sie ihm 1813 schenkte. Thásos erlangte eine starke Autonomie, denn der Vizekönig senkte die Steuern und verlieh der Insel Privilegien. Die ägyptische Herrschaft dauerte bis 1902.

Der Hafenort ***Thásos (Liménas)** ❶ wurde an der Stätte des antiken Thásos erbaut und ist reich an Ruinen und Funden. Einige werden im exzellenten **Archälogischen Museum** präsentiert.

Vom 7. bis 5. Jh. v. Chr. war der Hafen mit Mauern aus heimischem Marmor befestigt: Von der Antike bis in die Neuzeit war Thásos ein Zentrum des Marmorexports. Dem Schutzgott der Insel ist das

Heiligtum des Herakles, das **Herakleion**, gewidmet, der bereits zur Zeit der Phönizier verehrt wurde. Später kamen die Römer und bauten eine **Agorá**, die noch erhalten ist (nördlich des Stadtzentrums). Im antiken **Dionysos-Theater** finden im Sommer Aufführungen statt. Ein weiterer Höhepunkt sind die Überreste der antiken **Akropólis** mit dem **Heiligtum des Apóllon Pythios**, das später in eine italienische Festung umgebaut wurde.

Makrí Ámmos ist der städtische Strand, an dem man neuerdings Eintritt bezahlen muss. Allerdings ist der ganze Küstenstreifen westlich von Makrí Ámmos mit per Bus erreichbaren Stränden wie **Glifáda** übersät.

Fährt man von Thásos-Stadt ins Inselinnere, erreicht man **Panaghía** ❷ und **Potamiá** ❸, schöne Bergdörfer mit hölzernen Balkonen und Spitzdächern, die an deren Baustil an Epirus und Makedo-

Rechts: Zu Füßen der Bergdörfer Potamiá und Panaghía erstreckt sich der schöne Sandstrand Hrisí Amoudía (Thásos).

nien auf dem Festland erinnern. Die gewölbten Eingänge sind jedoch typisch für die Inselarchitektur. Das **Museum Vágis** in Potamiá ist dem bekannten Bildhauer Polýgnotos Vágis (1894-1965) gewidmet, der aus dem Ort stammt.

Beide Dörfer schmiegen sich in die Pinienwälder an der Flanke des Berges **Ipsário** (1203 m). Mehrere Wege führen auf den Gipfel. Ausdauernde Wanderer können weiter bis **Kástro** ❹ laufen, ein halb verlassenes Dorf mit Spuren byzantinischer Besiedlung, dessen Häuser als Ferienunterkünfte dienen, das man aber auch auf der Straße vom Badeort Limenária (siehe unten) aus erreicht. In der früheren Inselhauptstadt **Theológos** ❺ (Anfahrt via Potós) stand einst das genuesische Kastell **Kourokástro**; aus dem frühen 19. Jh. sind noch einige Herrenhäuser erhalten. In der Nähe gibt es einige Routen für Felsenkletterer.

Am Ostufer zieht sich zwischen **Skála Panaghía** und **Skála Potamiá** ein Strand hin, mit einem Campingplatz in **Hrisí Amoudía** ❻. Weiter südlich befindet sich bei **Kínira** ❼ ein FKK-Strand.

Im Südosten flankieren zwei reizende Strände die Halbinsel ★**Alikí** ❽, die in der Antike ein Zentrum des Marmorexports vom Berg Ipsário war, wovon viele Überreste zeugen: von einem antiken Marmorbruch bis hin zu den Ruinen eines archaischen Tempels. Nudisten frequentieren den steinigen Strand bei **Arhangélou** unter dem gleichnamigen Kloster.

Potós und **Limenária** ❾ sind die Hauptbadeorte im Südwesten: Besonders Limenária ist wegen seiner Strände beliebt. Zu Ostern tanzen die Dorfbewohner in ihren traditionellen Trachten. Über dem Dorf thront der „kleine Palast" Palatáki, der um 1900 als Büro für die deutsche Zeche Spiedel erbaut wurde. Das nahe **Psilí Ámmos** ist einer der besten Sandstrände der Insel.

Die Westküste ist nicht so interessant, die Strände sind hier leerer. Die meisten

Info S. 127

„Skálas" – Dörfer am Meer – wurden im 20. Jh. gegründet und gehören zu älteren in Schutzlage weiter landeinwärts errichteten Inseldörfern wie dem malerischen **Mariés** ❿, in dessen Kirche schöne Fresken zu besichtigen sind, **Prínos** oder **Rahóni**. Bei **Skála Prínos**, dem Hafen für die Fähren aus Kavála, sieht man im Meer eine Ölplattform.

SAMOTHRÁKI

Samothráki, geschätzt von Naturliebhabern und Wanderern, ist Kunstkennern durch den Torso der „geflügelten Nike von Samothráki" bekannt, einer der berühmtesten Statuen des klassischen Griechenland, die im Pariser Louvre ausgestellt ist. Wie ihre Pose nahe legt, war die Statue der Siegesgöttin ursprünglich die Galionsfigur eines marmornen Schiffsbugs. Demetrios Poliorketes, der auch den Koloss von Rhódos in Auftrag gab, ließ sie als Teil eines Dankesopfers an die Götter für seinen Sieg über Ptolemaios II. 305 v. Chr. herstellen.

In der antiken Welt war Samothráki ein wichtiges religiöses Zentrum. Die zerklüftete Gebirgsinsel, die nicht einmal einen natürlichen Hafen hat, war Basis des Kults der Kabiren, phrygischen oder phönizischen Göttern (*Kabiren* bedeutet „die Mächtigen"), deren Riten noch vor der Zeit des klassischen Griechenland entstanden und sich mit all ihren Mysterien bis zum Verbot durch die christlichen Byzantiner im 4. Jh. n. Chr. hielten. Zeugnis von der großen Macht des Kults legt die ausgedehnte antike Stadt **Paleópoli** ❶, 7 km östlich des Hafens, ab, wo noch andauernde Ausgrabungen mehr und mehr Elemente des Heiligtums der Großen Götter freilegen. Hier wurde 1863 auch die Nike gefunden.

Das **Heiligtum der Großen Götter* war den Gottheiten der Unterwelt geweiht. Wie bei den Eleusinischen Mysterien weiß man nur wenig über den Kult, obwohl selbst Nicht-Eingeweihte bei den Riten zuschauen durften. Zu den Eingeweihten oder *Saoi* (Geretteten) gehörten z. B. Philipp von Makedonien und Hero-

SAMOTHRÁKI
ΣΑΜΟΘΡΑΚΗ

SAMOTHRÁKI

0   5   10 km

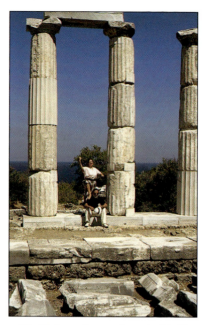

dot. Noch immer ist unklar, welche Götter verehrt wurden. Auf jeden Fall waren es Fruchtbarkeitsgötter mit einer den großen Göttinnen Kleinasiens verwandten Muttergottheit. Später wurden die Kabiren in die griechische und römische Mythologie übernommen, wie etwa die göttlichen Zwillinge Kastor und Pollux. Dass die Fruchtbarkeitsgötter die Wünsche der Sterblichen erfüllten, bezeugt das **Arsinoeion**, die Ruine des mit einem Durchmesser von 20 m größten Rundbaus des antiken Griechenland. Königin Arsinoë ließ es ca. 280 v. Chr. errichten, um den Göttern für die Geburt ihres Kindes zu danken. Von größerer Bedeutung für die Initiationsriten waren das **Anaktorion** (Haus der Herren, 6. Jh. v. Chr.) und das **Hieron** (3. Jh. v. Chr.), von dem fünf dorische Säulen wieder errichtet wurden. Ein **Museum** beherbergt Funde der seit 1948 laufenden Ausgrabungen.

Oben rechts: Nur wenige Säulen sind vom Heiligtum der Großen Götter auf Samothráki stehen geblieben.

Die Hafenstadt von Samothráki, **Kamariótisa** ❷, hat einen felsigen Strand und verfügt über die meisten Hotelbetten und touristischen Einrichtungen.

Viele Inselbewohner leben landeinwärts in der idyllischen Inselhauptstadt **Samothráki** (Hóra) ❸, die mit verwinkelten Gassen, rustikalen Häusern und einem Basar zum Verweilen einlädt. Über dem Ort ragt die Ruine einer genuesischen Burg auf. Von hier können Wanderer in einigen Stunden den Aufstieg zum **Fengári**, dem Mondberg, unternehmen, dem mit 1611 m höchsten Berg der Ägäis, der einen fantastischen Ausblick bietet und im Winter schneebedeckt ist.

Von Kamariótisa aus erreicht man mit dem Boot den Strand von **Pahiá Ámmos** ❹ oder den Wasserfall **Kremastá Nerá** an der Südküste.

An der Nordküste liegt das seit der Antike durch seine heißen Schwefelquellen bekannte **Thérma**. Bei ★**Gréa Váthra** ❺, östlich von Thérma, verlocken kleine Wasserfälle und Teiche zu einem Bad in Süßwasser.

THÁSOS (☎ 0593)

ℹ Thásos Tourist Association, Tel. 22289. **Touristenpolizei**, Tel. 23580. **Hafenbehörde** in Thásos-Stadt, Tel. 22106.

SCHIFF: Täglich Fähren nach Kavála (von Thásos-Stadt und Prínos aus) und Keramotí (von Thásos-Stadt aus). Einmal täglich Tragflügelboot nach Samothráki (ab Thásos-Stadt).

🛏 THÁSOS-STADT: ◐◐◐ Makriammos Bungalows, Tel. 22101, Fax 22761. An einem schönen Strand gelegen, mit allen Annehmlichkeiten. **Amfipolis**, Tel. 23101, Fax 22110. Reizvolles, umgebautes altes Haus, vom Wasser zurückgesetzt, mit eigenem Pool und Restaurant.

◐◐ Makedon, Tel. 22177. Moderner Häuserblock unter Bäumen, mit kleinem Pool. **Aithria**, Tel. 22310. Mit Pool, am Stadtrand. **Pegasus**, Tel. 22373, 22061. Funktionale, sehr einfache, aber saubere Zimmer, mit Pool und Restaurant. **Timoleon**, Tel. 22177. Hotelklotz am Meer, gute Ausstattung. **Filoxenia Inn**, Tel. 23331, Fax 22231. Modernes villenähnliches Haus, mit einem kleinen Pool.

PANAGÍA: ◐◐ Thásos Inn, Tel. 61612. Zimmer mit Balkon. **◐ Theo**, Tel. 61284. Ruhiges Hotel, nette Besitzerin.

SKÁLA PRÍNOS: ◐◐ Kazaviti, Tel. 71650, Fax 71812. Reizende Villa mit Pool und Restaurant. **◐ America**, Tel. 71322. Zimmer mit Balkon.

SKÁLA POTAMIÁ: ◐◐ Ariadni, Tel. 61591. Bungalowunterkünfte, Restaurant.

SKÁLA RAHÓNI: ◐◐ Coral, Tel. 81247. Von schattenspendenden Bäumen umgebenes Haus mit Balkonen und Pool.

POTÓS: ◐◐◐ Alexandra Beach, Tel. 51766. Grüner Rasen, Terrassen und Pool. **Coral Beach Hotel**, Tel. 52402, Fax 52424. Ansprechender Hotelkomplex mit rotem Dach, am Sandstrand, mit Pool. **◐◐ Hatzigiorgis**, Tel. 51212. Kleines Hotel mit eigenem Restaurant.

PEFKÁRI: ◐◐ Thásos, Tel. 51596, Fax 51794. Mit eigenem Strand und Pool. **Pefkari**, Tel. 51341, Fax 51877. Hübsches, villenartiges Haus am Strand (Stadtrand), mit Restaurant. **◐ Prasino Velouso**, Tel. 52175, Fax 51232. Klotziger Appartement-Block, aber sehr gepflegt.

LIMENARIÁ: ◐◐ Ralitsas, Tel. 51578, Fax 52878. Direkt am Strand gelegen. **◐ Papantoniou**, Tel. 51363, Fax 52070. Über einem Café, akzeptable Zimmer.

ASTRÍS: ◐◐ Astrís Sun Hotel, Tel. 51281, Fax 52861. Am belebten Strand der Astrís-Bucht, unweit von Potós.

◭ SKÁLA PRÍNOS: Prinos Campsite, Tel. 71171, 71270. Großer Campingplatz mit Snackbar und Supermarkt. **SKÁLA RAHÓNI: Perseus Camping**, Tel. 81242. **PEFKÁRI: Pefkári Camping**, Tel. 51595. **HRISÍ AMOUDÍA: Hrisí Amoudía Camping**, Tel. 61207. Besonders die beiden letztgenannten Plätze sind sehr schön, allerdings ziemlich isoliert.

✗ THÁSOS-STADT: Iphigi ist eine beliebte Taverne. Im etwas gehobeneren **Zorbas** gibt es Livemusik. **Platanakia**, am Meer, ist für seine guten Fischgerichte bekannt.

SKÁLA PRINOS: Kyriakos Taverna, zentral, gutes griechisches Standardessen.

🏛 Archäologisches Museum, 18 Meg. Alexandrou (Thásos-Stadt), Tel. 22180.

VERANSTALTUNGEN: Ein **Festival des antiken Dramas** findet jeden Sommer im antiken Theater von Thásos statt. Auskünfte beim Touristeninformationsbüro.

SAMOTHRÁKI (☎ 0551)

ℹ Touristenpolizei, Samothráki (Hóra), Tel. 41203. **Niki Tours**, Tel. 41465, Fax 41304, kann mit Unterkunft und Transportmitteln helfen. **Hafenbehörde**, Tel. 21305.

SCHIFF: Täglich Fähren nach Alexandroúpoli (2 Stunden); regelmäßiger Fährverkehr auch nach Kavála und Límnos. Einmal täglich Tragflügelboot nach Thásos.

🛏 KAMARIÓTISA: ◐◐◐ Hotel Eolos, Tel. 41595, Fax 41810. Das größte und schönste Hotel der Insel, mit Schwimmbad. **◐◐ Niki Beach**, Tel. 41561. Direkt am Meer gelegen, ganzjährig geöffnet. **PALEÓPOLI: ◐◐ Hotel Xenia**, Tel. 41230. Nettes kleines Hotel nahe der Ausgrabungsstätte der antiken Stadt. **THÉRMA: ◐◐◐ Hotel Kaviros**, Tel. 41577. Ideal für Gäste, die in den heißen Quellen und an den Wasserfällen baden möchten.

✗ KAMARIÓTISA: Orízontas, Tel. 41793. Sehr gute Taverne am Fährhafen. **THÉRMA: Fengari**, Fisch- und Fleischgerichte aus dem Tonofen, etwas teurer. **Paradise**, hervorragende Fischgerichte.

🏛 Archäologische Stätte und **Museum** (Heiligtum der Großen Götter), Tel. 41474, Di-So 9-14 Uhr.

💧 Das schwefelhaltige Wasser der Bäder in Thérma soll bei Arthritis und gynäkologischen Beschwerden helfen. Aber auch für gesunde Urlauber ist ein Bad im Thermalwasser angenehm. Auskünfte im Rathaus von Thérma, Tel. 41218, Fax 41204.

Thrakische Inseln

DIE NORDOSTÄGÄISCHEN INSELN

LÍMNOS

LÉSVOS

HÍOS

IKARÍA

SÁMOS

Groß und bewaldet, der Türkei näher als Griechenland, sind die Inseln der nordöstlichen Ägäis eine Welt für sich, und sie eignen sich weniger für einen kurzen Zwischenstopp: Fährverbindungen zwischen ihnen gibt es zwar regelmäßig, aber selten, und jede Insel ist groß genug, um selbst einen rastlosen Reisenden eine Woche lang zu beschäftigen. Außerdem bieten sich Schiffsausflüge an zu der einst griechischen Westtürkei und deren antiken Ausgrabungen von Weltrang – wie z. B. Milet oder Efesus.

Trotz Tourismus haben die Inseln ihren Charakter und ihre Traditionen bewahrt. Die Nähe zur türkischen Küste hat die Entwicklung der Nordostägäis vom 15. bis zum 20. Jh nachhaltig geprägt; generell hatten die hiesigen Inseln ein weniger feindseliges Verhältnis zu ihren osmanischen Herrschern als viele der anderen ägäischen Inseln. Die Sultane bevorzugten besonders Híos, das sie mit dem ihnen wichtigen Mastix-Harz versorgte. Diese Insel gehört erst seit 1912 zu Griechenland. Nur wenige Jahre später – 1923 – wurde sie nach der Ausweisung der griechischen Bevölkerung aus dem türki-

Vorherige Seiten: Eine byzantinische Burg thront über dem pittoresken Ort Míthimna (Mólivos), Lésvos. Links: Im Kloster Megalí Panagías (16. Jh.) auf Sámos.

schen Anatolien von einem Flüchtlingsstrom überrollt.

Das Erbe dieser bewegten Vergangenheit ist ein orientalisches Flair, das man noch heute in den engen, basarartigen Straßen von Mitilíni oder Híos-Stadt findet. Aus der Nähe zur Türkei resultiert auch die Militärpräsenz – Wanderer können sich unvermittelt mit dem Stacheldrahtzaun einer Armeeanlage konfrontiert sehen.

Alle Inseln bieten schöne Badestrände. Als Folge des Tourismus haben sich besonders auf Lésvos und Sámos florierende Ferienorte mit Jachthäfen und aktivem Nachtleben entwickelt. Wer vor allem Ruhe sucht, kann auf der winzigen Insel Psará oder an den herrlichen, wenig besuchten Stränden des grünen Ikaría einen gemütlichen Inselurlaub verbringen.

LÍMNOS

Límnos gehört zum Verwaltungsbezirk der Nordostägäischen Inseln, hat jedoch mit ihren „Schwestern" wenig gemeinsam. Die sanften Hügeln bilden eine freundliche, wenn auch nicht besonders spektakuläre Landschaft. Traditionell werden auf fruchtbaren Ebenen Weizen und auch Baumwolle angebaut (die auf anderen Inseln nicht zu finden ist) sowie ein Wein von ausgeprägtem Charakter.

Nordostägäis

Karte S. 132, Info S. 154-155

Auf Límnos errichtete der Schmiedegott Hephaistos, nachdem ihn sein Vater Zeus vom Olymp herabgeschleudert hatte, seine Schmiede. Als seine Gemahlin Aphrodite eine Affäre mit Ares begann, berichteten die lemnischen Frauen Hephaistos von dem Verrat. Zur Strafe verlieh ihnen Aphrodite einen so strengen Körpergeruch, dass sich ihre Männer von ihnen abwandten. Erzürnt machten die zurückgewiesenen Gattinnen ihre Männer betrunken und warfen sie vom **Kap Petrassos**, nahe des Dorfs **Androni**, ins Meer. Zum Glück landeten – laut Homer – bald Jason und die Argonauten auf der Suche nach dem goldenen Vlies auf der Insel, fanden sie voll lediger Frauen und sorgten wieder für Nachwuchs.

Durch die Eruptionen des Vulkans Moschylos entstand der schwefelhaltige Boden, der seit der Antike seiner Heilkraft wegen geschätzt wird. In der Antike wurde die kostbare heilige Erde an einem be

Rechts: Die Katze führt vor, wie man im Sommer die heiße Mittagszeit übersteht.

stimmten Tag des Jahres von einer Priesterin ausgegraben; später im Christentum geschah dies jeweils am 6. August (Christi Verklärung) durch einen Priester. Das Heilerde-Vorkommen liegt nahe der alten byzantinischen Stadt Kotsinas, deren Name möglicherweise eine Abwandlung des Wortes *kokkinos* (rot) ist und sich auf die Farbe der Erde bezieht.

Die auf einem Felsen stehende Ruine des **Paleókastro** (12. Jh.) überragt den Hafen der Inselhauptstadt ***Mírina** ❶ (auch Hóra oder Kástro). Die elegante Strandpromenade **Romeikós Gialós** („griechischer Strand") wird von Häusern aus dem 19. Jh. geziert. Der Strand bekam diesen Namen, um ihn von dem weiter unten liegenden **Tourkikós Gialós**, dem „türkischen Strand" im früheren osmanischen Viertel, zu unterscheiden. Am Romeikos Gialós stehen das **Archäologische Museum** und der **Erzbischöfliche Palast** mit einem Kirchenmuseum.

Einer der schönsten Strände der Insel befindet sich bei **Thános** ❷, einige Kilo-

meter südöstlich von Mírina. Der Ort **Kondiás** ❸, noch etwas weiter östlich, ist eines der traditionellsten lemnischen Dörfer. **Néa Koútali** ❹ wurde erst 1926 besiedelt, nachdem im Zuge des Exodus aus Kleinasien auch die Bewohner der Insel Koútali ihre Heimat hatten verlassen müssen. Sein Strand ist der schönste in der **Bucht von Moúdrou**, einem der größten natürlichen Häfen des Mittelmeers. Hier begann der englisch-französische Angriff, der mit der Niederlage bei Gallipoli (1914-1916) endete. In **Moúdrous** ❺ erinnern noch immer starke Militärpräsenz sowie ein Commonwealth-Soldatenfriedhof an diese Zeit.

*Polióhni ❻ an der Ostküste ist die älteste Siedlung von Límnos aus dem 4. Jahrtausend v. Chr. Sie ist sogar noch älter als Troja auf dem gegenüberliegenden türkischen Festland. Wie in Troja gab es auch hier verschiedene Phasen der Besiedlung, die bis 100 v. Chr. nachweisbar ist. Bei Ausgrabungen im 20. Jh. fand man Goldschmuck, ähnlich dem von Schliemann in Troja entdeckten, „Schatz

des Priamos". Im nahen **Kamínia** ist eine antike Stele in eine Wand der **Ágios-Alexándros-Kirche** eingebaut, die eine Inschrift trägt, die zwar mit griechischen Buchstaben, aber in einer unbekannten Sprache verfasst ist.

Spuren einer antiken Siedlung finden sich bei **Pláka** ❼ an der Nordostspitze der Insel. Die Überlieferung besagt, dass Agamemnon hier das erste Leuchtfeuer als Signal der Beendigung des Trojanischen Kriegs anzünden ließ. An einem klaren Tag und bei Windstille erkennt man vor der Küste ein versunkenes Dorf, das als Homers **Hrisí** identifiziert wurde.

Am nordöstlichen Strand liegen zwei weitere bedeutende Ausgrabungsstätten: Das **Kabiren-Heiligtum (Kabírion)** ❽, wo wie auf Samothráki geheimnisvollen Gottheiten gehuldigt wurde, und, auf der anderen Seite der Bucht, **Iféstia** (Hephaistia) ❾, vom 8. Jh. n. Chr. bis zum 11. Jh. n. Chr. wichtigste Stadt auf Límnos. Als ihr Hafen verschlammte, wurde das Inselzentrum nach Kotsinas verlegt. Überreste des Tempels der Großen Göttin

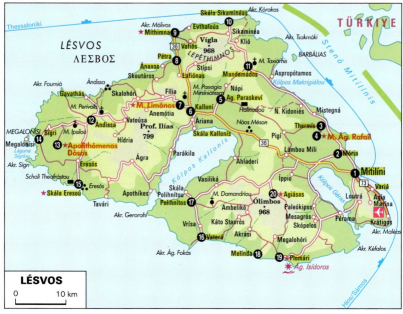

sowie des antiken Theaters sind noch sichtbar.

Die Festung **Kókkino** ❿ wurde im 14. Jh. von den Venezianern erbaut. Westlich von hier, gegenüber der unbewohnten Insel Sergítsi, liegt **Gomáti** ⓫, einer der schönsten Sandstrände von Límnos. Oberhalb des Strandes stehen auf einem Fels die Häuser des malerischen Dorfes **Katálakko** ⓬.

Liebhaber kleinerer Inseln können von Mírina aus eine Fähre nach **Ágios Efstrátios** ⓭ nehmen, das zum Großteil zur „Heiligen Gemeinschaft des Heiligen Berges Athos", der autonomen Mönchsrepublik auf der Chalkidike, gehört. Die seit dem 17. Jh. bewohnte Insel diente als Exil für politische Gefangene, unter ihnen der Dichter Jánnis Rítsos und der Komponist Mikis Theodorakis. Aufgrund des schweren Erdbebens von 1968 leben die Einheimischen heute vorwiegend in schlichten Betonhäusern.

Rechts: Der Olivenanbau prägt die Landschaft von Lésvos.

LÉSVOS (LÉSBOS, MITILÍNI)

Lésvos ist nach Kreta und Évia die drittgrößte griechische Insel. Den geläufigen Inselnamen *Lesbos* spricht man in Griechenland *Lésvos* aus – ohne damit Assoziationen an lesbische Frauen zu verbinden. Häufig wird die Insel auch – wie ihre Hauptstadt – Mitilíni genannt.

Die „Insel der Oliven" ist ein Griechenland en miniature mit riesigen Olivenhainen und bewaldeten Bergen, die nur zu Fuß oder auf Eseln zugänglich sind, Fischerdörfern, Salzlagunen, mittelalterlichen Festungen, einem versteinerten Wald und sogar einem eigenen Olymp, was allerdings nichts Besonderes ist – es gibt mehr als ein Dutzend Olymps in Griechenland.

Seit der Antike war Lésvos eine Wiege der Kultur. Zuallererst denkt man natürlich an die Dichterin Sappho (ca. 615-562 v. Chr.). Sie war berühmt für ihre offene Verehrung von Frauen und die Gründung einer Frauenakademie in den Hainen ihrer Heimatstadt Eresós, aber sie war auch verheiratet und hatte eine Tochter. Sie soll sogar aus unerwiderter Liebe zu einem Mann auf der Insel Lefkáda Selbstmord begangen haben.

Noch vor Sapphos Zeit trieb – laut Homer – das Haupt des Orpheus an die Strände von Lésvos, nachdem der Dichter von den wütenden Mänaden zerfetzt worden war. Der Kopf sang noch und bezauberte die Bestien mit seiner Musik, bis die Götter dem Gesang ein Ende setzten.

Die künstlerische Tradition hat bis ins 20. Jh. überdauert. Der Autor Stratís Mirivíllis (1892-1969) schrieb Romane über die Fischerdörfer der Insel. Ein anderer Sohn von Lésvos war der naive Maler Theófilos Hatzimihaílis (1868-1934), der nach einer Ausstellung seiner Werke im Louvre 1934 „griechischer Rousseau" genannt wurde. Entdeckt wurde er von dem als Tériade bekannten Lesvier Stratís Eleftheriádis, der sich in Paris als Verleger von Kunstbüchern von Picasso, Chagall, Matisse und anderen Künstlern einen Namen machte. In **Variá**, südlich von Mitilíni, zeigt das ***Tériade-Museum** eine einzigartige Sammlung von Original-Farblithografien und Kunstbüchern dieser und anderer berühmter Maler.

Das hervorstechendste Merkmal der Insel sind, besonders im Ostteil, ihre Olivenhaine. Auf Lésvos stehen mehr Olivenbäume als auf jeder anderen griechischen Insel – mehr als 10 Millionen schimmern silbergrün an den Abhängen. Das lesvische Olivenöl gilt als das beste Griechenlands; jährlich werden 20 000 bis 30 000 Tonnen hergestellt. Das zweite flüssige Exportgut der Insel ist der Anisbranntwein Ouzo. In und um Plomári gibt es einige bekannte Destillerien.

Mitilíni und Umgebung

Der Hauptort der Insel, **Mitilíni ❶**, ist eine geschäftige Hafenstadt, die eingerahmt wird von hübschen, wenn auch verfallenden italienischen Villen und den

Ruinen des größten mittelalterlichen **Kástro** Griechenlands, dessen Bau unter dem byzantinischen Kaiser Justinian im 6. Jh. begonnen wurde. Im Sommer werden in der Ruine Konzerte veranstaltet.

Wie auch das um einiges größere Rom besitzt Mitilíni sieben Hügel. Dass die Siedlung schon in der Antike existierte, bezeugen die auf einem der Hügel gelegenen Ruinen des **Antiken Theaters** (3. Jh. v. Chr.), eines der größten Griechenlands und berühmt wegen seiner ausgezeichneten Akustik.

Heute wird die Uferlinie von den Kuppeln der **Therapón-Kirche** beherrscht. Die aus der Ferne imposant wirkende Kirche ist so in das Straßengewirr eingebettet, dass man sie als Fußgänger in der Stadt erst sieht, wenn man direkt vor ihr steht. Auch sie wurde an einem historischen Ort erbaut: Ursprünglich stand hier ein Tempel, später eine frühchristliche Kirche; der heutige Bau stammt aus dem 20. Jh. Ein kleines **Byzantinisches Museum** im Vorhof birgt Ikonen und andere Kirchenschätze.

Nordostägäis

Oben: In der Altstadt Mitilínis. Rechts: Im Kloster Limónos ist der Zutritt für Frauen verboten.

Ganz in der Nähe des Fähranlegers birgt eine vornehme Villa einen Teil der Sammlungen des *Archäologischen Museums. Die Hauptausstellung hat seit 1999 in einem Neubau an der Straße Odós 8 Noemvríou Platz gefunden. An deren Verlängerung, der Odós Mikrás Asías, steht die *Städtische Pinakothek, in der über 80 Werke des großen naiven Malers Theófilos zu sehen sind.

Mitilíni liegt auf der südwestlichen Halbinsel. Busse fahren zu den Stränden an deren Spitze und zum Flughafen.

In **Mória ❷**, nördlich der Stadt, erinnern Überreste eines römischen Aquädukts an eine 26 km lange Wasserleitung mit Doppel-Rundbogen. Die Mineralquellen in **Thermís ❸** erlebten unter den Römern ihre Blüte, obwohl sie bereits im 1. Jh. v. Chr. genutzt wurden und Funde von hiesigen Siedlungen aus der Steinzeit datieren. In der hellenistischen Zeit wurde das Gebiet mit Artemis assoziiert – für starke Frauen hatte man auf Lésvos offenbar etwas übrig. Ihr Tempel wurde nach dem Aufkommen des Christentums verlassen.

Das südwestlich gelegene Kloster *Ágios Rafaíl ❹ beherbergt die Gebeine der wundertätigen Heiligen Rafaíl, Nikólaos und Iríni. Es ist ein bedeutendes Pilgerziel.

Míthimna und der Norden

Die schnellste Strecke von Mitilíni nach Míthimna (auch Mólivos) führt quer über die Insel, wo der flache Golf von Kallonís in Salzlagunen ausläuft, in denen Pferde weiden. Die einst auf Lésvos lebenden Wildpferde wurden von Zuchtpferden abgelöst, die man bei alljährlichen Rennen während des drei Tage dauernden **Stierfestes** (am zweiten Sonntag nach dem orthodoxen Osterfest) in **Agía Paraskeví ❺** bewundern kann. Zu dem seit 1774 gefeierten und von heidnischen Untertönen nicht ganz freien Fest gehört

auch eine Prozession mit einem geschmückten Bullen.

Einen Besuch wert sind die Ruinen der frühchristlichen Basilika (6. Jh.) von **Halinadoú**, südöstlich von Agía Paraskeví.

Eine Delikatesse am **Golf von Kallonís** sind Meeresfrüchte, insbesondere in Olivenöl gebratene Sardinen. Ideal für Vogelbeobachter sowie Familien mit Kindern sind die flachen Gewässer der Hafenstadt **Kalloní** ❻ mit ihrem Badeort **Skála Kallonís**. Das Nonnenkloster **Mirsiniótissas** aus dem 15. Jh. beeindruckt durch seinen wunderschönen Blumengarten im Innenhof. Es liegt etwa 2,5 km nördlich von Kalloní. Etwas weiter westlich steht das 1527 erbaute ★**Kloster Limónos** ❼. Es ist ein wichtiges religiöses Zentrum, aber seine freskengeschmückte Kirche ist für Frauen unzugänglich. Nur das kleine Museum dürfen sie betreten.

Südlich von Míthimna zieht sich der Ferienort **Pétra** ❽ am Strand entlang. Sein Wahrzeichen, die Kirche **Panagía Glikofoúsa** (Madonna des süßen Lächelns), thront inmitten der Stadt auf einem Felsen (griech. *pétra*), auf dem einst eine Burg stand. Man erreicht sie über 114 in den Fels gehauene Stufen. Am Tag der Auferstehung Marias, dem 15. August, rutschen die Gläubigen auf Knien hinauf. Am Fuß dieses Felsenturms liegt die von außen weniger spektakuläre Kirche ★**Ágios Nikólaos** mit schönen Fresken aus dem 16. Jh., die allerdings in jämmerlichem Zustand sind.

An einem Balkon über Pétras Hauptplatz hängt das Schild der landwirtschaftlichen **Frauenkooperative**. Sie entstand 1983 aufgrund der Unzufriedenheit der Frauen über die mangelnde Vertretung ihrer Interessen in der Gemeinde. Die Kooperative verhilft ihnen zu zusätzlichen Einkommen durch die Vermietung von Zimmern und den Verkauf selbst gemachter Produkte. Trotz einigem Auf und Ab ist die Kooperative so erfolgreich, dass sich Nachahmerinnen gefunden haben. Mittlerweile existieren 14 solcher Vereine auf den griechischen Inseln.

Wenn man Landleben schnuppern möchte, bietet sich ein hübscher Spazier-

gang Richtung Süden, den Hang hinauf, an – zum Dorf **Lafiónas** mit seiner wunderbaren Aussicht auf Pétra und Míthimna. Der Esel ist hier das Haupttransportmittel und man trifft kaum andere Touristen. Geht man dagegen in Richtung Küste, gelangt man zu einigen schönen Stränden: dem beschaulichen **Avláki**, dem ständig wachsenden Ferienort **Ánaxos** und dem ruhigen **Ambélia**.

An der Nordspitze der Insel erhebt sich über dem touristischen Hauptort von Lésvos, ***Míthimna** (Mólivos) **❾**, pittoresk eine mittelalterliche Burg, die im Sommer viele Touristen anzieht. Míthimna verfügt über alle nötigen Einrichtungen, ist jedoch kein Ort für Ruhesuchende. Dennoch sollte man einmal durch die engen Ladenstraßen streifen, über denen Glyzinenranken duftende Arkaden bilden. Die arabischen Inschriften auf einigen der in die Wände eingelassenen steinernen Brunnen erinnern an die türkische Herrschaft. Weiterhin bietet sich ein Besuch des kleinen **Kunstmuseums** mit Arbeiten lokaler Künstler und des **Archäologischen Museums** an. Vom restaurierten byzantinischen **Kástro** aus hat man eine schöne Aussicht auf die Strände und die nahe türkische Küste.

Eine Wanderung (2 Std.) nach Osten führt über **Evthaloús** mit seinen Thermalquellen, vorbei an den ocker gestreiften Klippen des kieseligen **Goldstrands** (Golden Beach), zu dem wunderschönen Fischerdorf **Skála Sikaminéas ❿**, dessen Hafen von einer kleinen Kapelle auf einem Felsen beschützt wird. Stratís Mirivíllis hat sie in dem Roman *Die Madonna der Seejungfrauen* verewigt. Am Wasser reparieren Fischer ihre Netze; dahinter bilden die Tische der Hafenlokale ein einziges großes Café unter Maulbeerbäumen und Weinranken.

Etwas weiter südlich markiert das Dorf **Sikaminéa** die kurvenreiche Überlandstrecke für die Rückfahrt. Leider verkehren keine Busse zwischen Skála Sikaminéas und Míthimna.

Im Zentrum der Nordostecke der Insel liegt der Gebirgszug **Lepéthimnos**, ein gutes Wandergebiet. Ein Weg führt vom Dorf **Vafiós**, südöstlich von Míthimna, zur Bergkuppe **Profítis Ílias** (937 m), von der aus man zum Hauptgipfel **Vígla** (968 m) und weiter nach unten, nach Evthaloús, marschieren kann. Der lange, anstrengende Weg ist in der Sommerhitze allerdings nicht zu empfehlen.

Landeinwärts, leichter von Süden aus erreichbar, liegt **Mandamádos ⓫** mit seinen Steinhäusern, die größte Siedlung der Gegend. Das nahe Kloster **Taxiárhis Mihaílis** ist dem Schutzpatron der Insel, dem Erzengel Michael, gewidmet. Sein besonderer Schatz ist eine wundertätige Ikone aus angeblich blutgetränktem Lehm von der Stelle, an der Piraten eine Schar von Mönchen erschlugen; die Ikone soll den Duft von Wiesenblumen verströmen.

Oben: Versteinerte Bäume– eine besondere Attraktion auf Lésvos. Rechts: Am Strand von Vaterá bei windigem Frühlingswetter.

Im Westen der Insel

Die Straße führt an dem **Kloster Peri-vólis** (17. Jh.) mit einigen schönen Fresken vorbei in das westlich gelegene **Ándissa ⑫**. Das Dorf im Landesinneren liegt wenige Kilometer von dem antiken Hafen gleichen Namens entfernt, den man zu Fuß von dem Küstendorf **Gavathás** aus erreichen kann (etwa 1 km).

Weiter westlich, auf dem erloschenen Vulkan Ordimnos, residiert das Kloster **Ipsiloú**, das 1101 im Namen des Hl. Johannes des Theologen gegründet wurde. Hier können Besucher auch einige Stücke versteinerten Holzes sehen, Teile des ***Versteinerten Waldes** von Lésvos. Dies es Gebiet, ein nationales Naturdenkmal, ist übersät mit versteinerten Stämmen von Koniferen, die vor 15 bis 20 Millionen Jahren hier standen. Schichten vulkanischer Asche haben Rinde, Blätter und Samen, teilweise sogar die Jahresringe der Bäume vollkommen konserviert. Einige der besten Beispiele befinden sich nahe Sígris im Naturpark **Apolithóme-nos Dásos ⑬** und auf dem vor der Küste gelegenen Inselchen **Nissiópi**, wo ein Teil des Waldes unter Wasser liegt.

Sígri ⑭ selbst ist ein schönes Fischerdorf mit einem türkischen Kastell (18. Jh.) und netten Badebuchten.

Das Glanzlicht der Gegend ist ***Skála Eresoú ⑮** mit einem wunderschönen, 3 km langen Sandstrand, einfachen Restaurants und preiswerten Zimmern. Da die Dichterin Sappho hier, im antiken *Eresós*, geboren wurde und junge Mädchen unterrichtete, deren Schönheit und Anmut sie in ihren Versen pries, ist der Ort heute ein Anziehungspunkt für lesbische Frauen. In der Antike zierte Sapphos Porträt sogar die Münzen von Eresós.

Der Süden von Lésvos

Am Südende der Insel finden Badegäste in **Vaterá ⑯** den mit 11 km längsten Sandstrand von Lésvos, an dessen einem Ende die alte christliche Basilika **Ágios Fokás** mit der Ruine eines Dionysos-Tempels im Inneren steht. Etwa 8 km

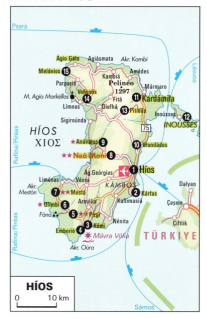

HÍOS

0   10 km

sich der 968 m hohe **Ólimbos**. An seinen Hängen liegt ★**Agiásos** ⑳, ein viel besuchtes „typisches" Bergdorf mit einer schönen Wallfahrtskirche. Am 15. August, dem Marienfest, pilgern Tausende von Gläubigen zu der Kirche. Von Agiásos führt ein Wanderweg (3 Std.) auf den Ólimbos und ein anderer an den Ruinen der antiken Stadt **Paleókastro** vorbei nach Plomári (Tageswanderung).

HÍOS (CHÍOS)

Híos ist eine wunderbare Insel. Schon immer hatte sie eine ganz eigene Atmosphäre. Das „hiotische Leben" war sprichwörtlich gut, ein „hiotisches Lachen" beschrieb eine Person mit sonnigem Gemüt. Die Hioten hatten allen Grund zum Glücklichsein: Sie besaßen eine Heimat mit natürlichen Häfen, einsamen Kies- und langen Sandstränden, Bergen und Wäldern. Auch die Genueser lernten die Schönheit der Insel zu schätzen, als sie 1346 hier ankamen. Während ihr Handelsunternehmen „Maona" den Geschäftsverkehr der Insel regulierte, bauten sie sich südlich der Stadt Híos, in der Ebene Kámbos, Villen. Die Genueser mögen nicht die freundlichsten Herrscher gewesen sein, aber dennoch beschrieb ein Reisender dieser Zeit Híos als „Himmel auf Erden". Und die Türken, die 1566 die Herrschaft übernahmen, waren ebenfalls von Híos begeistert. Es war die Lieblingsinsel der Sultane und erhielt besondere Privilegien und einen so hohen Grad von Autonomie, dass der Lebensstandard höher war als im restlichen Griechenland.

Ein hiotisches Gut, das alle Bewohner schätzten, war und ist der im Süden der Insel üppig wachsende Mastix; die im Vergleich zu Pistazienbäumen niedrigeren Sträucher sondern ein klebriges Harz ab, aus dem im Mittelalter zahlreiche Produkte hergestellt wurden, von Heilmitteln bis zu Kosmetika und Räucherstoffen. Besonders im Harem der Sultane war Mastix beliebt. Híos produziert noch

nördlich von Vaterá liegt **Polhinítos** ⑰ mit seinen Thermalquellen. Die steile Küste im Osten ist imposant. Mit dem Auto gelangt man in den ruhigen Ort **Melínda** ⑱, in dem es einfache Unterkünfte und einen schönen Strand gibt. Die staubige, landschaftlich reizvolle Straße nach Plomári verläuft in großer Höhe.

★**Plomári** ⑲, die zweitgrößte Stadt der Insel, ist besonders ursprünglich geblieben. Ihre Ouzo-Brennereien, vor allem die **Barbagiánnis-Destillerie**, machten sie berühmt. Am Meer befindet sich ein hübscher, von Touristenlokalen gesäumter Platz; etwas außerhalb der Stadt gibt es ein kleines Ouzo-Museum.

Östlich von Plomári liegt der kieselige und sandige Strand **Ágios Isídoros**. Er gilt als der beste der Südküste und ist dementsprechend frequentiert. Im Landesinneren dieses Teils der Insel erhebt

Rechts: Die Schädel der ermordeten Mönche im Kloster Néa Moní auf Híos erinnern an das türkische Massaker an der hiotischen Bevölkerung von 1822.

heute Zahnpasta und Kaugummi aus Mastixharz. Die Mastix-Unterart *Pistachia Lentisicus Var. Chia* wächst nur auf Híos und zwar nur im Südteil, wo die 21 kleinen, mittelalterlichen Städte, deren Wirtschaft sich um die Mastixkultivierung und -produktion dreht, „Mastichochoría" genannt werden. Doch die Nachfrage nach dem Harz ist nicht mehr so groß wie früher.

Heutzutage wird zusätzlich zu den traditionellen Erzeugnissen auch eine besondere „Süßigkeit" aus Mastix hergestellt: eine dickflüssige, weiße Paste, von der ein Löffel voll in ein Glas Wasser taucht wird. Während man an dem leicht aromatisierten Wasser nippt, isst man langsam das klebrige Konfekt, das sich auf dem Löffel gebildet hat.

1821 beschloss die Insel, sich aus dem Unabhängigkeitskrieg, den die griechischen Staaten gegen die Türkei entfachten, herauszuhalten, doch die glücklichen Tage von Híos waren gezählt: 1822 landete die Flotte der Nachbarinsel Sámos auf Híos, rief die Revolution aus und zwang die Hioten, sich auf ihre Seite zu schlagen. Das war ein schwerer Fehler. Die Rebellen waren schlecht ausgerüstet und vorbereitet und von der überlasteten zentralen Führung in Athen kam keine Hilfe. Wütend statuierte der zornige Sultan ein Exempel auf seiner ehemaligen Lieblingsinsel. Im Juni 1822 landete seine Flotte und löschte das gesamte Híos bis auf das Mastixland aus. Die Männer wurden getötet, Frauen und Kinder in die Sklaverei verkauft, Gebäude zerstört.

Das Ausmaß der Tragödie erregte Aufmerksamkeit im kontinentalen Europa. Victor Hugo schrieb ein Gedicht über das Gemetzel (*L'Enfant*) und Eugene Delacroix malte das berühmte Bild *Das Massaker von Chíos* (heute im Louvre), was die Emotionen für die griechische Sache entflammen ließ. Der Sultan versuchte, seinen Fehler wieder gutzumachen, indem er den verantwortlichen General exilierte und an die überlebenden Hioten appellierte, auf die Insel zurückzukehren. Aber der Wiederaufbau war ein langsamer Prozess. Ein schweres Erdbeben zerstörte 1881 viele der alten Gebäude, die von den Türken verschont worden waren. Etliche der heute noch vorhandenen Monumente mußten von Grund auf restauriert werden.

Dennoch hat sich Híos langsam wieder regeneriert. Ein wichtiger wirtschaftlicher Faktor ist seit langem die Reederei, da aber mehr und mehr Schiffe in Panama registriert und mit Matrosen aus Billigländern bemannt werden, verliert sie zunehmend an ökonomischer Bedeutung. Vrondádos und Mármaro im Norden von Híos sowie die Insel Inoússes vor der Küste sind Sitze berühmter Reeder.

Ein bedeutender Wirtschaftszweig ist heute der Tourismus. Dank seiner Größe ist Híos aber nicht überlaufen und bis heute ein Insider-Tipp.

Wie auf vielen Inseln wurden auch hier einst die Städte zum Schutz vor plündernden Piraten ins Landesinnere verlegt. Die Orte im Mastixland etwa haben ihre mittelalterliche Anlage erhalten: mit einer Wehrmauer, gebildet von den Außenmauern der Häuser am Stadtrand, und nur wenigen schmalen, sich ins Zentrum windenden Gassen. Wie schon die Piraten, so lassen sich auch die Besucher leicht täuschen und fahren vorbei. Aber wenn man erst einmal ins Ortsinnere vorgestoßen ist, trifft man in den Cafés am Dorfplatz vor der Kirche mit ihrem Glockenturm Dorfbewohner, die Neuigkeiten austauschen, spielende Kinder und Männer mit Backgammon-Brettern.

Híos-Stadt

Das geschäftige Straßengewirr mit chaotischem Verkehr in einem Teil von **Híos-Stadt ❶** erinnert an einen großen Basar. Voll gepackte Kisten und Säcke mit Gewürzen und anderen Gütern stehen überall herum und scheinen in die Straßen zu drängen. Es gibt sogar eine **Mo-**

Rechts: Xistá-Fassaden demonstrieren den einstigen Reichtum der Mastixdörfer (Pirgí).

schee (sie dient heute als **Byzantinisches Museum** mit zahlreichen steinernen Fragmenten im Innenhof). Die Nähe zur Türkei hat im Lauf der Geschichte zu einer orientalischen Prägung geführt. Die vielen griechischen Bewohner Smyrnas (heute Izmir), die 1923 von den Türken aus Anatolien vertrieben wurden und auf Híos Zuflucht fanden, trugen zum kosmopolitischen Flair bei, das in der Jahrmarktsatmosphäre um den Hafen herum spürbar wird, wo helle Lichter und moderne Häuserblocks dominieren.

Lange vor dem osmanischen Reich bauten die Byzantiner die den Norden der Stadt dominierende ***Festung (Kástro)**, die von den Genuesen weiter ausgebaut wurde. Künstler und Kunsthandwerker bevölkern die kleinen Gebäude, was die mittelalterliche Atmosphäre der ruhigen Pflasterstraßen noch verstärkt. Ein **Museum** im **Justiniani-Turm** (15. Jh.), nahe des schweren Burgtors **Porta Maggiore**, zeigt u. a. alte Ikonen. Vom Turm bietet sich ein schöner Rundblick auf die Stadt.

Aufgrund der Schäden durch das Erdbeben von 1994 ist das Archäologische Museum seit langem geschlossen. Man kann stattdessen die **Bibliothek Korais** besuchen und nebenan das **Heimatmuseum** mit Objekten aus dem traditionellen hiotischen Leben besichtigen.

Der Süden von Híos: Mastichochoría, Néa Moní und Anávatos

Die Ebene im Süden von Híos wirkt eher italienisch als griechisch. In der Saison hängen die Bäume in den Hainen von **Kámbos** voller Zitronen und Mandarinen und die mittelalterlichen Häuser mit ihren verwitterten Terrakotta-Steinen erinnern an den letzten Italien-Urlaub. Leider sind nicht mehr viele von ihnen übrig: Das Erdbeben von 1881 zerstörte vom Erbe der Insel sogar noch mehr als die Türken. Die übrig gebliebenen Häuser sind beliebte Fotomotive, ebenso die alten hölzernen Wasserräder.

Mit einem langem Sandstrand und flachem Wasser ist das nahe **Kárfas** ❷ einer der wichtigsten Ferienorte der Insel. Fährt man weiter an der Küste entlang Richtung Süden, gibt es bei **Kómi** ❸ einen schönen Strand und einen noch besseren bei **Emborió** ❹.

Zwischen den beiden Orten haben Archäologen die Fundamente einer antiken Siedlung ausgegraben. Emboriós Strand **Mávra Vólia** ist mit Kieseln aus schwarzem Vulkangestein bedeckt. Den schönsten Strandabschnitt erreicht man über einen Fußweg. Westlich der Straße von Kómi nach Emborió steht der alte **hiotische Turm**, heutzutage eine Ruine, die schwierig zu finden ist. Eine Legende besagt, dass eine Prinzessin in ihm gewohnt habe, die sich der Wahl ihrer Verehrer durch ihren Vater widersetzte und in diesem Turm ihr Leben in Abgeschiedenheit verbrachte.

Pirgí ❺ ist der größte Ort im Mastixland. Hier kann man am besten die typischen Ornamente bewundern, die das Wahrzeichen der Mastichochoría sind: die *xistá*, mit schwarzem Sand aus Emborió hergestellte schwarzweiße Muster, die die Häuser zieren. Die Muster erwecken den Eindruck, als seien die Fassaden um den Hauptplatz herum gekachelt. Dazu passen die ebenfalls schwarzweißen Kiesmosaike in den Innenhöfen der Häuser. Ein weiterer Höhepunkt im Ort ist die Kirche ***Agía Apóstoli mit ihrem reich verziertem, dekorativem Mauerwerk und Fresken aus dem 17. Jh. Sie wurde nach dem Vorbild der Kirche von Néa Moní, dem berühmtesten Kloster auf Híos, erbaut.

Eine Fahrt durch das Mastixland nach Süden führt nach **Fána**, wo nahe eines ruhigen Strands mit weißem Sand die Steine eines Tempels eine kleine weiße Kapelle umringen, und nach ***Olímbi** ❻ mit seinem alten Festungsturm im Zentrum des Dorfes.

Das besterhaltene Mastixdorf ist ****Mestá** ❼. Es ist nicht ganz so faszinierend wie Pirgí, aber die **Taxiárhis-Kirche**, Mestás älteste, besitzt eine bemerkenswerte geschnitzte Ikonostase.

Westlich von Híos-Stadt stehen zwei der berühmtesten Monumente der Insel: Néa Moní und Anávatos. Das idyllisch in den Bergen gelegene Kloster ****Néa Moní** ❽ (16 km westlich von Híos Stadt) gehört zu den bedeutendsten byzantinischen Schöpfungen der Welt. 1043 von dem byzantinischen Kaiser Konstantin IX. Monomachos gegründet, ist es eines der besterhaltenen Zeugnisse byzantinischer Kunst des 11. Jh., das ein neues, expressives Element in die regulierte Stilisierung der ikonographischen Konventionen brachte. Durch den Niedergang unter den Türken und das Erdbeben von 1881 erlitten die großartigen Mosaiken schwere Schäden, aber viele von ihnen sind inzwischen restauriert worden.

Östlich von Néa Moní lohnt ein Abstecher zum Mönchskloster **Ágios Márkou**, das einen herrlichen Rundblick über die Insel und die türkische Küste bietet.

Das an einem steilen Felshang liegende Dorf ***Anávatos** ❾ ist ausgestorben und heute ein Mahnmal für den griechischen Unabhängigkeitskampf und die Greueltaten der Türken. Busladungen von griechischen Besuchern kommen zum Gedenken hierher. Als die Türken 1822 den Dorfbewohnern und Nachbarn aus der Gegend, die auf den Berggipfel geflohen waren, immer näher kamen, stürzten sich die Frauen lieber über die Klippen, als sich den Türken zu ergeben. Die leeren, nur vom pfeifenden Wind erfüllten Häuser wirken, als wären sie gerade erst verlassen worden.

Der Norden von Híos

Vrondádos ❿ (5 km nördlich von Híos) ist ein bei Schiffseignern beliebter Wohnort, während **Kardámila** ⓫, die zweitgrößte Stadt auf Híos (21 km nördlich von Híos), das Verladezentrum der

Rechts: Die Mosaiken im Kloster Néa Moní sind eindrucksvolle Zeugnisse der byzantinischen Kunst des 11. Jahrhunderts.

Insel ist. Die reichsten Reeder Griechenlands leben auf dem durch einen Kanal von Híos getrennten **Inoússes** ⓬, das man von Mármaro oder Híos-Stadt aus mit der Fähre erreicht. Über 60 einflussreiche Familien residieren hier. Eine Kuriosität in dieser Enklave ist der **Konvent von Evangelismoú**, den eine reiche Reedersgattin nach dem Tod ihrer Tochter bauen ließ. Der Leichnam wird in einem gläsernen Sarg zur Schau gestellt.

Wieder auf Híos, erinnert vieles an einen berühmten Sohn dieser Gegend: Der Dichter Homer wurde vermutlich in dem hiotischen Bergdorf **Pitioús** ⓭ geboren. In Vrondádos bezeichnet der Stein **Daskalópetra** den Ort, an dem der Poet unterrichtet haben soll. Wahrscheinlich war der Stein aber Teil eines antiken Tempels.

Auf der anderen Seite der Berge, im Westen, liegt das in jüngster Zeit schwer von Waldbränden heimgesuchte Dorf **Volissós** ⓮ mit seinem reizvollen Strand **Skála Volissoú**. Der hübsche, etwas verfallene Ort gruppiert sich auf einem Hügel um ein byzantinisches Kastell, wo eines der alten Häuser das von Homer sein soll. Tatsächlich erwiesen ist jedoch nur, das das Dorf von dem byzantinischen General Belisar gegründet wurde.

Fährt man von Volissós etwa 10 km in Richtung Küste, gelangt man zur bedeutenden Wallfahrtskirche **Agía Markéllas**. Sie ist Markélla, der Schutzpatronin der Insel, geweiht. Jedes Jahr findet vom 22.-24. Juli das Fest der Markélla mit großer Wallfahrt und Prozession statt.

Ähnliche Erinnerungen wie mit dem „Geisterdorf" Anávatos verbinden sich mit dem Strand und dem Ort **Melánios** ⓯ an der Nordspitze der Insel, dessen Name „dunkel" bedeutet. Der Überlieferung nach flohen die Leute vor den Türken dorthin, die sie aber bereits erwarteten. Das Gemetzel war so schrecklich, dass sich das Meer vom Blut der Getöteten dunkelrot färbte.

Das nördlich gelegene kleine Bergdorf **Ágio Gála** ist schon seit 7000 Jahren be-

siedelt. Sehenswert sind eine Tropfstein-höhle und eine Kirche aus dem 13. Jh. mit schönen Fresken.

Von hier aus blickt man auf **Psará**, eine kleine Insel mit einem ähnlichen Schick-sal wie Anávatos und Melános. Seine ge-samte Bevölkerung wurde 1824 ausge-rottet. Heute leben wieder etwa 200 Men-schen auf der Insel.

Die Fahrt nach Psará mit der Fähre von Híos-Stadt aus dauert 4 Std. und da es nur wenige Verbindungen gibt, ist das hüb-sche Dorf auf der Insel ein idealer Ort für Ruhe Suchende. Auf Wanderungen kann man das Marienkloster **Kimíseos Theo-tókou** am Nordende der Insel, das von den Türken zerstört und später wieder aufgebaut wurde, sowie die Festung auf der Landzunge hinter dem Hauptort be-sichtigen. Der schöne Strand **Límnos** ist nur 20 Minuten zu Fuß entfernt.

Psará war, wie auch Inoússes, für seine Reederei bekannt. In jüngster Zeit hat das EOT einige der traditionellen Häuser auf der Insel als Touristenunterkünfte herge-richtet.

IKARÍA

Von allen nordostägäischen Inseln ist Ikaría am wenigsten touristisch frequen-tiert. Die bewaldete, gebirgige Insel mit ihren schönen Stränden wird jedoch zu Unrecht etwas vernachlässigt.

Ikaría tendierte schon immer dazu, sei-nen eigenen Weg zu gehen: 1912 erklärte sich die Insel sogar zu einem eigenen Staat, unabhängig von Griechenland und der Türkei, mit eigener Währung und ei-gener Regierung. Aber nach gut vier Mo-naten wurde es Griechenland wieder ein-verleibt. Die Insel ist ein idealer Ort für Individualreisende, die gerne selbst etwas entdecken. Hier gibt es nur wenige Stra-ßen und einige Orte erreicht man nur mit dem Jeep. Auf diejenigen, die sich hier-her wagen und Ikarías versteckten Char-me entdecken, warten als Belohnung die Wildheit der bewaldeten Berge (der höchste, der Ahéras, erreicht immerhin 1037 m), ein Stück „Original-Griechen-land" und traumhafte Strände an der Nordküste.

Oben: Eine Traumbucht für Verliebte bei Thér-ma auf Ikaría.

Ikaría erhielt seinen Namen von Ikarus, dem Sohn des Dädalos. Dädalos war ein mythologischer Vorfahre Leonardo da Vincis und Architekt des Labyrinths des Minotaurs im Palast von Knossós auf Kreta. Als er erkannte, dass ihn König Minos niemals freilassen würde, floh er, indem er für sich und seinen Sohn Flügel aus Wachs und Federn konstruierte. Trotz der Warnung seines Vaters, nicht zu hoch zu fliegen, versuchte Ikarus, bis zur Sonne zu steigen. Der Sonnengott Apollo ließ die Flügel schmelzen und Ikarus auf die Erde herabfallen. Er stürzte nahe Ikarías ins Meer und die historisch unter verschiedenen Bezeichnungen wie „Makris" (groß) oder „Ichthioessa" (voller Fisch) bekannte Insel übernahm seinen Namen. Heute gibt es hier sogar ein Treffen von Flugamateuren, das sich nach Ikarus nennt, obwohl es ein Geheimnis bleiben wird, warum gerade ein Flugwettwerb – noch dazu der griechischen Luftwaffen-Akademie – nach einem der bekanntesten Bruchpiloten der Welt benannt ist.

Des Weiteren ist Ikaría wegen seiner Radonquellen berühmt; auf dem Schild, das die von der Fähre kommenden Passagiere in Ágios Kírikos auf der „Insel des Ikarus" willkommen heißt, stand einst „Insel der Strahlung". Ágios Kírikos liegt zwischen den beiden Städten Thérma und Thérma Lefkádas, die beide über Heilquellen verfügen; eine soll zum Beispiel gut gegen Unfruchtbarkeit sein. Mit der Radioaktivtät ist nicht zu spaßen, eine Quelle in Thérma musste sogar geschlossen werden.

Agíos Kírikos und Umgebung

In **Ágios Kírikos ❶**, dem Hauptort der Insel, bilden ein friedlicher Platz, an dem Einheimische und Feriengäste (vor allem griechische) unter schattigen Bäumen am Wasser sitzen und Backgammmon spielen, wenige enge Seitenstraßen mit ein paar Restaurants, und einige Bäckereien und Lebensmittelgeschäfte den Handels-

Nordostägäis

bezirk der ruhigen Hauptstadt, in der es, so sagt man, mehr Bäume als Leute gibt. Das **Ikarus-Denkmal** und das **Archäologische Museum** sind hier die Hauptsehenswürdigkeiten.

Ágios Kírikos liegt an der Südküste, die ruhiger und felsiger als die häufiger besuchte Nordküste ist. Südwestlich des Ortes befinden sich die reizvollen Dörfer **Xilosírtis** und **Hrisóstomos**; am Strand des nahen **Livádi** ❷ versteckten sich einst ägäische Piraten. Hinter **Plagiá** wird die Straße schlecht, aber nicht so schlecht, dass sie junge Leute davon abhalten würde, sich in **Manganítis** ❸ zu treffen. Lagerfeuer und nächtliche Partys sind hier die Höhepunkte des Sommers.

Östlich von Agíos Kírikos liegt der Kurort **Thérma** ❹. Eine seiner heißen Radonquellen befindet sich in einer Höhle am Hafen. Der Strand ist nicht so schön wie der bei **Fanári** ❺ weiter nordöstlich, wo sich auch der neue Flughafen befindet. Die Nordostspitze der Insel wird von dem weißen Turm (4. Jh. v. Chr.) in **Drákanos** ❻ beherrscht. Hier stehen

auch die Ruinen einer antiken Stadt, dem vermeintlichen Geburtsort von Dionysos. Der Turm gehörte zu einer Festung, die von Admiral Miaoulis bei Zielübungen während des Unabhängigkeitskriegs zerstört wurde.

Der Norden von Ikaría

Der wahre Anziehungspunkt der Insel ist ihre Nordküste. Auf den kurvenreichen Bergstraßen machen sich die Entfernungen auf Ikaría bemerkbar: Von Ágios Kírikos nach Armenistís braucht man auf den stark gewundenen Straßen geschlagene zwei Stunden. Unterwegs gibt es jedoch viel zu sehen, darunter – selbst in der Hochsaison – einsame Buchten mit braunen Sandstränden, die man über steile, unbefestigte Wege erreicht.

Karavóstamo ❼ ist einer der größeren Orte, hat aber dem Besucher weniger zu bieten als das pittoreske Fischerdorf **Évdilos** ❽, der zweite Fährhafen der Insel. Blickt man vom schönen Strand von Évdilos aus nach Westen, wird das Bild

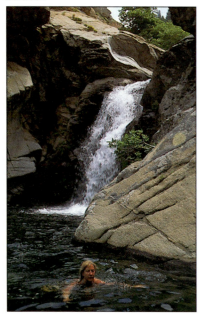

durch die Ausbauarbeiten im Hafen getrübt, aber nach Osten verstellt nichts die Aussicht auf die majestätischen grünen Berge, die eindrucksvoll steil aus dem Wasser ragen. Eine Straße führt landeinwärts nach **Dáfni** und zur byzantinischen Festung **Koskínas** ❾ (nahe dem Dorf Kosíkia) mit der Kirche **Ágios Geórgios**, beides aus dem 10. Jh.

Weinreben auf terrassenförmigen Hügeln künden von der langen Geschichte des Weinanbaus auf der Insel, auf der Dionysos gelebt haben soll. **Oinoë**, die antike Inselhauptstadt, trug den Namen Dionysias; sie existierte von der Antike bis zur byzantinischen Epoche, was man an den Überresten einer byzantinischen Siedlung sehen kann. Heute heißt der Ort **Kámbos** ❿, er hat einen schönen Sandstrand, eine Pension und einige Tavernen, und in seinem Museum sind archäologische Funde zu besichtigen. Etwas weiter

Oben: Ein kühles Bad in der Schlucht von Nás, Ikaría. Rechts: Abendlicher Einkaufsbummel in Sámos-Stadt.

landeinwärts liegt bei **Pigí** das Kloster ★**Theokístis** mit Fresken und einer beeindruckenden Höhlenkapelle, deren Dach von zwei vorspringenden Felsplatten gebildet wird.

An diesem Küstenabschnitt sind die Strände atemberaubend. **Gialiskári** ⓫ ist ein kleines Dörfchen mit ein paar Fremdenzimmern. Die Tavernen am Meer und die wenigen Hotels hier sind schon die höchste Entwicklung des Tourismus auf der Insel. Sie überblicken Strände wie **Messahti** – die Erfüllung des Traums vom Inselurlaub: weißer Sand, der sich sanft zum türkisblauen Meer senkt, und eine winzige Kapelle mit blauer Kuppel am einen Ende der kleinen Bucht sowie die an einem Hügel gelegenen Häuser, Hotels und Restaurants des „Touristenzentrums" **Armenistís** ⓬ am anderen. In den freundlichen Lokalen kann man rasten, bevor man sich schließlich auf den Weg nach ★**Nás** ⓭ macht, einem weiteren hübschen, kleinen Strand, über dem die Fundamente eines antiken Artemis-Tempels liegen (die Bezeichnung „Nás" leitet sich von *naós*, Tempel, ab). Hier sollen einst Nymphen gelebt haben.

Landeinwärts von Armenistís gelangt man zu den bewaldeten Bergen von **Rahes**, einer wilden Gegend mit reißenden Flüssen, Seen und Wasserfällen. Wanderer können einem Flusslauf folgen oder unter Wasserfällen eine erfrischende Dusche nehmen. Vom Hauptplatz des von grünen Bäumen und Hainen umgebenen pittoresken alten Dorfs **Hristós** ⓮ aus hat man einen Rundblick über die Küste. Ganz in der Nähe liegt das **Kloster Panagía Mounde** aus dem 13. Jh.

Auf halbem Weg zwischen Ikaría und Sámos liegen die **Foúrni-Inseln** ⓯, die von Thímena und Ágios Miná flankiert werden. Der geschützte Hafen der Hauptinsel ★**Foúrni** war einst ein Piratennest und ist für seine köstlichen Meeresfrüchte, vor allem Hummer, bekannt. Neben einer kleinen Stadt gibt es schöne Strände bei **Kámbi** und **Hrisomiléa**.

*SÁMOS

Wein, Pinienwälder, passable Kies- und Sandstrände, Altertümer, Jachthäfen und das rege Nachtleben haben Sámos zu einer der beliebtesten Inseln der Ägäis gemacht. Sie bietet für jeden etwas: lebhafte Ferienorte wie Kokkári oder Pithagório, die antiken Ruinen von Heraéon und Bergwanderwege durch alte Dörfer und das dünn besiedelte Gebiet um den Berg Kérkis, den mit 1437 m zweithöchsten Gipfel der Ägäis.

In der Antike galt das Leben auf Sámos als so angenehm, dass der Dichter Menander darüber schrieb: „Selbst die Vögel gaben Milch." Bis auf den heutigen Tag ist das beliebteste Inselgetränk jedoch der Wein. Die Güte des samischen Weins war und ist legendär. Im 16. Jh. war die Insel eine Weile verlassen und der heutige Muskatwein ist eine Neuzüchtung; aber er ist genauso süffig wie einst, und Sámos ist das einzige Anbaugebiet Griechenlands, dessen Weine in Frankreich mit einer *appellation* belohnt wurden.

*Sámos-Stadt und Umgebung

Die geschäftige Hafenstadt *Sámos ❶ verströmt dank ihrer eleganten Hafenpromenade urbanen Charme. Sie ist auch als Vathí bekannt, obwohl dieser Name eher die ältere, **Áno Vathí** genannte Oberstadt bezeichnet, die an ein altes Dorf erinnert. In einem Café am palmenbestandenen Hauptplatz oder im Museumscafé im Stadtpark kann man sich mit kühlen Getränken erfrischen. Glanzlicht des Ortes ist das **Archäologisches Museum** mit seinen Schätzen, besonders aus Heraéon an der Südküste, das zu den bedeutendsten religiösen Stätten der antiken Welt zählt. Prunkstück des Museums ist eine der größten archaischen Kuros-Statuen; sie ist über 5 m hoch (s. Bild S. 33).

Von Sámos-Stadt bieten sich Ausflüge zur Kapelle **Agíi Paraskeví**, zum Kloster **Zoodóhou Pigís** und zur idyllischen Bucht von **Posidónio**, alle drei mit Ausblick auf die türkische Küste, an.

Viele Besucher fahren von Sámos weiter in die beliebtesten Badeorte: Kokkári

SÁMOS

0   5 km

an der Nord- und Pithagório an der Süd-küste. Eine alternative Route nach Pitha-gório führt über **Mitilíni ❷**. Als die Tür-ken im 16. Jh. das damals nahezu unbe-wohnte Sámos – die meisten Insulaner hatten mit den Genuesern die Insel ver-lassen – besiedeln wollten, brachten sie Griechen aus dem ganzen Land hierher. Mitilíni ist einer der Orte, die nach der al-ten Heimat der Siedler benannt wurden, in diesem Fall der lesvischen Hauptstadt. Heute rühmt sich die Stadt ihres moder-nen **Paläontologischen Museums** mit ei-ner liebevoll zusammengestellten Samm-lung von Fossilien, Flora und Fauna.

*Pithagório und die Südküste

Pithagório ❸ war eigentlich die antike Stadt Sámos, aber sie wurde nach dem berühmtesten Sohn der Insel, Pythagoras, umbenannt. Unzähligen Schülergenera-

Rechts: Der Tunnel des Eupálinos, ein Meis-terwerk des Bergbaus aus dem 6. Jh. v. Chr. (Pithagório, Sámos).

tionen ist er durch den „Satz des Pythago-ras" ($a^2 + b^2 = c^2$) bekannt. Aber die Phi-losophie des Pythagoras umfasste ein viel breiteres Spektrum: Er reflektierte über Religion, die Natur der Seele und die Harmonie des Kosmos und übte einen starken Einfluss auf Platon aus. Pythago-ras wurde 580 v. Chr. auf Sámos geboren und verließ es – vermutlich nach einem Streit mit dem Tyrannen Polykrates –, um die antike Welt zu bereisen, bis er im Al-ter auf die Insel zurückkehrte. Vieles er-innert an ihn, so der von hiesigen Töpfern hergestellte „Becher des Pythagoras", der zur Mäßigung mahnen soll: Ist er halb voll, hält er die Flüssigkeit, füllt man ihn jedoch randvoll, entweicht der Inhalt durch ein Loch im Boden.

In der Stadt des Pythagoras spürt man heutzutage nur wenig von der Ernsthaf-tigkeit ihres Namenspatrons: Sie ist ein lebhaftes Ferienzentrum, ohne großarti-gen Stadtstrand – erst am westlichen Ortsrand beginnt der lang gezogene flug-hafennahe Sand-Kiesstrand Potokaki – aber mit einem malerischen Jachthafen.

Der berühmte Herrscher, der die Stadt prägte, hieß Polykrates. Er regierte hier nach 550 v. Chr. und war einer der mächtigsten Männer Griechenlands. Etliche antike Bauten, darunter die **Hafenmole** und die Stadtmauer, wurden unter seiner Herrschaft errichtet. Am faszinierendsten ist der **★★Tunnel des Eupálinos**, ein Kanal, der von zwei Seiten durch einen Berg geschlagen wurde, um das Wasser einer Gebirgsquelle in die Stadt zu leiten; es bedurfte einer erstaunlich präzisen Berechnung, um den über 1045 m langen Tunnel im richtigen Gefälle in den massiven Fels zu hauen. Jeden Tag rangen die Arbeiter dem Fels ungefähr 25 cm ab; die Gesamtbauzeit betrug fünfeinhalb Jahre. Heute darf man ein paar Hundert Meter in den engen Durchgang hineingehen; trotz des elektrischen Lichts ist das nichts für Leute mit Platzangst.

Auf diesem Berg stehen auch das kleine **Kloster Panagía Spilianí** mit einer Höhlenkirche sowie das **Antike Theater**, das leider so restauriert wurde, dass nahezu alles authentische Antike verschwun-

den ist. Seit kurzem gibt es hier ein Musikfestival zu Ehren von Manos Kalomíris, einem Komponisten des 20. Jh., der als „Vater der griechischen Musik" gilt und das Konservatorium in Athen gründete. Seine Familie stammt aus Sámos.

Etwa 8 km östlich von Pithagório liegt bei **Psilí Ámmos ❹** ein sehr schöner, bei Familien beliebter Sandstrand.

Liebhaber von Altertümern finden 6 km westlich von Pithagório an der Küste das **★Heraéon ❺**, das Heiligtum der Hera. Ursprünglich führte die marmorne Heilige Straße von Pithagório hierher, aber es sind nur noch ein paar Hundert Meter erhalten. Kultstätte der Hera war es bereits in der Bronzezeit. Die ersten Tempel datieren aus dem 8. Jh. v. Chr. Das größte Bauwerk stammt aus der Zeit des Polykrates; nachdem ein früherer Bau zerstört worden war (insgesamt gab es hier drei Tempel), baute er den drittgrößten griechischen Tempel aller Zeiten: 25 m hoch und 108 m lang. Heute kündet nur noch eine einzelne Säule von seiner einstigen Pracht. Einige Gipsstatuen

(Originale im Museum in Samos) lassen ahnen, wo die Weihopfer- und Schatzhäuser gestanden haben. In dem Ferienort **Iréo** ❻ gibt es einige nette Tavernen und Pensionen am Sand-Kiesstrand.

Im Landesinneren besitzt das **Kloster Megalí Panagías** ❼ eine wunderbare byzantinische Kirche aus dem 16. Jh. mit schönen, aber beschädigten Fresken. Wenige Kilometer weiter nördlich liegt das malerische **Koumaradéi** mit einer Kräuterfabrik und Teppichknüpfereien.

Über das Bergdorf **Pírgos** und den Pinienwald von **Koutsi** erreicht man bei **Órmos Marathokámbo** ❽ wieder die Touristenstrände. Besonders in **Kámbos** gibt es viele Hotels.

Weiter westlich werden die Strände besser, wie der zweite ***Psilí Ámmos** („feiner Strand"), ein langer Sandstrand voll bunter Sonnenschirme, und der schöne **Limniónas**. Östlich von Psilí

Ámmos, bei **Votsalákia**, kann man über das Kloster **Agía Evangelístria** zum Gipfel des **Kérkis** (1433 m) aufsteigen.

Von Pithagório und Órmos Marathokámbo aus fahren Boote zur vorgelagerten kleinen Insel **Samiopoúla** ❾ mit einem hübschen Sandstrand und einer im Sommer geöffneten Taverne.

Die Nordküste

Sehr beliebt ist das ehemalige Fischerdorf **Kokkári** ❿ mit seinen schmalen Kiesstränden und den Häusern mit roten Dächern; es ist einer der größten Ferienorte der Insel. Die etwas westlich gelegenen Strandbuchten ***Lemonákia** und ***Tsamadoú** sind in der Saison sehr voll.

Von Kokkári aus kann man eine Wanderung zu den Bergdörfern unternehmen, die das Zentrum des samiotischen Weinanbaus sind: Ein längerer Weg führt bergauf Richtung Westen zu dem im 16. Jh. befestigten **Kloster Panagía Vrondá**, „Unsere Mutter der Donner", benannt nach den Stürmen im frühen September.

Oben: Kopien archaischer Statuen im Hera-Heiligtum (Heraéon), Sámos. Rechts: Abends kehrt Ruhe ein am Strand von Kokkári.

152

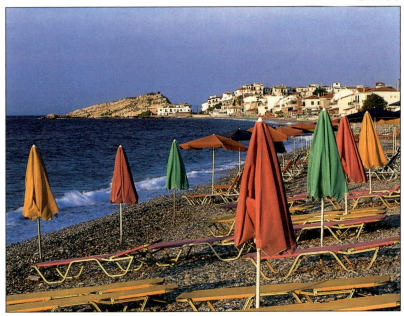

Nordostägäis

(Der Aufstieg von hier zum 1035 m hohen Panoramaberg **Lazaros** dauert 2 Std.) Das sehenswerte **Vourliótes** ⓫ ist das erste der Bergdörfer, ein grüner Ort mit kühlen Quellen und netten Tavernen. Man kann nun das tief eingeschnittene obere „Nachtigallental" queren und nach *Manolátes* ⓬ weiterwandern, das von Weinbergen umgeben ist – im Wandererlokal *Lukas* wird Fasswein ausgeschenkt –, und dann durch das schattige untere „Nachtigallental" zur Küste nach **Platanákia** ⓭ absteigen, so genannt wegen seiner Schatten spendenden Platanen (Gesamtgehzeit ohne Lazaros: ca. 7 Std.). Ein guter Ausflugstipp ist die urige Aussichtstaverne in **Pnáka**, auf halbem Weg an der Bergstraße Kámbos-Vourliótes.

Karlóvasi ⓮ ist die zweite Hafenstadt der Insel. Sie teilt sich in die neue, mittlere und alte Stadt. Der Hafen wirkt trotz seiner Hotels und Lokale etwas trostlos. In **Néo Karlóvasi**, der „neuen Stadt", gibt es verlassene Gerbereien aus dem frühen 20. Jh. sowie einige große neue Kirchen wie **Panagía Mirtidiotissa**. Das auf einem Hügel gelegene **Paléo Karlóvasi** (alte Stadt) hingegen wirkt wie ein hübsches Dorf, wo man in einem Café sitzen oder zur weißen **Kirche Agía Triáda** oben auf dem Hügel spazieren kann.

Es lohnt sich, von Karlóvasi per Bus, Auto oder zu Fuß die 2 km Richtung Westen nach **Pótami** zurückzulegen, einem hübschen Strand, bewacht von einer weißen, über der Küste thronenden Kapelle. Eine unbefestigte Straße führt weiter zu den noch schöneren Stränden **Mégalo Seitaní** und **Míkro Seitaní**. Hier an der Westküste findet man einige der reizvollsten Landschaften und Strände von Sámos; für Wanderer gibt es alte Pfade, die sowohl an der Küste entlang als auch bergauf ins Landesinnere führen, z. B. ins Weinbauerndorf **Kosmádei** (Taverne mit Aussicht). Bevor man sich in entlegenere Ecken begibt, sollte man sich nach Unterkunfts- und Verpflegungsmöglichkeiten erkundigen; im abgelegenen Bergdorf **Drakéi** am Fuß des **Kérkis** (1433 m) gibt es kaum Infrastruktur, für Verpflegung muss man bis **Kallithéa** gehen.

LÍMNOS (☎ 0254)

ℹ Tel. 22315, Fax 24100. **Touristenpolizei**, Tel. 22200.

📷 *FLUGZEUG:* Flughafen 9 km nordöstl. von Mírina, Tel. 31202. Flüge nach Athen, Thessaloníki, Lésvos; im Sommer Charterflüge. *SCHIFF:* Fähren nach Kavála, Thessaloníki, Piräus, Rafína, Lésvos, Sámos, Híos zu und zu einigen Dodekanes-Inseln.

🛏 MÍRINA: 😊😊😊 **Akti Mirina**, Tel. 22681. Luxuriös, alle Annehmlichkeiten, direkt am Strand. 😊😊 **Afrodite Appartements**, Tel. 23141. Kleine Studios, nahe dem Hafen. **Katsaraki**, Tel. 24508, 51700. Zentral, gemütlich. **THÁNOS:** 😊😊 **Villa Thanos Beach**, Tel. 23496, 25028, am Strand. Schöne Zimmer.

🍴 MÍRINA: O **Glaros**, am Hafen. Fischtaverne mit schöner Terrasse.

🏛 **Archäolog. Museum**, Mírina, Di-So 8.30-15 Uhr.

LÉSVOS

MITILÍNI UND UMGEBUNG (☎ 0251)

ℹ EOT, Aristarhou 6, Tel. 42511, Fax 42512.

📷 *FLUGZEUG:* Flughafen 8 km südl. von Mitilíni; Flüge nach Athen, Thessaloníki, Límnos, Híos. Auch Charterflüge. **Olympic Airways:** Tel. 28659. *SCHIFF:* Regelmäßig nach Piräus, Thessaloníki, Límnos, Híos, Sámos, Ikaría, Pátmos und Aivalic (Türkei). **Hafenbehörde Mitilíni:** Tel. 28659. *MIETWAGEN:* **Payless**, Koudouriotou 49. **Just Rent-a-Car** (billiger), Koudouriotou 47, Tel. 43080. *BUS:* Langstreckenbusse fahren von der Venizelou-Straße am Stadtpark ab (Tel. 28873); Stadtbusse vom Hafen (Tel. 28725).

🛏 MITILÍNI: 😊😊 **Loriet** (auch Laureate), Tel. 43111, Fax 41629, Variá, an der Hauptstraße, 3 km südl. von Mitilíni. Zimmer in einem 150 Jahre alten Herrenhaus; hinten Bungalows mit Blick auf den Pool. 😊😊 **Sappho**, Tel. 28415. Nahe des Fähranlegers.

🍴 MITILÍNI: Gute Fischtavernen an der Hafenpromenade, z. B. **Dimitrakis** am südl. Ende der Promenade.

🏛 MITILÍNI: **Archäologisches Museum**, Argiri Efaliotli, Tel. 22087, Di-So 8.30-14.30 Uhr. **Byzantinisches Museum**, Agiou Therapontou (hinter der Kathedrale), Tel. 28916, Mo-Sa 10-13 Uhr. **Kástro** (Burg) & **Theater**, Di-So 8.30-15 Uhr. **VARIÁ: Tériade-Museum**, Tel. 23372, Di-So 9-14, 17-20 Uhr. **Théophilos-Museum**, Di-So 9-13, 16.30-20 Uhr.

MÍTHIMNA UND DER NORDEN (☎ 0253)

ℹ Am Ortseingang, Tel. 71347.

🛏 MÍTHIMNA: 😊😊😊 **Delfinia**, 1 km südl. der Stadt, Tel. 71502, Fax 71524. Pool, Tennisplatz, Restaurant,

Strand. **Olive Press**, Tel. 71205, Fax 71647. Ehemalige Olivenpresse am Strand. 😊😊 **Adonis**, Tel. 71866, Fax 71636. Sauber, gemütlich. 😊 **Giorgos Arapis**, Tel. 71072, Vermietung von **Motorrädern** und Zimmern mit Balkon u. Kochnische. **EVTHALOÚS:** 😊😊 **Golden Beach**, Tel. 71879, Fax 72044. In einem byzantinischen Kloster am Strand. **PÉTRA: Frauenkooperative von Pétra**, Tel. 41238, Fax 41309, Zimmer/Appartements in verschiedenen Preisklassen.

🍴 MÍTHIMNA: O **Krinos**, Agorá, Tel. 71135. Nur abends, bestes Lokal der Stadt. **Melinda**, Agorá, sehr gute internat. Küche, zentral. **EVTHALOÚS: Anatoli**, Tel. 71181. **PÉTRA: Frauenkooperative**, Tel. 41238, Essen auf einer Terrasse über dem Platz.

PLOMÁRI UND DER SÜDEN (☎ 0252)

🛏 ÁGIOS ISÍDOROS: 😊😊 **Sea Sun**, Studios u. Appartements, 1 km östl. des Ortes, Tel. 31755, Fax 32234. Schöner Rasen mit Blumen, vernünftige Preise. **MELÍNDA:** 😊 **Maria's**, Taverne und Zimmer, Tel. 93239. Abgelegene Taverne mit einsamem Strand.

🍴 ÁGIOS ISÍDOROS: **Taverna Finikas**, Tel. 33123. Hier essen die Griechen. **PLOMÁRI: Platanos**, an der Platía. Unter einer Platane, gute griechische Küche.

HÍOS (☎ 0271)

HÍOS-STADT

ℹ EOT, Kanari 18, 82100 Híos, Tel. 44389, Fax 44343 (bis 14.30 Uhr geöffnet, im Sommer länger).

📷 *FLUGZEUG:* Flughafen ca. 3 km südl. von Híos-Stadt; Flüge nach Athen und Charterflüge. *SCHIFF:* Fähren nach Piräus, Kavála, Rafína, Çesne (Türkei), Pátmos, Léros, Kálimnos, Kós, Rhódos. Fähren und Tragflügelboote nach Sámos, Lésvos, Ikaría, Foúrni, Psará. *MIETWAGEN:* **Vassilakis Bros**, Venizelou 15, Tel./Fax 25659; in Kárfas: Tel. 32284.

🛏 😊😊😊 **Golden Sand**, 6 km südl. von Híos-Stadt, Tel. 32080, Fax 31700. Am Strand von Kárfas, Pool, Gartenlokal, Bar. 😊😊 **Kima**, Prokimea (am Hafen) Tel. 44500, Fax 44600. Alte Villa, zentral, viel Atmosphäre. **Chandris**, Prokimea, Tel. 44401-11, Fax 25768. Betonklotz mit Pool. 😊 **Rooms Alex**, Livanou 29, Tel. 26054. Viele Stammgäste, einfach, herzliche Gastfreundschaft.

🍴 HÍOS-STADT: **Agrifoglio**, Stavrou Livanou 2, Tel. 25845. Edel-Italiener, teuer. **Theodosiou**, direkt an der Fähre, fantastisches Essen. Legt man auf Speisekarten und schöne Einrichtung Wert, geht man besser genüber zu **Apoplous**. **Two Brothers**, Ecke Livanou/Venizelou. Gutes Essen, in einem Garten.

🏛 **Justinianisches Museum**, Wechselausstellungen. **Bibliothek Koraís/Argentis-Volkskundemu-**

seum, Korai 2, Tel. 44246, Mo-Fr 8-14, Fr auch 17-19.30, Sa 8-12 Uhr.

RUND UM HÍOS (☎ 0271)

📧 **PIRGÍ: Frauenkooperative**, Tel. 72496; **Ritas**, Tel. 72479. Beide vermitteln Zimmer unterschiedlicher Kategorien. **MESTÁ:** 4 EOT-Gästehäuser, Auskunft: Paradosiakos Ikismos, EOT Box 25, Híos 81100, Tel. 76319. **VOLISSÓS: Stella Tsakina**, Tel. 21413, Fax 21521, Appartementvermittlung.

❌ **KÁMBOS: Marvorkordatiko**, Tel. 32900. Taverne, auch Zimmer. **EMBORIÓ: Volcano**, Tel. 71136. Attraktiv, großartiges Essen. **MESTÁ: O Morias**, Hauptplatz. Stimmungsvolle Taverne. **VOLISSÓS: Limnia Taverna**, Tel. 0274/21315. „In"-Taverne am Meer.

🏛 **Néa Moní** (Byzantinisches Kloster), 17 km westl. von Híos-Stadt, tägl. 8-13, 16-20 Uhr.

PSARÁ (☎ 0272)

📧 Das EOT hat das Parlamentsgebäude in ein **Gästehaus** mit 18 Betten umgebaut, Tel. 61293, 61181.

IKARÍA (☎ 0275)

🏠 *FLUGZEUG:* Flughafen bei Fanári. Tägl. Flüge nach Athen und Sámos. *SCHIFF:* Fähren nach Piräus, Sámos, Foúrni, zu einigen Kykladen- und Dodekanes-Inseln. *BUS:* Ein- bis zweimal tägl. von Ágios Kírikos nach Armenistís und zurück (eine Strecke 2 Std.).

ÁGIOS KÍRIKOS

📧 😊😊 **Hotel Kastro**, Tel. 23480, Fax 23700. Einziges „richtiges" Hotel im Ort, hilfsbereites Personal. ❌ **Dedalos**, Tel. 22473, am Dorfplatz, köstlich. **Klimataria** ist ebenfalls zu empfehlen.

NORDKÜSTE

ℹ **ARMENISTÍS: Marabou Travel**, Tel. 71460, Fax 71325, Wanderungen, Unterkunft, Transport. 📧 **GIALISKÁRI:** 😊😊 **Messakti Village**, Tel. 71331. Bestes Hotel der Insel unweit eines Traumstrands. **ARMENISTÍS: Dolihi Appartements**, Tel. 41450, Fax 41451. Meerblick u. Kochnischen. **Hotel Daidalos**, Tel. & Fax 41410. Klassischer Komfort. ⛺ **Campingplatz** östl. von Armenistís, ohne Telefon, ohne Namen, aber direkt am Strand.

SÁMOS (☎ 0273)

🏠 *FLUGZEUG:* Flughafen 2 km südwestl. von Pithagório. Tägl. nach Athen und Thessaloníki, Charterflüge. **Olympic Airways**, Tel. 61219. *SCHIFF:* Sámos hat

drei Häfen: Karlóvasi (Fähren nach Piräus, Ikaría, Híos, Foúrni, Lésvos und zu einigen Kykladen), Pithagório (Dodekanes, Híos, Foúrni, Ikaría, Lésvos) und Sámos-Stadt (Vathí): Kusadasi (Türkei), Piräus, Thessaloníki, Ikaría, Foúrni, Híos, Kykladen, Dodekanes. Tagesausflüge in die Türkei (Kusadasi) sind möglich. *MIETWAGEN:* **Speedy Rent a Car**, Pithagório, Tel. 61502, Fax 61042, preisgünstig, hilfreich.

SÁMOS-STADT (VATHÍ)

ℹ **EOT**, 25 Martiou, Tel. 28530, Mo-Fr 9-15 Uhr. 📧 😊😊 **Eolis**, Themistokli Sofouli, Tel. 28904, Fax 28063. Pool auf dem Dach. 😊 **Pithagoras**, Kalistratou, Tel. 28601, Fax 28893. Sauber, mit Bad, Hafennähe. ❌ **Gregori**, Mikalis 5, Tel 22718. **Ta Kotopoula**, Ecke Mikalis/Vlamaris, Tel. 28415, Terrasse mit Weinreben. 🏛 **Archäologisches Museum**, Di-So 8.30-15 Uhr.

PITHAGÓRIO

📧 😊😊😊 **Dorissa Bay Village**, 1 km westl. von Píthagório, Tel. 61360, Fax 61463. Luxuriöser Komplex inkl. eines nachgebauten griechischen Dorfs. 😊😊 **Stratos**, Konstandínu Kanari, Tel. 61157, Fax 61881. Zentral, relativ ruhig. **Labito I u. II**, Dimitrou Rafalia, Tel 61086, Fax 61085. Zwei ruhige Hotels in der Altstadt. ❌ **Vegera**, Tel. 61436. Edel, am Hafen. **Family House Restaurant**, Konstandínu Karnari, Tel. 62260. Gutes Preis-Leistungs-Verhältnis. **IRÉO: Ireon Restaurant/Taverna**, Tel. 95361. Gute Fischgerichte. 🏛 **Eupálinos-Tunnel**, nördl. von Pithagório, Di-So 9-14 Uhr. **Heraéon-Tempel**, Di-So 8.30-15 Uhr. **Megáli-Panagías-Kloster**, Mo-Sa 9.30-13, 14.30-16.30 Uhr. **Paläontologisches Museum**, Mitilíni, Mo-Fr 9-14, 17-19, Sa 9-14, So 10.30-16.30 Uhr.

SÜDKÜSTE

📧 **ÓRMOS MARATHÓKAMBO:** 😊 **M. Vourliotou**, Tel. 37427, Fax 37073. Zimmer über einer Hafentaverne. **KÁMBOS:** 😊😊 **Alexandra**, Tel. 37131, Fax 34895. Attraktives Hotel am Meer. **LIMNIÓNAS:** 😊😊😊 **Limionas Bay**, Hotel/Appartements, Tel./Fax 37057. Idyllisch an schönem Strand, Pool. ❌ **ÓRMOS MARATHÓKAMBO: Klimataria**, Tel. 37263. Gute Hausmannskost. **LIMNIÓNAS: Limionas**, Tel. 37096. Strandtaverne.

NORDKÜSTE

📧 **KOKKÁRI:** 😊 **Frangos**, Tel. 92257. Sauber, am Strand. **KARLÓVASI:** 😊😊 **Erato**, Tel. 34600, Fax 35180. Maisonettes, günstig, am Strand. ❌ **KOKKÁRI: Farmer's Restaurant**, an der Hauptstraße. Gut, aber teuer. **KARLÓVASI: Ouzeri Kima**, Odós Kanári. Gute Meeresfrüchte.

Nordostägäis

DODEKANES

PÁTMOS / LIPSÍ

LÉROS / KÁLIMNOS

ASTIPÁLEA / KÓS

NÍSIROS / TÍLOS

RHÓDOS

SÍMI

KÁRPATHOS / KASÓS

KASTELLÓRISO

Der Dodekanes, die südöstliche Kette der Ägäischen Inseln, die sich die türkische Küste entlangzieht, ist ungenau benannt: die „zwölf Inseln" (*dodeka nisi*) sind in Wirklichkeit 15 große und etwa 50 kleinere, dünn besiedelte oder unbewohnte Eilande.

Die Inseln hatten, besonders in den letzten 200 Jahren, eine bewegte Geschichte. Ungeachtet seiner wichtigen Rolle im griechischen Unabhängigkeitskrieg wurde der Dodekanes 1830 im Londoner Protokoll der Türkei zugesprochen. Später, als die Inselgruppe unter der türkischen Herrschaft einen gewissen Grad an Autonomie erreicht hatte, ging sie nach dem italienisch-türkischen Krieg von 1911 an Italien über. Bis 1943 gehörten die Inseln zu Italien, das seine neoklassizistische Architektur mit futuristisch-faschistischen Elementen hinterließ, so den Hafen von Lakkí auf Léros, der wie eine Filmkulisse aus den 1930er Jahren wirkt.

Der wechselvollen Geschichte zum Trotz fühlten sich die Dodekaneser immer als Griechen. Die verschiedenen Herrscher haben das Nationalbewusst-

Vorherige Seiten: Wie Logen in einer Oper säumen die klassizistischen Häuser von Sími den Hafen. Links: Den Ofen heizen für das Ostergebäck (Ólimbos, Kárpathos).

sein eher noch gestärkt; die Inseln des Dodekanes sind trotz der vielen Spuren, die fremde Mächte hier hinterlassen haben, ganz besonders griechisch geprägt.

Die meisten Pauschaltouristen reisen nach Pátmos, Kos und Rhódos und besuchen einige der schönsten Inseln – wie Kálimnos, Nísiros und Sími – nur auf Tagesausflügen. Aber ganz gleich, ob man beliebte Touristenziele wie Líndos auf Rhódos ansteuert oder die Einsamkeit des winzigen Lipsí bevorzugt – auf dem Dodekanes kann man einen herrlichen Urlaub verbringen.

**PÁTMOS

„Insel der Apokalypse" scheint ein unheilvoller Beiname für einen solch erhabenen, ja heiligen Fleck Erde wie Pátmos zu sein. „Apokalypse" bezieht sich jedoch auf den hl. Johannes, der in einer Höhle hier 95 n. Chr. seine Vision vom Untergang der Welt gehabt haben soll. Pátmos erfreut sich nichtsdestotrotz immer größerer touristischer Beliebtheit. Die beiden dicht besiedelten Hafenorte – Skála und Pátmos (Hóra) mit dem auf dem Gipfel über der Stadt thronenden Kloster – lassen kaum vermuten, dass man im Norden und Süden der Insel Ruhe und Einsamkeit findet; felsige Landzungen reichen ins Meer hinein und um-

Dodekanes

schließen die leeren Strände und Buchten; dazwischen liegen malerische Dörfer mit rustikalen Tavernen. Die Insel ist nur 15 km lang, man kann sie also sehr gut erwandern oder mit dem Mountainbike erforschen.

In der antiken Welt war Pátmos der Ort, wo Orestes vor den Furien Zuflucht suchte und sich unter den Schutz der Inselgöttin Artemis stellte. Eine Schrifttafel aus dem Artemis-Tempels findet sich im Klosterschatz, eine weitere dient als Türschwelle zur Marienkapelle.

Ausgrabungen auf dem **Kastélli**, dem sich hinter Skála erhebenden Hügel, ergaben, dass Pátmos bereits in der Bronzezeit besiedelt war. **Skála ❶** entstand jedoch erst im 20. Jh.; davor war nur das hoch gelegene Pátmos (Hóra) bewohnt, dessen Klosterburg Schutz vor Piraten bot. Skála ist heute die größte Stadt auf Pátmos mit zahlreichen Hotels und Res-

Oben: Das Kloster des heiligen Johannes – Trutzburg und ein Labyrinth von Kapellen zugleich (Pátmos).

taurants. Der Hauptplatz wird von einem Verwaltungsgebäude im italienischen Stil dominiert. Hier sind die Post, die Zollbehörde und die Touristeninformation untergebracht. Die engen Gassen dahinter sind von Geschäften gesäumt, angefangen von Ikonen-Läden bis hin zu einer Anzahl Bäckereien, die Käsepasteten und *Poungi*, eine Teigtasche, die mit Nüssen und Honig gefüllt ist, verkaufen.

Von Skála sind es ca. 4,5 Autokilometer nach Pátmos (Hóra). Wanderer können die alte, 1794 erbaute Steinstraße benutzen – eine Abkürzung, da der Weg ohne die Haarnadelkurven der Autostraße auskommt. Der Fußweg von Skála aus ist nicht gut beschildert: Wenn Sie vom Platz in der Stadtmitte der Hauptstraße folgen, werden Sie nach ca. 10 Min. die Steinstraße sehen, die rechts von ihr abgeht – eine schöne, aber steile Strecke unter Bäumen.

Auf halbem Weg nach Pátmos befindet sich die **Grotte des hl. Johannes**. Die „Grotte" ist heute eine Kapelle im Herzen des ***Klosters Apokálipsis ❷**. Man muss

PÁTMOS / LIPSÍ

0   5 km

Dodekanes

einige sehr steile Stufen hinabsteigen, um zum Eingang zu gelangen; das Innere des Raumes besteht aus dem ursprünglichen Fels. Hier hörte Johannes, der von Kaiser Domitian nach Pátmos verbannt worden war, 95 n. Chr. die Offenbarung im Schlaf; er diktierte sie seinem Schüler Próchoros. Im Fußboden ist eine Stelle, auf die Johannes angeblich seinen Kopf legte. Auch das sogenannte Felspult, an dem Próchoros geschrieben haben soll, ist zu besichtigen.

1713 wurde in den Gebäuden um die Grotte herum die **Patmias-Schule** gegründet. Sie war die erste offizielle Schule für griechische Dichtung und Philosophie, aus der einige der größten griechischen Denker hervorgingen. Außerdem wurde hier der Keim für jene Ideen gelegt, die 1821 zum Kampf um Griechenlands Unabhängigkeit führten. Die Italiener schlossen die Schule; 1947 wurde sie in Form eines Priesterseminars in einem modernen Gebäude wieder eröffnet.

Pátmos (Hóra) ❸ wird vom **★★Kloster des hl. Johannes** (Ágios Ioánnou Theo-

lógou) beherrscht, das wie eine Trutzburg auf dem Berggipfel steht und die ganze Insel überblickt. Obwohl die Apokalypse-Grotte schon früh ein beliebtes Pilgerziel war, entwickelte sich Pátmos erst ab 1088, als der Mönch Christodulos dieses Kloster erbaute, zu einem christlichen Zentrum. Das Johanneskloster wurde seither ständig erweitert, was zu einem architektonischen Mischmasch führte; Schichten um Schichten alter Fresken in verschiedenen Stadien der Restauration finden sich hier. Das Kloster ist noch bewohnt und wird vor allem in der Hauptsaison von zahlreichen Tagesausflüglern (darunter viele Kreuzfahrttouristen) besucht. Es ist um einen mit Kieseln gepflasterten, von Loggien umgebenen Hof angelegt. Da dem orthodoxen Ritual nach die Messe nicht mehr als einmal am Tag am selben Altar gelesen werden darf, besitzt das Kloster zehn Kapellen. Glanzlicht ist die vom Haupthof her zugängliche **Marienkapelle**, in der sich einige der ältesten Fresken des Klosters befinden. Eine Seitenkapelle ist dem hl. Christodulos gewidmet und seine Gebeine, seine Schuhe und sein Wanderstab werden in einem Silbersarg aufbewahrt. Die Hauptkirche des Klosters, **Katholikón**, beherbergt eine hoch verehrte Johannes-Ikone aus dem 12. Jh. Das **Refektorium** besitzt herrliche Fresken und in der **Schatzkammer** sind einige kostbare Gegenstände ausgestellt, darunter eine Reihe kretischer Ikonen, die Zeugnis von Pátmos' einst blühendem Handel mit dieser Insel ablegen. Eine sehr schöne Mosaik-Ikone aus dem 11. Jh. vom hl. Nikolaus gehört zum ältesten Besitz des Klosters. Daneben gibt es eine Ikone von Christus in Ketten, die dem jungen El Greco zugeschrieben wird.

In der Stadt stehen Dutzende weiterer Kirchen, allerdings sind die meisten abgeschlossen und es ist nicht immer einfach, den Schlüssel aufzuspüren. **Zoodóhou Pigís** war das erste Nonnenkloster der Insel. Es wurde 1607 gegründet, floriert heute noch und hat einige besonders schöne Fresken. Die **Ágios-Dimitrios-Kirche** lohnt ebenfalls einen Besuch. Im Museum, das im **Sitz der Simantiri-Familie** (17. Jh.) eingerichtet wurde, kann man das Innere eines einheimischen Hauses besichtigen. Etwas außerhalb der Stadt liegt das **Mariä-Verkündigungs-Kloster** (Evangelístria), das 1937 auf dem Gelände einer früheren Einsiedlerklause errichtet wurde und heute eines der aktivsten Klöster Griechenlands ist.

Auf dem Berggipfel zwischen Skála und dem beliebten Strand von **Míloï ❹** steht der reizvolle Kirchenkomplex **Panagía Koumana**. Über dem Kloster prangt ein blaues Neonkreuz, das nachts auf Skála hinunterleuchtet.

Kámbos ❺ ist der Hauptort im Norden mit Tavernen und einem beliebten Strand. Ansonsten wird dieser Teil der Insel von wilden, einsamen Felslandschaften geprägt. Wer im Vorgebirge wandert, wird

Rechts: Im Hafen von Lipsí – Angelschnüre werden mit Ködern versehen.

mit herrlichen Blicken aufs Meer und den Küstenstreifen, dem drei kleine Inseln vorgelagert sind, und auf die ruhigeren Strände wie **Vágia** und **Livádi Geránou**, östlich von Kámbos, oder **Léfkes** an der Westküste, belohnt. An der Nordküste liegt der wegen seiner farbenprächtigen Kiesel bekannte **Lámbi-Strand**.

Der hübsche Hafenort **Grígos ❻** südlich von Pátmos hat das Flair eines Seebads; man kann hier segeln und windsurfen. An einem Ende der Grígos-Bucht ersteckt sich ein schmaler Sandstrand bis zum imposanten **Kalikátsu-Fels**, in den Stufen hineingehauen sind und an dessen Fuß sich eine Höhle befindet, in der wahrscheinlich einst Einsiedler wohnten.

Im Süden stößt eine Halbinsel ins Meer vor, mit Pátmos verbunden durch eine schmale Landenge, an der sich der sandige **Diakófti-Strand** entlangzieht. Südwestlich dieses Strandes, auf der Südseite der Stavrós-Bucht, liegt der feinsandige Strand **Psilí Ámmos**, der schönste der Insel und zugleich ihr inoffizieller FKK-Strand. Er ist am leichtesten mit dem Boot von Skála aus zu erreichen.

LIPSÍ

Lipsí ist ein perfekter Ort, um alles hinter sich zu lassen. Die nur 16 km^2 große, hügelige Insel mit ihren Oliven- und Feigenhainen, schönen Stränden und hübschen blauweißen Kapellen und Kapellchen ist in ihrer Ursprünglichkeit einfach bezaubernd.

Der Haupthafen hat einige touristische Annehmlichkeiten, aber sonst gibt es kaum richtige Dörfer auf der Insel. Man kann alles erlaufen. Einige Kirchen sind zu besichtigen und die Ausflugsboote im Hafen fahren zu Stränden, die anderweitig nicht zu erreichen sind, darunter die Strände der kleinen unbewohnten Inseln **Pilavi ❼** und **Mákri ❽**. Letztere ist wegen ihrer Brandungstore bekannt. Auf der Insel **Arkí ❾** leben noch etwa 40 Menschen; es gibt drei Tavernen, die auch

Fremdenzimmer vermieten. Arkí unmittelbar vorgelagert ist das nur von zwei Tavernen mit Fremdenzimmern bestandene **Márathi ⑩** mit einem kleinen, schönen Strand, der im Sommer das Ziel zahlreicher Tagesausflüger von Lípsi und Pátmos ist.

Die Insel Lípsi lebt vor allem vom Fischfang und vom Tourismus; zunehmend wird wieder Wein angebaut. Am Wochenende nach dem 15. August findet alljährlich ein Weinfest statt.

Tagesausflügler können in dem Ort **Lipsí ⑪** das kleine **Volkskundemuseum** und die **Hl.-Johannes-Kirche** besichtigen, die von in die USA emigrierten Bewohnern gespendet wurde. Sie steht in der Dorfmitte in der Nähe des **Emmanolis-Xanthos-Denkmals**. Xanthos war ein Sohn Lipsís, der 1821 für die Freiheit Griechenlands kämpfte.

In der Nebensaison beherbergt die Johannes-Kirche auch Lipsís wundertätige Ikone, die den Sommer über in der außerhalb der Stadt gelegenen **Panagía tu Haru** (17. Jh.) aufbewahrt wird. Die Iko-

ne besteht aus getrockneten Lilienknollen, die jedes Jahr im August erblühen, ein Ereignis, dem zu Ehren ein Kirchenfest stattfindet.

Die großen Strände der Insel erstrecken sich auf der Ostseite vom malerischen **Hohlakoúra** nach **Xirókambos** und auf der Westseite von **Katsadiá** nach **Papantria**. Bricht man von Lipsís Hafen nach Westen auf, gelangt man zu den Stränden von **Lendoú** und **Kámbos**. Von dort ist es eine knappe Stunde bis zum **Platís Gialós** an der Nordküste, der eine seichte blaue Bucht umrahmt. Auf einem Fußpfad unter Bäumen kommt man nach **Mosháto** mit einer weiteren Badestelle.

LÉROS

Léros ist in vielerlei Hinsicht anders als die übrigen Inseln des Dodekanes – im guten wie im schlechten Sinn. Viele Jahre lang war der Name der Insel für die Griechen gleichbedeutend mit „Klapsmühle" – wegen der großen Nervenheilanstalt, die hier untergebracht ist. Dank

LÉROS

0   5 km

Häuser ab und errichteten Bauten, die ein Musterbeispiel futuristischer Architektur sind. Die heute verfallenen weißen Häuser mit ihren bauchigen Mauern – darunter ein **Glockenturm**, ein **Zollhaus** und eine **Grundschule** sowie das heruntergekommene ehemalige **Hotel Roma** – wirken wie futuristische Filmkulissen. Heute ist Lakkí im Wandel begriffen und es bestehen Pläne, einige der abgerissenen Gebäude wieder aufzubauen, die ursprünglichen Terrazzo-Bürgersteige neu anzulegen und den Ort herauszuputzen. Derzeit hat er immer noch eine militärische Atmosphäre, die durch das theatralische **Denkmal der Gefallenen** nahe am Meer und die ab und zu im Hafen anlegenden Kriegsschiffe noch verstärkt wird.

In der Nähe von Lakkí, Richtung **Lépida**, befindet sich die berühmt-berüchtigte Nervenheilanstalt. Nachdem vor einigen Jahren ein Fernsehteam über die zweifelhaften Methoden der Anstalt berichtet hatte, kamen Ärzte aus anderen EU-Ländern, um das Personal zu beraten. Das Gelände, auf dem sich auch ein Sommerhaus Mussolinis befindet, wurde inzwischen der Öffentlichkeit zugänglich gemacht. Es liegt rechts von der südlich nach Xirókambos führenden Straße.

Xirókambos ❷ ist ein sehr hübsches Fischerdorf, an einer Bucht gelegen und mit einigen der ältesten Ruinen der Insel. Oberhalb des Dorfes steht die alte Festung **Paleókastro**, neben der sich auch die Ruinen einer **Akropolis** befinden, die wahrscheinlich aus der mykenischen Epoche stammt. Festung und Dorf hatten ihre Blütezeit im 4. Jh. v. Chr. Eine jüngere Attraktion ist die Höhlenkirche **Panagía Kavourádena** südöstlich des Ortes, die auf halber Höhe eines steil zum Meer hin abfallenden Felsens liegt. Diese „Kirche der Madonna der Krabben" wurde wahrscheinlich so benannt, weil ein Krabbenfischer hier eine Ikone fand.

Im wörtlichen wie übertragenen Sinn ist **Plátanos** ❸ der Mittelpunkt der Insel. Es liegt unterhalb des vom byzantini-

seiner strategisch günstigen Lage und der vielen natürlichen Hafenbecken war Léros ein begehrter Marinestützpunkt für die Besatzungsmächte. In den Jahren vor dem Zweiten Weltkrieg bauten die Italiener den Hafen von Lakkí aus, eine Entwicklung, die 1943 in der Schlacht von Léros ihren tragischen Höhepunkt fand. Deutsche Bomben hagelten auf die aus dem 14. Jh. stammende Festung oberhalb von Plátanos, wo sich zu diesem Zeitpunkt die Flugabwehrgeschütze der Alliierten befanden. Und so richtete ein Krieg des 20. Jahrhunderts mehr Schaden an als alle Heimsuchungen in früherer Zeit.

Heute entdecken immer mehr Touristen die schöne Insel, die lange Zeit schmählich vernachlässigt wurde.

In **Lakkí** ❶ legen die großen Fähren an. Als die Italiener 1923 die Insel übernahmen, erkoren sie Lakkí zu ihrer „Stadt der Zukunft": sie rissen die bestehenden

Rechts: Ágios Isídoros, eine kleine Kapelle auf einer Insel in der Gournás-Bucht (Léros).

schen Kastro gekrönten Bergs, der sich auf der Inselmitte erhebt. Mit den Platanen, die seinem Hauptplatz Schatten spenden, wird der Ort seinem Namen gerecht. Ferner steht auf dem Platz ein Springbrunnen, der sein Wasser aus der Quelle des antiken Asklepion-Tempels (oder Tempel des Heilens) bezieht. Léros ist einige der wenigen Inseln, die noch ihre traditionellen *Lehthi* hat, eine Art Café, wo jeden Abend die Männer zusammenkommen, spielen und Neuigkeiten austauschen.

Eine lange Treppe führt durch die schmalen Gassen an der alten Kathedrale **Agía Paraskeví** vorbei zum ★**Kástro**, von wo man einen weiten Blick über die Insel und ihre „vier Buchten" hat (darunter den Jachthafen des hübschen Fischerdorfes **Pandéli** an der **Vromólithos-Bucht**, direkt im Süden). Eine kleine Kapelle in der Nähe des Gipfels, auf dem auch drei Windmühlen stehen, weist noch Beschädigungen aus dem Weltkrieg auf. Im Kástro selbst finden sich viele Zeugen des Altertums: antike Siedlungsspuren

aus ca. dem 7. Jh. v. Chr., auf denen später eine byzantinische Festung erbaut wurde und noch später, im 9. Jh., eine **Panagía** (Kirche der Muttergottes), weshalb die Festung manchmal auch Panagía-Burg genannt wird. Diese Kirche, eine der ältesten auf der Insel, wurde während der Bombardierungen im Zweiten Weltkrieg schwer getroffen, ist aber inzwischen restauriert. Ihre herrlichen vergoldeten Wandmalereien entstanden ca. 1745; die Kirche besitzt Ikonen aus dem 14. Jh. Die Marien-Ikone, die der Kirche ihren Namen verlieh, befindet sich in einem Seitengang. Der Legende nach kam sie allein auf dem Schiff von Konstantinopel nach Plátanos; als sie in der Kathedrale der Stadt untergebracht wurde, wanderte sie jede Nacht zu der von den Türken besetzten Festung hinauf, bis diese von dem Spuk so verängstigt waren, dass sie die Festung an die Christen zurückgaben. Seit der Restaurierung gibt es auch ein **Kirchenmuseum** und ein **Historisches Museum**, das die Bischofsbibliothek enthält.

Der Hafen von Plátanos ist **Agía Marína**. Hier legen auch *Flying Dolphins* an. Für Fotoamateure sind die Bögen der alten **Brouzi-Festung** am Meer und eine alte **Windmühle**, die malerisch an der Spitze einer Sandbank steht, schöne Motive. Liebhaber von Museen schätzen das neue **Archäologische Museum**, klein, aber mit einer modernen Ausstellung lokaler Funde, angefangen von prähistorischen Artefakten bis hin zu Fragmenten byzantinischer Kirchen.

Etwas weiter nördlich an der Bucht befindet sich **Álinda** ❹, das Touristenzentrum der Insel. Die schloßartige **Belléni-Villa** mit ihren Zwillingstürmen beherbergt ein **Museum für Geschichte und Volkskunde**. Nahe des Ortes liegt der **Commonwealth-Kriegsfriedhof** zu Ehren der hier gefallenen alliierten Soldaten. Die byzantinische **Kirche der vierzig Märtyrer** hat Spuren alter Mosaike im Hof; die Mauern des ursprünglichen

Oben: Kálimnos – Insel der Schwammtaucher.

Bauwerks wurden im 19. Jh. verputzt. Wenn man zu Fuß bis zum Ende der Bucht weitergeht, kommt man zur **Panagía-Kirche**. Ein steiniger Pfad führt über die Landzunge zum Strand von **Krífos**, der mit dem Boot leichter zu erreichen ist.

Auf der gegenüberliegenden Seite der Insel, die hier sehr schmal ist, befindet sich die **Gournás-Bucht** ❺. Nahe **Drimón** steht die Kirche **Panagía tis Gourlomatas** aus dem 14. Jh. mit schönen Fresken. Gournás' Wahrzeichen ist die kleine, ins Meer hinaus gebaute Kapelle **Ágios Isídoros**, die durch einen schmalen Damm mit der Insel verbunden ist.

Der Nordteil der Insel ist wild und unberührt, allerdings fällt die starke Militärpräsenz auf. Inselbewohner behaupten, der **Berg Klidí** (320 m) sei mit unterirdischen Tunneln ausgehöhlt und diene als eine Art Befehlszentrale für Krisenzeiten. Vor nicht allzu langer Zeit verbannte die Junta politische Häftlinge hierher. Einige von ihnen haben angeblich zu den Wandgemälden in der kleinen Kirche von **Agía Kioura** beigetragen. Diese Kirche liegt auf einer Landzunge zwischen zwei unberührten Buchten: **Parthéni ❻** wurde nach einem **Tempel von Artemis Parthenos** benannt (*Parthenos* bedeutet Jungfrau), dessen Ruinen noch vorhanden, aber schwierig zu finden sind. **Blefoúti ❼** ist eine von goldbraunem Sandstrand gesäumte sichelförmige Bucht, deren Öffnung von der kleinen Insel **Strongíli** sozusagen „zugekorkt" wird, weshalb das Wasser hier wärmer als anderswo ist. Da der neue Flughafen an der Straße nach Parthéni liegt, wird dieses ruhige Gebiet wahrscheinlich demnächst für den Tourismus erschlossen werden.

KÁLIMNOS

Wenn man in den Inselhaupthafen Kálimnos (Pothiá) einläuft, erkennt man schon vom Fährendeck aus, dass die Insel Kálimnos etwas Besonderes ist: nicht nur der Landschaft wegen – die steilen, graurosa Berge haben etwas überaus Majestätisches an sich – sondern vor allem wegen der in eine Bucht geschmiegten Hauptstadt mit ihren „Schachtelhäusern" in leuchtenden Farben. Die Urlaubsstimmung der Besucher und die alltägliche Geschäftigkeit der Einheimischen vermischen sich hier auf angenehme Weise.

*Kálimnos-Stadt ❶ ist eine der größten Städte auf dem Dodekanes. Auch nach Ende der Saison sind die Cafés noch bevölkert und die Straßen belebt. Gewiß, es gibt Touristen hier, besonders an dem graubraunen Strand zwischen Kandóuni und Masóuri an der Westküste, und es ist eine offene Frage, wie die Insel sich entwickeln wird. Vorläufig jedenfalls wird man bei einem Stadtbummel noch keine „I Love Kálimnos"-T-Shirts finden, sondern Fischer, die *Phouskies* verkaufen, eine Molluske mit einer ledrigen, aber weichen „Schale" (*Phouskies* = „Ballon"), oder Meeresschwämme feilbieten.

Kálimnos ist die „Insel der Schwammfischer". Im 19. Jh. war die Schwammfischerei der wichtigste Wirtschaftszweig auf der Insel. Die Flotte ist von April/Mai bis Oktober oder November unterwegs. Oft fährt sie bis vor die Küsten Afrikas. Die Rückkehr der Flotte wird stets mit einem großen Fest gefeiert, denn die Schwammtaucherei ist ein gefährliches – wenn auch einträgliches – Gewerbe. Zwar sind die Zeiten vorbei, in denen die Taucher nackt, nur mit einem Stein beladen, die pechschwarzen Schwämme vom Meeresboden absammelten, aber auch heute noch erleiden Schwammfischer Lähmungen durch Stickstoffvergiftung des Blutes, die durch zu schnelles Auftauchen hervorgerufen wird. Die Schwammfischerei ist längst nicht mehr so bedeutend, wie sie einmal war: 1987 befiel eine Krankheit die Schwammvorkommen und seitdem sind die Erträge drastisch gesunken. Trotzdem gibt es auf Kálimnos noch viele „Schwammfabriken", wo Schwämme gereinigt (das Fleisch wird entfernt, übrig bleibt das Skelett, der eigentliche Schwamm), verarbeitet, in Form geschnitten und manchmal gebleicht werden, was den Schwämmen jene hellere Farbe verleiht, die viele Käufer vorziehen, die aber auch die Lebensdauer der Schwämme verkürzt.

Interessantes rund um das Schwammtauchen – Fotografien, Tauchanzüge und Werkzeuge, darunter ein mehrzackiger Fischspeer – ist im ***Schwammmuseum** ausgestellt, das in einem der vielen Gebäude untergebracht ist, die von der durch die Schwammfischerei zu Reichtum gelangten Vouvalis-Familie gestiftet wurden. Ein früherer Familiensitz der Vouvalis' dient als „**Archäologisches" Museum**; abgesehen von einigen Marmorstatuen und einer Sammlung von in der Nähe von Vathís gefundenen neolithischen Artefakten ist vor allem zu sehen, wie die Familie im 19. Jh. lebte – mit ihren Möbeln, Porzellan und Porträts.

Kálimnos zieht sich ein langes Tal entlang und geht in **Horió ❷** über, den ursprünglichen Hauptort der Insel, der einen völlig anderen Charakter hat. Man glaubt sofort, dass die steilen, engen Gassen einst für Esel angelegt wurden, vor allem, wenn man so wagemutig oder töricht ist und versucht, sie mit dem Auto zu bewältigen. Drei Windmühlen ragen über der Straße auf, und wenn man vom Hafen hochblickt, bilden die Mauern der alten byzantinischen Kreuzritterburg ***Péra Kástro** einen eindrucksvollen Hintergrund. Die Festung hat neun Kapellen und auf dem Gelände finden sich die Ruinen eines mittelalterlichen Dorfes, das seit dem 18. Jh. verlassen ist.

Nordwestlich von Horió wurde im 5. Jh. die Basilika von **Hristós tís Jerousalím** auf das Gelände eines Apollon-Tempels gebaut. In den Überresten der Apsis, einer hellen, anmutig geschwungenen Nische, finden sich antike behauene Steine. Geht man über den alten Friedhof dahinter, stößt man auf die **Kirche der Zwölf Apostel (Ágios Apóstoli)**. Eine Schutzfolie schont die Mosaikbö-

Rechts: Ein Imker im Tal von Vathís begutachtet die Honigausbeute (Kálimnos).

den. Achten Sie darauf, die Böden nach der Besichtigung wieder zu bedecken.

An der Westküste befinden sich die von zwei vorgelagerten Inseln geschützten Strände. Der **Kandóuni**-Strand ist vor allem bei den Einheimischen beliebt. **Platís Gialós** liegt dem Inselchen **Agía Kiriakí** gegenüber, aber spektakulärer ist die größere Insel **Télendos ❸**. Früher war sie ein Teil von Kálimnos, bis sie durch ein Erdbeben im 5. Jh. v. Chr. abgespaltet wurde. Fundamentreste einer einstigen Stadt sind noch an den Stränden und im Wasser zu sehen. **Télendos** ist eine etwas ruhigere Alternative zu dem geschäftigen Strandleben von **Mirtiés**, **Masoúri** oder **Arméos** auf Kálimnos. Boote setzen regelmäßig zu der Insel über; dort gibt es Fremdenzimmer und mehrere Tavernen.

Von dem auf einer Anhöhe hinter **Masoúri ❹** gelegenen **Iéro Horió** (Ausgrabungsstätte eines antiken Dorfes) hat man einen schönen Blick hinüber zur Insel Télendos.

Wanderer können in die Berge hinter **Arginónda ❺** (das einen schönen Strand hat) aufbrechen und nach Vathís, dem zweiten Hafen der Insel, wandern, aber man braucht unbedingt eine gute Karte oder einen einheimischen Führer.

In **Emborió ❻** endet die Straße. Dieses ruhige Fischerdorf war einst eine geschäftige Hafenstadt und der ursprüngliche Hafen der Insel. Wanderer können sich an der unberührten Landschaft erfreuen und die **Höhlen** in der Nähe von **Skaliá** erforschen. Ferner gibt es an der Nordküste viele abgeschiedene Strände.

Wenn man sich ***Vathís ❼**, dem grünen Tal von Kálimnos im Inselosten, über die Küstenstraße von Kálimnos-Stadt nähert, blickt man hinunter auf eine schmale, tief zwischen die steilen Berge eingeschnittene Bucht, die wie ein Fjord anmutet. Das dunkelblaue Wasser ist besonders kalt, denn es ergießt sich aus Quellen, die den tiefgrünen Landstreifen bewässern. Von gekalkten Steinmauern umgebene Orangen- und Zitronenhaine beherrschen

das Bild. Im Dorf Vathís läuft Quellwasser in kleinen Kanälen durch die Straßen und versorgt ein großes natürliches Fischbecken.

In der **Grotte von Daskalió**, östlich von Vathís, wurden reiche Funde einer neolithischen Besiedlung gemacht. Einzelne Stücke sind in Kálimnos-Stadt ausgestellt. Die Höhle soll sowohl während der türkischen als auch der italienischen Herrschaft als „Geheimschule" gedient haben, wo in griechischer Sprache unterrichtet wurde, was unter beiden Regierungen streng verboten war. Näher zum Ort hin liegen die Überreste eines byzantinischen Dorfes.

Weiter oben im Tal, in der Nähe des malerischen Ortes **Plátanos** ❽, inmitten von Zitronen- und Orangenhaine, findet derzeit die Ausgrabung von zwei **Byzantinischen Kirchen** statt (4. und 5. Jh. n. Chr.). Beide Stätten sind öffentlich zugänglich. Eine befindet sich in den Ruinen einer hellenistischen Burg, unterhalb der mit Fresken versehenen **Kirche des hl. Michael** (12. Jh.).

*ASTIPÁLEA

Auf halbem Weg zwischen dem Dodekanes und den Kykladen gelegen, vereinigt Astipálea die Merkmale beider Inselgruppen in sich, was besonders im Hauptort deutlich wird, wo hoch oben auf dem Berg eine venezianische Burg über dicht zusammengedrängten, blau und weiß gestrichenen kykladischen Häusern thront. Die beiden Teile der Insel sind durch eine nur 100 m breite Landenge verbunden. Die Einheimischen nennen den östlichen Teil der Insel *Méga Níssi* („große Insel"), den westlichen *Éxo Níssi* („Außeninsel").

Astipálea (Hóra) ❶ liegt auf der „Außeninsel". Seine weiße, kubistisch anmutende Silhouette erhebt sich über dem Hafen, **Péra Gialós**, von wo aus weiße Windmühlen den Weg zum **Kástro** weisen. Die Festung gehörte der venezianischen Quirini-Familie, die hier 300 Jahre lang herrschte und ihr Wappen über dem Portal hinterließ. Innerhalb der Festungsmauern stehen zwei weiße Kirchen: **Panagía** und **Ágios Geórgios**. Die Stadt be-

gut schwimmen. Weiter östlich liegt **Análipsis ❸**, das die Italiener *Maltezana* nannten. Aus der Römerzeit stammen die **Bodenmosaiken** eines Bades, auf denen die (noch erhaltenen) Tierkreiszeichen dargestellt sind.

Hinter dem benachbarten **Schinóntas** mit Fragmenten des Bodenmosaiks einer frühchristlichen Basilika geht die Asphaltstraße in eine gute Staubpiste über, die bis nach **Éxo Vathí ❹** am einsamen Golf von Vai führt. Von hier ist es nicht weit zur Tropfsteinhöhle von **Drakospiliá**. Ein schlechter Lehmweg führt durch die Berge an der italienischen **Kastellano-Festung** vorbei zum **Kloster Panagía**.

An der Ostküste von Éxo Níssi gibt es bei **Ágios Konstandínos ❺** schöne Strände; Nudisten baden bei **Tzanaki**.

In **Vatses ❻** an der Südküste befinden sich weitere Höhlen und schöne Strände. An der Westküste bei **Ágios Ioánnis ❼** stehen die Ruinen des **Kástro**.

KÓS

Kós, bereits in Sichtweite der Türkei, hat lange Sandstrände, schöne Bergdörfer, antike Ruinen und venezianische Burgen, ist radfahrerfreundlich, da überwiegend flach und dank seines Flughafens bequem zu erreichen – kurz, hier wird alles geboten, was sich Urlauber wünschen. Und so steht auch die gesamte Insel im Zeichen des Tourismus. Dörfer, die einmal ursprünglichen Charme besaßen, vermarkten diesen jetzt in den „Tourist Shops" zwischen den Tavernen, die mit mehrsprachigen Speisekarten und internationalen Gerichten allen Besuchern gerecht werden wollen. Die Strände sind zwar herrlich, aber während der Saison vor lauter Sonnenschirmen kaum zu sehen. Zum Glück ist Kós eine große Insel und es gibt immer noch schöne Landschaften und kleinere Orte, aber alles ist voll und ganz auf Pauschaltouristen eingestellt.

sitzt noch zwei weitere Kirchen: den **Megali-Panagía-Gebäudekomplex** mit seinem Hof aus schwarz-weißen Kieselsteinmosaiken, und die eindrucksvolle **Panagía Protaítissa**, von dem blinden hl. Anthimos zwischen 1762 und 1771 erbaut und eine der schönsten Kirchen auf dem Dodekanes. Eine herrliche vergoldete Bilderwand umgibt die von dem Heiligen mitgebrachte Ikone.

Den Beinamen „Fest der Götter" verdankt Astipálea seinen vielen Blumen und Früchten. Ein Fest für die Besucher sind die guten Wandermöglichkeiten und die schönen Strände der Insel.

Der nahe der Inselhauptstadt gelegene **Livádia-Strand** ist manchmal sehr voll. Von Livádia aus kann man in die Berge zum **Flevariotissa-Kloster** oder zum hübschen Hafen und Strand von **Ágios Andréas ❷** hinaufwandern. Am **Stenó**, der schmalen Landzunge, die die beiden „Inseln" Astipáleas verbindet, kann man

Rechts: Windmühlen weisen den Weg zum venezianischen Kástro (Hóra, Astipálea).

Info S. 192–195

Kós ist der Geburtsort von Hippokrates (460 v. Chr. - 375 v. Chr.), mit dessen Eid auch heute noch jeder Arzt die Ausübung seines Berufs beginnt. Nach Hippokrates' Tod wurde die Insel Asklepios geweiht, dem Gott des Heilens. Ihm wurde eine große Kultstätte errichtet, deren Ruinen immer noch äußerst beeindruckend sind.

★★Kós-Stadt

Kós-Stadt ❶ ist ein geschäftiger Hafenort, wo Antike und Moderne bunt durcheinander gewürfelt sind. Eines der wichtigsten Bauwerke ist die am Meer gelegene alte **Johanniter-Burg**, wo man in den Ruinen herumstreifen und auf die Jachten im Hafen hinabblicken kann.

Unmittelbar hinter der Burg steht der knorrige, von einem Gerüst gestützte Baum, der den Namen **Platane des Hippokrates** trägt. Es ist ausgeschlossen, dass der Baum aus Hippokrates' Zeit stammt, aber er mag gut und gern 5 oder 6 Jahrhunderte alt sein. Er steht an einem Ende der **Agorá** mit ihren antiken Rui-

nen, darunter eine kleine byzantinische Kapelle und alte Mosaikböden aus verschiedenen Epochen. In einige Gemäuer sind antike Säulentrommeln eingebaut.

Eine hervorragende Einführung in Kós' Altertümer ist das **Museum** nahe des Hauptplatzes, **Platía Eleftherías** (Platz der Freiheit), wo es einen hübschen überdachten **Markt** und eine alte türkische **Moschee** gibt. In einer nachgebauten römischen Villa betritt man einen Raum mit einem römischen Mosaikboden; an der Rückwand ist ein sehr schönes Mosaik aus winzigen schimmernden Kacheln zu sehen, auf dem Fische abgebildet sind.

Die Altstadt ist ein Labyrinth von Gassen, in denen sich ein Laden an den anderen reiht. Darum herum findet man römische Ruinen: ein hellenistischer **Dionysos-Tempel**, das **Römische Odeon** und ein marmornes **Amphitheater**. Auf der anderen Seite des Hafens drängen sich Bars und Nachtlokale. Der **Strand** von Kós-Stadt ist breit und sandig – und sehr überlaufen.

Dodekanes

Umgebung von Kós-Stadt

Südlich der Stadt liegen der Hotelstrand **Psalídi** (mit einigen der teuersten Kurhotels der Insel) und **Ágios Fokás**. Um diese Landzunge herum, wo eine riesige griechische Flagge weht, als wolle sie den Nachbarn Türkei provozieren, gelangt man zu den heißen Quellen von **Embrós Thermá ❷**, wo es einen schwarzen Sandstrand gibt. Eine Fahrt entlang den Klippen – mit Panoramablick auf die Türkei – ist besonders bei Sonnenuntergang spektakulär.

Aber die Hauptsehenswürdigkeit der Insel ist das ★**Asklipíon ❸**. Es war ein bei reichen Römern beliebter Kurort mit Brunnen, Bädern und Behandlungsräumen. Außerdem umfasste es die großen Tempelanlagen zu Ehren des Gottes der Heilkunst, Asklepios (Äskulap). Der Äskulapstab, umrankt von der Schlange, die beim Aufspüren von Heilkräutern half,

Oben: Das Asklipíon, ein Kurort aus römischer Zeit (Kós).

ist bis heute das Symbol der medizinischen Wissenschaft.

Das Asklipíon ist auf drei Ebenen erbaut, mit Blick auf die zerklüfteten Berge der türkischen Küste. Das Gelände steigt von den römischen Thermen (3. Jh. n. Chr.) zum dorischen Asklepios-Tempel an, von dessen ursprünglich 104 Säulen noch einige stehen. Ungeachtet der Busladungen von Touristen strahlt der Ort eine ganz besondere Faszination aus.

Die Bergdörfer auf Kós sind zu überlaufenen Touristenzielen geworden: Ein Sonnenuntergang in dem zauberhaften Dorf **Zía ❹** steht in jedem Ausflugsprogramm. Das Gleiche gilt für das nahe **Asfendioú**. Dem weiter südlich gelegenen **Andimáhia ❺** ist es gelungen, den Touristenmassen zu entgehen – einfach deshalb, weil es hier nichts zu sehen gibt, abgesehen vielleicht von einer Art **Museum**, das aus einer Windmühle und einem traditionellen Haus besteht.

Der, im wörtlichen Sinne, Höhepunkt der Gegend ist das **Kástro** (14. Jh.) südöstlich von Andimáhia, dessen Ruinen-

feld zugänglich ist. Von hier bietet sich ein herrlicher Blick auf die Küste und **Kardámena** ❻. In der Nebensaison ist in Kardámena noch etwas von dem einstigen Zauber des Ortes zu spüren. In der Hauptsaison dagegen wimmelt es hier von jungen Pauschaltouristen.

Von Kardámena an ist die Südküste ein einziger langer Strand, dessen Abschnitte Namen wie **Magic Beach**, **Sunny Beach**, **Paradise Beach** tragen. Obwohl überfüllt, sind diese Strände mit ihrem hellen Sand und dem sich dahinter erhebenden Vorgebirge sehr schön. Im Südwesten schließt sich der bebautere Strand (der *Club Med* hat sich hier ausgebreitet) der **Kéfalos-Bucht** an, mit einer pittoresken kleinen Insel. Hoch darüber thront der Ort **Kéfalos** ❼, der sich trotz touristischer Erschließung viel von seiner ursprünglichen Atmosphäre bewahrt hat.

Auch entlang der Nordküste gibt es einige Küstenorte, die heute ausschließlich auf den Fremdenverkehr eingestellt sind. Von **Mastihári** ❽, nahe Andimáhia, hat man einen schönen Blick auf Kálimnos.

Marmári und Tingáki sind die beiden anderen Orte mit Restaurants, Hotels und schönen Stränden. **Tingáki** ❾ liegt in der Nähe des Salzsumpfes **Alikés**, einem wegen des hohen Grases und der Feuchtigkeit recht einsamen Gebiet, das interessant für Vogelkundler ist.

*NÍSIROS

Für viele Besucher ist die Hauptattraktion der Insel Nísiros ihr Vulkan. Tagesausflügler aus Kós strömen vom Schiff in wartende Busse und werden ins Inselinnere verfrachtet, wo sie in den Krater hinabsteigen und Schnappschüsse machen. Diese Touristen wissen nicht, was sie verpassen, denn die Insel hat noch viel mehr zu bieten: den Zauber der engen, hübschen Gassen und schönen Plätze des Haupthafens Mandráki, vulkanische Strände und heiße Quellen, eine 2000 Jahre alte verfallene Burg, von der aus man einen unvergesslichen Sonnenuntergang genießen kann... All das entgeht den Tagesbesuchern und wartet darauf, von

Dodekanes

Gästen entdeckt zu werden, die länger auf der schönen, fruchtbaren Insel bleiben.

Der Sage nach riss Poseidon ein Stück von Kós ab und bewarf den Titanen Polybotes damit, der daraufhin auf den Meeresboden versank, und an dieser Stelle entstand die Insel Nísiros. Der Vulkan ist demnach Polybotes selbst, der vor Zorn über seine Zwangslage immer wieder Gase und Dämpfe ausspuckt. Nísiros' Vulkan ist neben Mílos und Thíra der dritte ruhende Vulkan auf den griechischen Inseln. Die Phönizier nannten ihn Porphyros, weil sie hier große Mengen von Purpurschnecken fanden. Nísiros soll der erste Fundort von Porphyr sein. Der Inselname ist angeblich eine Verknüpfung von *níssi*, griechisch für „Insel", und *ross*, dem phönizischen Wort für „rot".

Das bezaubernde ★**Mandráki** ❶, das sich am Meer entlangzieht, ist der Hauptort der ca. 1200 Einwohner zählenden Insel. Seine Plätze sind mit kleinen Springbrunnen oder schwarzweißen *Krokalia*-Mosaiken geschmückt, zum Meer hin reiht sich einer an den anderen; weiter im Ortsinneren ist der **Ilkiomeni** versteckt, wo die Einheimischen am Abend in den Kafeníons sitzen.

Auf der Spitze einer kleinen Klippe am Ende der Stadt thront die Burg aus dem 14. Jh. Sie wurde von den Venezianern als Schutz gegen Piraten erbaut. Um 1600 entstand innerhalb der Burgmauern ein Kloster, das nach der kleinen, in die Klippe hineingebauten Kapelle aus dem 15. Jh., **Panagía to Spilianí**, benannt ist (*spiliá* bedeutet „Höhle"). Eine steile Steintreppe führt zur Klippenspitze mit ihrem Panoramablick, einer kleinen Steinkapelle und dem **Museum** (das in ein neues, größeres Gebäude umziehen soll, das ein wohlhabender Einwohner stiftete). Die geschnitzte hölzerne Bilderwand in der Kapelle enthält eine Panagía-Wunderikone. Am 15. August wird feierlich das Fest der Jungfrau begangen.

Ein Fußpfad führt um den Spilianí-Gipfel herum zum Strand herunter, der

Oben: Schöne, wenn auch volle Strände gibt es im Südwesten der Insel Kós.

von hohen Klippen eingerahmt wird. Das Meerwasser hier gilt als besonders sauber, auch wenn die dunklen Felsen, die **Hohláki** heißen und nach denen der Strand benannt ist, nicht allzu einladend wirken.

Keines von Nísiros' Klöstern ist mehr in Betrieb. Von Mandráki aus führt eine steile, 6 km lange Straße hinauf zum kleinen **Evangelístra-Kloster** mit seiner schlichten Kirche. Auf halber Strecke kann man an einer Gabelung zum ★**Paleókastro** ❷, einem Rest der antiken Akropolis von Nísiros, abbiegen. Es wurde erstmals im 4. Jh. v. Chr. erwähnt. Die Mauern wurden ohne Zuhilfenahme von Mörtel errichtet – die schwarzen Basaltsteine wurden absolut passgenau bearbeitet. Der Bau ist deshalb so gut erhalten, weil Basalt eines der härtesten Gesteine ist. Wie es den antiken Maurern gelang, den Basalt zu spalten, bleibt ein Rätsel. Von der einzigartigen Mauer aus bietet sich ein schöner Blick auf die der Küste vorgelagerten kleinen Inseln, darunter **Gialí** mit seinem hellen Schlackenberg, der von dem nach wie vor äußerst lukrativen Bimsstein-Abbau stammt. Auf der Insel gibt es auch sehr gute Strände (regelmäßig Boote von Mandráki).

Abgesehen von der schmalen Betonplatten-Straße hinauf nach Evangelístra und Paleókastro, gibt es nur eine Straße auf Nísiros, die sich von Mandráki aus um die halbe Insel bis nach Avláki an der Südküste windet. Wenn man Mandráki verlässt, kommt man als nächstes nach **Loutrá** ❸, einem kleinen Hafen. Am Sandstrand **White Beach** kann man sehr schön baden.

In **Páli** ❹, dem zweiten Inselhafen, gibt es heiße Quellen; wenn man hier im Meer schwimmt, wird man die „heißen Stellen" entlang der Küste bemerken. Der Strand ist mit dunkelbraunem vulkanischem Sand bedeckt und mit Bimssteinbrocken übersät. Wer eine abgeschiedenere Stelle zum Baden sucht, kann bis ans Ende der geteerten Straße fahren. Hier

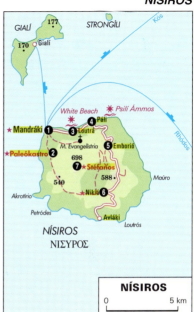

parkt man das Auto und geht zu Fuß in etwa 15 Minuten nach **Psilí Ámmos** weiter, dem schönsten Strand von Nísiros.

Auf Nísiros gibt es zwei an den Rand des Vulkankraters geschmiegte Dörfer; ein Großteil ihrer Bevölkerung ist nach Kanada oder in die USA ausgewandert. Viele Auswanderer schicken Geld, um den Bau von Kirchen zu finanzieren, wie jener in **Emborió** ❺, das fast wie eine Geisterstadt wirkt. Oberhalb des Orts stehen die Ruinen einer mittelalterlichen **Burg** mit der **Taxiárhis-Kirche**, einem byzantinischen Schmuckstück mit sehr alten, grobkonturigen Fresken.

★**Nikiá** ❻ ist ein besonders hübsches Dorf, belebter als Emborió, mit blauweißen Häusern und zwei Tavernen. Eine kunstvolle **Kirche der Theotókou** oder Jungfrau Maria wurde von USA-Emigranten gestiftet. Von hier aus hat man einen herrlichen Blick: hinunter aufs Meer zur einen Seite – um zum **Avláki-Strand** hinunterzufahren braucht man jedoch ein robustes Fahrzeug – und zur anderen Seite in die Vulkan-Caldera. In Nikiá be-

Info S. 192-195

175

Dodekanes

merkt man die ersten Schwefelbrisen. Vom Dorf aus führt ein Fußpfad in den Krater.

Ganz gleich, von wo man sich dem Vulkan nähert – er bietet aus jeder Perspektive einen faszinierenden Anblick. Innerhalb des Kraters gehen die begrünten Inselhänge in eine von Heidekraut und orangen Steinbrocken geprägte Ebene über. „Krater" ist ein irreführender Begriff; es gibt eigentlich fünf und jeder hat seinen eigenen Namen und Charakter. Der größte, *Stéfanos ❼, ist der eindrucksvollste; über einen Fußpfad kann man hinauf zu den schroffen Felsen wandern und findet sich plötzlich in einem Miniatur-Grand-Canyon wieder, wo einer der kleineren Krater Rauchwolken mit schwefeligem Gestank ausstößt.

Die Vulkantätigkeiten werden ständig überwacht. Seit 1933 hat es keinen Ausbruch mehr gegeben und jeden Tag überqueren etliche Touristen den Stéfanos.

Oben: Die Caldera von Nísiros mit dem Stéfanoskrater.

Trotzdem ist Vorsicht geboten, denn wenn man mit dem Fuß durch die Erdkruste bricht, tritt man unversehens in heiß brodelnden Schlamm, so wie er nach Regenschauern in den Schlundlöchern zu sehen ist.

TÍLOS

Als eine der am wenigsten besuchten Inseln des Dodekanes ist Tílos ein Insider-Tipp: ruhig, billig und angenehm mit einer reichen Auswahl an Stränden, schönen Wanderwegen und traditionellem Inselleben. Die Insel rühmt sich, schon vor sehr langer Zeit bewohnt gewesen zu sein, allerdings nicht von Menschen: Als die Insel vor etwa 10 000 Jahren vom Festland abbrach, gab es offenbar Urelefanten, die sich dann an den kleiner gewordenen Lebensraum anpassten und schließlich nur noch bis zu 1,30 m groß wurden. Zusammen mit Artefakten aus der Steinzeit wurden in der **Grotte von Harkadió** (Spiliá Harkadió) Knochen dieser Elefanten gefunden.

Im 14. Jh. kamen die Johanniter auf die Insel und bauten sieben Burgen, deren Ruinen noch heute vorhanden sind.

Der Hafen **Livádia ❶** hat einen langen Strand. Im Sommer ist der Ort durch zahlreiche griechische Urlauber sehr belebt. Folgt man von Livádia aus der Inselstraße nach Norden, passiert man **Mikró Horió**, ein Dorf, das in den 1950ern verlassen wurde. Der Hauptort im Inselinneren, **Megálo Horió ❷**, wird von den Ruinen einer venezianischen Burg dominiert. Das Dorf wurde auf der Stätte der antiken Stadt Télos errichtet, zwischen den Häusern sind immer noch die über 3000 Jahre alten Mauerreste zu erkennen. Von Megálo Horió aus führt eine Straße zum langen **Erístos-Strand** hinunter.

An der Nordwestküste der Insel befinden sich die beiden Strände **Ágios Andónios** und **Pláka**. Die Felsformationen des Ersteren sind gruseliger, als sie zunächst wirken: Sie bestehen teils aus versteinerten Menschenknochen von Opfern eines Vulkanausbruchs um 600 v. Chr. Das von einer Mauer umgebene Kloster **Ágios Pandeleímon ❸** (18. Jh.) ist in eine idyllische grüne Landschaft eingebettet und bietet einen herrlichen Blick übers Meer.

**RHÓDOS

Die „Roseninsel" (griech. *rhodon* = Rose) ist die viertgrößte Insel Griechenlands. Größer als alle anderen Inseln des Dodekanes zusammen, hat Rhódos viele Gesichter. Seine Hauptstadt (41 000 Einwohner) ist eine der größten und geschäftigsten Städte auf den griechischen Inseln, mit einem modernen Geschäftsviertel und einer Altstadt, deren Silhouette von den Zinnen mittelalterlicher Bauwerke geprägt ist. Die meisten Touristen wohnen am liebsten an der Stadt am nächsten gelegenen Stränden, wo Restaurants und Hotels fast das ganze Jahr über geöffnet sind, denn schließlich gilt Rhódos mit 300 Sonnentagen pro Jahr als sonnigste Insel Griechenlands.

In seinen weniger überlaufenen Regionen hat sich Rhódos eine wilde Schönheit bewahrt – mit dunklen Pinienwäldern, unberührten Gebirgslandschaften und Klippen, die jäh zum Meer hin abfallen. Ruinenfelder zeigen an, wo einst die Städte standen, die zu den mächtigsten der Ägäis zählten.

1000 v. Chr. waren Líndos, Ialissós und Kámiros die drei wichtigsten Zentren der Insel. Benannt nach den Enkelsöhnen des Sonnengottes Helios, dem Schutzpatron von Rhódos, bildeten diese Städte ein mächtiges Bündnis. 408 v. Chr. gaben sie jedoch ihre Vorrangstellung freiwillig auf, indem sie gemeinsam die neue Hauptstadt gründeten: Rhódos-Stadt hatte bald die größte Einwohnerzahl aller Inselstädte und wurde zu einem Zentrum von Kunst und Gelehrtheit sowie Verwaltung und Handel, letzteres vor allem dank ihres großen natürlichen Hafens, Mandráki, der auch heute noch als Hafen für Jachten und Ausflugsboote dient.

Rhódos ist nur 18 km von der türkischen Küste entfernt, weshalb die Insel

Dodekanes

RHÓDOS

0 5 10 km

RHÓDOS-STADT

0 2 4 km

seit jeher ein beliebter Stützpunkt für Eroberer auf ihren Feldzügen gen Osten war, so etwa für Alexander den Großen. Während seiner Herrschaft erlangte Rhódos eine Vormachtstellung im Mittelmeerraum.

Die Insel bewahrte sich jedoch immer eine gewisse Unabhängigkeit. Nach Alexanders Tod lehnte es das Bündnisangebot eines seiner Feldherren ab – worauf der Sohn dieses Feldherren, Demetrius, anrückte, um die Insel mit Gewalt in Besitz zu nehmen. Es folgte eine lange, bittere Belagerung. Doch die Rhodier widerstanden dem Angriff. Als Demetrius schließlich abzog, schmolzen sie die Überreste seiner Kriegsmaschinerie ein und errichteten damit den berühmten **Koloss von Rhodos**, eine Bronzestatue des Sonnengottes Helios. Die Statue war etwa 35 m hoch und eines der Sieben Weltwunder der Antike. Der Ruhm des Kolosses, der 290 v. Chr. fertig gestellt wurde, war von wesentlich größerer Dauer als die Statue selbst: sie stürzte bei einem Erdbeben 225 v. Chr. zusammen und ihre Überreste lagen jahrhundertelang im Hafen herum, bis ein türkischer Handelsherr sie fortschaffte.

★★Rhódos-Stadt

Die Ruinen der antiken **Akropolis** beherrschen die Silhouette des **Monte Smith** im Westen von **Rhódos-Stadt ❶**. Vom dorischen **Apollo-Tempel**, der von den Italienern wieder aufgebaut wurde, kann man einen herrlichen Sonnenuntergang betrachten; hier finden sich auch die Überreste eines antiken **Stadions** und unmittelbar unterhalb des Berggipfels liegt ein rekonstruiertes **Theater**.

Das hervorragendste Bauwerk von Rhódos-Stadt ist jedoch das Vermächtnis anderer Abenteurer, die die Insel auf ihrem Weg nach Osten als Stützpunkt benutzten: der Kreuzritter. Nachdem Jerusalem 1244 endgültig wieder in die Hände der „ungläubigen" Moslems gefallen

war, zogen sich die Johanniter aus dem Heiligen Land zurück und eroberten 1309 Rhodos. Obwohl die Einheimischen anfangs Widerstand leisteten, hatte die Anwesenheit der Ritter auch Vorteile: sie stellte ein mächtiges Bollwerk gegen die Attacken der Osmanen dar.

Während der nächsten beiden Jahrhunderte herrschten die Kreuzritter über die Insel und errichteten die Bauten, die das Bild der Altstadt prägen: die Herbergen der acht „Landsmannschaften" des Ordens (auch „Zungen" genannt; Frankreich, Provence, Auvergne, Deutschland, Aragon, Kastilien, Italien und England), ferner die Stadtmauer, auf der man noch heute promenieren kann, und den imposanten Großmeister-Palast.

1523 vertrieben die Türken die geschwächten Ritter. Die osmanische Herrschaft blieb bestehen, bis der Dodekanes 1912 den Italienern zugesprochen wurde. Auch die Türken hinterließen ihre architektonischen Spuren: in der Altstadt findet sich die Moschee von Suleiman, die Suleiman der Große zu Ehren seiner Eroberung von Rhódos errichten ließ; ferner die Moslemische Bibliothek mit ihren erlesenen Manuskripten und das im 18. Jh. von Mustafa Pascha erbaute Türkische Bad (Hammam).

Die Italiener drückten dem architektonischen Gemisch noch ihren eigenen Stempel auf: Eines der Gebäude, das dem per Schiff in Rhódos Ankommenden sofort auffällt, ist der **Gouverneurs-Palast** am Meer im Stil einer venezianischen Villa. Die Italiener bauten auch die Kirche des hl. Johannes am Hafen wieder auf, die heutige **★Evangelismós-Kirche,** wobei sie die Originalpläne der Johanniter benutzten. Ferner ordneten, renovierten und restaurierten sie andere, überall auf der Insel verstreute antike und mittelalterliche Überreste – deshalb macht Rhódos' Altstadt einen so „polierten" Eindruck.

Der Eingang zum **★Mandráki-Hafen** wird von zwei **Säulen** mit den Statuen

Dodekanes

von einem **Hirsch** und einer **Hirschkuh**, den Wahrzeichen von Rhódos, flankiert. Angeblich wurden die Säulen genau dort errichtet, wo einst der Koloss stand. Entlang der Hafenmole fallen drei mittelalterliche **Windmühlen** auf, den Hintergrund bilden die prachtvollen mittelalterlichen Mauern der Altstadt.

Die große sechseckige Markthalle ***Néa Agorá** wurde von den Italienern errichtet. Hier befinden sich zahlreiche Läden und Lokale sowie der Fischmarkt. Zu jeder Tageszeit und bis spät in die Nacht herrscht reges Treiben.

Blickt man als Neuankömmling vom Mandráki-Hafen aus auf die Stadt, hat man zwei Möglichkeiten. Geht man nach Westen, gelangt man ins kosmopolitische Herz der **Neustadt**, wo Lambráki und Makaríou fast wie mitteleuropäische Straßen wirken. Wenn man am Meer entlang nach Norden spaziert, kann man an der Eleftherías-Straße die **Murad-Reis-Moschee** und den angrenzenden **Türkischen Friedhof** besichtigen. Von der Nordspitze aus sieht man Hotelkomplexe, Restaurants und Nachtklubs; um das „Nordkap" herum liegen die breiten, zum Wellenbaden animierenden Sandstrände der Stadt mit Reihen um Reihen bräunender Leiber und Sonnenschirmen als Schutz gegen den heftigen Wind. An der Nordspitze von Rhódos befindet sich auch das **Aquarium**, 1924 von den Italienern erbaut. In 40 Becken ist hier allerlei Meeresgetier zu bestaunen.

Wenn man stattdessen von Mandráki aus nach links (südostwärts) geht, gelangt man durch die **Eleftherías**, das Freiheitstor, in die ****Altstadt**. Hier sind die gepflasterten Straßen eng und nur teilweise mit dem Auto befahrbar. Die Urlauber trinken auf den Plätzen Kaffee oder schlendern durch die **Odós Sokrátou**, den früheren türkischen Basar mit unzähligen Ständen und Läden im Herzen der Altstadt.

Oben: Kreuzritter befestigten Rhódos-Stadt mit einer gewaltigen Stadtmauer. Rechts: Auch abends herrscht noch Betrieb in der Odós Sokrátou.

Dodekanes

Hinter dem Eleftherías-Tor sieht man als erstes die Überreste eines **Aphrodite-Tempels** (3. Jh. v. Chr.), eines der wenigen antiken Monumente in der Altstadt. Ein Stück weiter steht die **Herberge der Auvergne** aus dem 14. Jh. Die **Burgkirche** (11. Jh.) war einst Rhódos' Kathedrale; rekonstruiert und renoviert, beherbergt sie heute das **Byzantinische Museum** mit Fresken und Ikonen. Ein entzückendes kleines **Volkskunst-Museum** zeigt eine Fülle einheimischer Textilien und Holzschnitzereien.

Die Perle unter Rhódos' Museen ist das ****Archäologische Museum** im Ritterhospital. Glanzstück der Ausstellung ist die „Kauernde Aphrodite", eine wunderschöne, fast vollständig erhaltene Marmorstatue aus dem 1. Jh. v. Chr., die ein Fischer 1928 im Hafenbecken fand.

Ipotón, die **Straße der Ritter, wo sich die meisten der mittelalterlichen Herbergen befinden, wirkt wie eine Filmkulisse: eine strenge, gepflasterte Gasse mit spätgotischen Palastfassaden ohne jede Spur der modernen Zeit. An ihrem Ende liegt der ****Großmeisterpalast**, den Mussolini nach alten Plänen wieder aufbauen ließ. Während der italienischen Besatzung nutzte er ihn als Sommerpalast und ließ ihn mit römischen, von Kós hergebrachten Mosaiken und anderem Beiwerk schmücken. Im Untergeschoss befindet sich eine Wechselausstellung zur Geschichte von Rhódos.

Viele Gebäude an diesem Ende der Sokrátous werden z. Zt. restauriert, so etwa die rosafarbene **Moschee Suleimans des Prächtigen**; wenn man von der Sokrátous in die Gassen des früheren türkischen Viertels abbiegt, stößt man auf das **Türkische Bad** (wegen Restaurierung geschlossen) und, in der Fanoúriou, auf die byzantinische **Kirche des hl. Fanurios** (14. Jh.) mit alten Fresken. Die Sokrátous führt hinunter zum **Ippókratous-Platz**, wo der **Kastellanía-Bau** wahrscheinlich von den Rittern als Handelsplatz benutzt wurde (heute finden hier Ausstellungen statt).

Von hier führt die Aristotélou zur **Platiá Martíron Evríon** (Platz der he-

bräischen Märtyrer) mit seinem See-pferdchen-Springbrunnen; der Platz ist das Zentrum des alten, im 19. Jh. blühenden jüdischen Viertels. Es wurde von den Nazis zerstört. Die Märtyrer, derer hier gedacht wird, starben in Auschwitz. Eine **★Synagoge** in der Perikleous-Straße hat den Krieg überstanden, ist aber nicht immer geöffnet. Die Pindárou-Straße führt zu einem Platz mit der Ruine der **Marienkirche**. Das Dach dieser Kirche, die an den Sieg der Ritter über die Türken 1480 gemahnt, fehlt, die Apsis ist noch recht intakt.

Unbedingt sollte man einen Spaziergang auf der alten **★Stadtmauer** (Teihos) unternehmen (nur Di und Sa möglich). Der Aufstieg erfolgt am Amboise-Tor, die Mauer ist bis zum Ioánnou-Tor begehbar. Die Festung konnte nie erobert werden; der letzte Großmeister musste sie im Jahr 1523 dem türkischen Sultan und seiner 200 000 Mann starken Armee

schließlich übergeben, weil seinen 300 Rittern und 6000 Soldaten das Schießpulver ausgegangen war. Um die Stadtmauer wurde im 20. Jh. ein grüner Parkring angelegt; außerhalb der Burg finden während des Sommers Festspiele mit zahlreichen Aufführungen statt.

Ruhiger, wenn auch weiter entfernt (3 km vom Zentrum), ist der **Rodíni-Park**, nicht weit von der Akropolis. Genau hier wurde 330 v. Chr. Rhódos' Rhetorik-Schule errichtet. Heute gibt es hier einen **Zoo** und jedes Jahr im August findet ein **Weinfest** statt.

Die Westküste und der Süden von Rhódos

Nicht weit von Rhódos-Stadt an der Westküste liegt **Triánda ❷**, eines von Rhódos' Touristenzentren, wo sich am Strand entlang eine Hotelanlage an die andere drängt. Hier befindet sich die Abzweigung zum antiken *Ialissós*, der unbedeutendsten unter den drei ursprünglichen Städten von Rhódos. Auf den Stra-

Oben: Bögen stabilisieren die mittelalterlichen Mauern in der Odós Omirou (Rhódos-Stadt).

ßenschildern erscheint es als ****Filéri-mos ❸**, dem Namen des später auf dem Gelände erbauten Klosters. Man nimmt an, dass der Berggipfel einst von den Phöniziern besiedelt war; danach wurde dort ein dorischer Athene- und Zeus-Tempel erbaut (3. Jh. v. Chr.) und später eine byzantinische Kirche. Letztere restaurierten die Italiener, die auch das angrenzende Kloster errichteten. Eine schattige Allee führt zu einem riesigen Kreuz, von wo aus man einen herrlichen Blick hat.

Kremastí ❹ ist wegen seiner Ikone der Jungfrau bekannt, die jedes Jahr am 15. August mit einem großen Fest geehrt wird.

Hinter **Paradísi** zweigt eine Straße ins Schmetterlingstal, ***Petaloúdes ❺**, ab. Zwischen Juni und September ist dieses friedliche Tal mit seinem murmelnden Bach die Heimat tausender brauner Quadrina-Schmetterlinge oder Bärenspinner *(Callimorpha quadripuntaria)*. Wahre Wolken dieser Insekten flattern verschreckt in die Luft, wenn Besucher das ausdrückliche Ruhegebot missachten und stattdessen in die Hände klatschen oder auf andere Weise lärmen. Dadurch wird der Lebenszyklus der Schmetterlinge verkürzt; ihre Zahl ist bereits dramatisch zurückgegangen.

Zurück am Meer, führt die Küstenstraße an dem Dorf **Theológos** vorbei nach **Soroní**. Von hier kann man sich ins Inselinnere zu einer Waldlichtung begeben, auf die die **Ágios-Soúlas-Kirche** steht.

Die zweite dorische Stadt auf Rhódos war ***Kámiros ❻**, das im 2. Jh. v. Chr. von einem Erdbeben zerstört und erst wiederentdeckt wurde, als 1859 die von Briten geführten Ausgrabungen begannen. Daher befindet sich heute ein Teil von Kámiros' Schätzen im British Museum in London. Eine spätere, zwischen 1914 und 1929 von den Italienern geleitete Ausgrabung legte den größten Teil des Geländes einer hellenistischen Stadt mit Tempel- und Hausruinen frei. An ihrer

Agorá finden sich Überreste eines dorischen **Apollon-Tempels** und eines anderen Tempels, der den örtlichen Gottheiten und Helden geweiht war. Ferner wurden **Bäder** und die Reste eines klassischen **Springbrunnens** ausgegraben.

Der nächste Strand ist in **Kámiros Skála ❼**, einer kleinen Hafenbucht, über der die Überreste des von den Kreuzrittern im 16. Jh. erbauten **Kástellos** thronen. Fähren fahren von hier zur Insel **Hálki** mit ihrem hübschen Hafenstädtchen **Emborió**.

In **Kritinía ❽**, an der gewundenen Straße nach Süden, gibt es ein **Museum** für einheimische Geschichte.

Die Straßen ins Inselinnere führen in eine wunderschöne Berglandschaft mit bewaldeten Hängen und weißen Dörfern. **Émbonas ❾** ist das größte Dorf dieser Region und gleichzeitig das Zentrum des Weinhandels. In der Kellerei **Emery**, einer der beiden führenden Winzergenossenschaften auf der Insel (die andere ist die Kooperative CAIR), kann man Wein probieren. Die Trauben wachsen an den Hängen von Rhódos' höchster Erhebung, dem **Attáviros-Berg** (1215 m). In der Antike stand auf seinem Gipfel ein Zeustempel, in dem angeblich ein Stier heilige Orakel sprach. Wanderer können in 2 bis 3 Stunden von Émbonas hinaufsteigen und den Blick genießen.

Nicht ganz so hoch ist der 6 km nördlich von Émbonas gelegene **Profítis Ilías** (798 m), wo die Italiener zwei Chalets bauten. Die Straße hinunter nach **Eleoúsa** führt an der byzantinischen Kirche **Ágios Nikólaos** vorbei, die mit sehr schönen Fresken geschmückt ist. In **Apóllona ❿** gibt es ein kleines **Volkskundemuseum**.

Im Süden und Osten von Émbonas ist die Landschaft noch unberührter. **Ágios Isídoros ⓫** ist ein weiteres, nicht so stark besuchtes Weindorf. Bei **Láerma** steht das ***Thári-Kloster ⓬**, in dem seit den 1990er Jahren wieder Mönche wohnen. Die Kirche ist mit Fresken aus dem 17. Jh. geschmückt. Die Küstenstraße

Dodekanes

wird jetzt wilder und einsamer. **Monólithos** ⑬ ist nach einer von dem Großmeister D'Aubusson erbauten Burg benannt. Die Ruine steht hoch oben über dem Meer. Die mit Fresken verzierten Kirchen **Ágios Geórgios** und **Ágios Pandeleímon** aus dem 15. Jh. bieten einen wunderbaren Ausblick auf den Sonnenuntergang und die Nachbarinseln.

Weiter südwärts hat man die Strände für sich allein. In kleinen Orten wie **Apolakkiá** oder **Mesanagrós** sind alte Traditionen noch lebendig. Das stille **Skiádi-Kloster** beherbergt eine Ikone der Jungfrau. Am Ende der Asphaltstraße gibt es in **Kattavía** ⑭ eine Anzahl von Hotels und Tavernen. Folgt man dem Straßenschild nach **Prasoníssi** ⑮ („grüne Insel"), gelangt man nach 7 km zu weißen Sandstränden. Die „grüne Insel" ist durch eine Landenge mit Rhódos' Südzipfel verbunden. Sie zieht Windsurfer und illegale Camper an. Zwei Tavernen,

Oben: Der Attáviros ist mit 1215 m der höchste Berg von Rhódos.

die auch Fremdenzimmer vermieten, stehen hier.

Die Ostküste

Geschützt auf der Windschattenseite der Insel liegend, hat die Ostküste etliche Strände aufzuweisen und besitzt so eine noch größere Anziehungskraft als die Westküste. Südlich von Rhódos-Stadt liegt **Réni Koskinoú**, der Küstenort des weiter im Inselinneren gelegenen **Koskinoú** ⑯, das wegen seiner *Krokalia*-(Kieselstein-)Mosaike berühmt ist.

Die nächste Station ist ***Kallithéas** ⑰. Das Heilwasser dieses Thermalbads war schon in der Antike bekannt. Um 1920 wurde hier ein schmuckes Kurhotel gebaut, aber das Wasser versiegte in den 1960er Jahren. Das Hotel steht leer; die Küste ist heute bei Schnorchlern und Tauchern beliebt.

Faliráki ⑱ ist einer der modernsten und beliebtesten Badeorte der Insel – mit Einkaufszentrum, Restaurants, Wasserrutschbahn, Bungee-Springen und sogar einem Reptilienhaus. Die Strandhotels an diesem Küstenstreifen reichen inzwischen bis an den Nordteil der Faliráki-Bucht heran.

Der Name des weiter südlich gelegenen **Afándou** ❶ bedeutet „unsichtbares Dorf". Es wurde so angelegt, dass es vorüberfahrenden Piraten verborgen blieb. Der Ort ist etwas weniger überlaufen als Faliráki und lockt mit seinem 18-Loch-Platz viele Golfer an. Die nahe **Ladikó-Bucht** ist auch als **Anthony-Quinn-Strand** bekannt; denn an dieser Küste, wo er 1961 *Die Kanonen von Navarrone* drehte, begann die lange Verbundenheit des Schauspielers mit Griechenland.

Von **Kolímbia**, einem „In-Badeort", führt eine dreispurige Straße hinunter zu den schönen Stränden um **Vágia**. Wendet man sich von hier aus ins Inselinnere, gelangt man nach **Eptá Pigés** ❷, „Sieben Quellen", ein Idyll, wo sich das klare Quellwasser in einen Waldsee ergießt und Pfaue durchs Gras stolzieren. Früher bewässerten die Quellen die Orangenhaine von Kolímbia; es gibt einen 170 m langen Tunnel von den Quellen zum See.

Tsambíka an der Küste ist wegen seiner Sandstrände beliebt. Das **Kloster Tsambíka** ❷ beherbergt eine wundertätige Ikone der Jungfrau Maria, die den Frauen, die am 8. September barfuß zum Kloster hinaufklettern, Fruchtbarkeit verspricht. Stellen sich die Nachkommen dann ein, so müssen sie nach dem Kloster benannt werden – die vielen Tsambíkos und Tsambíkas auf der Insel zeugen von der Wunderkraft der Ikone. Erstaunlicherweise hat sich an dieser überlaufenen Küste das von Orangenhainen umgebene **Arhángelos** ❷, das größte Dorf der Insel, seine Würde und seinen alten Dialekt bewahrt. Zu den einheimischen Erzeugnissen gehören Töpferwaren, Textilien und ein spezieller Lederstiefel, den die Bauern auf den Feldern zum Schutz vor Schlangen tragen.

Hoch oben über der **Vlihá-Bucht** liegt **Feráklos** ❷, eine verfallene Burg. Sie war der letzte Ort auf Rhodos, der von Suleiman eingenommen wurde.

Alle Besucher, die dem Zauber von ★**Líndos** ❷ verfallen sind, preisen dieses weiße, kykladisch anmutende Dorf an den unteren Hängen der Akropolis, wo noch die Ruinen von Rhódos' einstiger Hauptstadt zu sehen sind, in höchsten Tönen. Leider hat der Massentourismus über die Jahre hinweg viel von der zarten Schönheit des Orts zerstört. Líndos wurde in den 1960ern zu einem der ersten griechischen Ziele des Jetsets und heute kommen über eine halbe Million Besucher im Jahr. In fast all den weißen Häusern, die seine sonnigen Straßen säumen, gibt es Bars und Souvenir-Läden; und so viele Straßenhändler säumen den Weg hinauf zur Akropolis, dass man vor lauter feilgebotenen Blusen und Tischtüchern kaum den Ausblick genießen kann.

Sticken und Töpferei sind die beiden traditionellen Handwerke von Líndos. Beispiele davon sind sowohl im **Papá-Konstantínou-Haus** (jetzt das Museum von Líndos) als auch im **Kashines-Haus** zu bewundern, zwei der „Kapitänshäuser", die reiche lindische Schiffskapitäne im 16. und 17. Jh. erbauen ließen.

Autos und Busse parken dicht am schattigen Hauptplatz, auf dessen altem Springbrunnen sich osmanische Inschriften befinden und der mit Wasser aus den ursprünglichen Rohren versorgt wird. Ein Stück weiter, innerhalb des Gewirrs hübsch gewundener Gassen, steht die byzantinische Kirche ★**Panagía**, erbaut im späten 15. Jh. vom Großmeister D'Aubusson an der Stätte einer Kirche aus dem 10. Jh.. Ihre Fresken wurden 1779 von Gregorius von Sími gemalt; eine von ihnen stellt den hl. Christopherus mit dem Kopf eines Esels dar.

Wenn man zur ★**Akropolis** auf dem etwa 20 m hohen Tafelberg hinaufsteigt, kann man den **Hafen** in seinem natürlichen Becken sehen, neben Mandráki der zweite der Insel. In der Antike war Líndos viel größer und bedeutender als heu-

Dodekanes

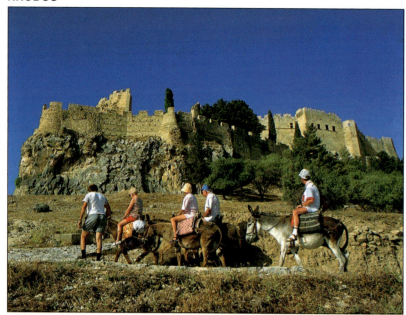

te. Es war eine Seemacht mit Kolonien im ganzen Mittelmeerraum. Im 6. Jh. v. Chr. wurde Líndos von dem Tyrannen Kleobulos regiert, einem der „Sieben Weisen" des Altertums, der der Legende nach „Mäßigung in allen Dingen" predigte und auch Frauen Zutritt zu seinem gelehrten Kreis gewährte (das zylindrische Bauwerk im Norden der Bucht soll sein Grab sein). Unter Kleobulos' Herrschaft wurden einige der wichtigsten Bauwerke der Akropolis errichtet, darunter der Athene-Tempel, der später zwar abbrannte, aber wieder neu aufgebaut wurde.

Beim Aufstieg zur Akropolis bietet sich eine beeindruckende Szenerie. Auf den letzten Stufen vor dem Gipfel kann man das in einen Felsen gehauene Relief einer **Triere**, eines antiken Kriegsschiffs, aus dem 2. Jh. erkennen. Der Fels diente einst als Sockel für eine Poseidon-Statue des einheimischen Bildhauers Pythokra-

Oben: Mit dem Esel zur Akropolis von Líndos. Rechts: Reste der Lindischen Stoa; ca. 200 v. Chr. (Akropolis, Líndos).

tes, der auch die Nike von Samothráki schuf. Im 15. Jh. versahen die Ritter den Gipfel mit einer Festungsmauer und legten die Treppe an, die heute noch benutzt wird. Zum Vermächtnis der Ritter gehört neben der Festung auch die alte Burgkirche **Ágios Ioánnis** weiter oben. Hier bleibt der Blick jedoch vor allem an einer weiteren Steintreppe hängen, die breit und majestätisch bis in den Himmel hinaufzuführen scheint, wäre da nicht die **Säulenreihe der Propyläa**, die ihr Einhalt gebietet. Auf dem Gipfel thront der **Athene-Tempel**, der allerdings leicht seitlich steht, als wolle er den Anbetern Platz machen, damit sie den majestätischen Blick auf Hafen und Meer genießen können, ehe sie der Göttin huldigen. Vom Gipfel aus sieht man auch die Höhle, in der die Göttin Stiere geopfert wurden, und ein hellenistisches, in die Felswand hinter der Stadt gehauenes Grab.

Zum Entspannen bietet sich ein Bad in der **Pávlou-Bucht** an, einem natürlichen „Pool", der fast völlig von Felsen umschlossen ist. Der Strand von **Pallás** ist klein und hübsch. Schön sind auch die Strände des 3 km südlich gelegenen **Péfka** und die des Dorfes **Lárdos**, 7 km westlich von Líndos.

*SÍMI

Nahe der türkischen Küste liegt die Insel Sími – felsig und trocken, beinahe abweisend – im blauen Wasser der Ägäis. Aber wenn man näher kommt, zeigt sie dem Neuankömmling mit ihrem noblen Hafen Gialós ein anderes Gesicht: Símis Wahrzeichen sind gelbe neoklassizistische Häuser mit in leuchtendem Blau oder Rot gestrichenen Fensterläden und Türen und ziegelgedeckten Giebeldächern. Wie Opernlogen säumen die Häuser die Hügel um den Hafen, ein Bild, das an die Riviera erinnert; einen starken Kontrast zu dieser Eleganz bildet die wilde, zerklüftete Landschaft ringsherum. Sími mag abgeschieden wirken, aber es hatte schon immer ein urbanes Flair, das es von den meisten anderen griechischen Inseln abhob.

Als Rhódos von den Karern besiedelt wurde, begann auf Sími die pelasgische Besiedlung; auf der früheren Akropolis in Horió gibt es noch Überreste der pelasgischen Mauern. In Homers *Ilias* wird der schöne König Nereus erwähnt, der in dem Kampf um Troja sieben Schiffe führte; schon damals war Sími für seinen Schiffbau bekannt. Bis in die Neuzeit hinein waren die Boote für ihre Schnelligkeit berühmt: unter der Türkenherrschaft stellte Sími die Schiffe für den osmanischen Postverkehr her.

Schwammtauchen und Schiffsbau waren lange die beiden Hauptwirtschaftszweige der Insel. 1910 hatte Sími 22 500 Einwohner – zehnmal mehr als heute –, und in den Werften wurden 500 Schiffe pro Jahr gebaut. 1869 führte man hier den ersten Taucheranzug ein.

Am leichtesten ist Sími über den Hafen von *Gialós ❶* zu erreichen. Plinius erwähnte ihn als einen der sichersten Häfen

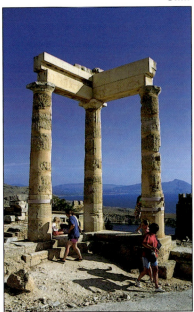

der antiken Welt. Dieser Teil der Insel trägt am deutlichsten den Stempel moderner Zeiten, jedoch stets mit Anklängen an die Vergangenheit. Der 1890 erbaute **Glockenturm** etwa wurde nach dem Vorbild von Londons Big Ben erbaut und die in den Fels gehauene Triere ist der antiken von Líndos (Rhódos) nachempfunden. Das äußerste Ende des Hafens wurde aufgefüllt, um einen Platz für die Stadthalle und ein bescheidenes **Marinemuseum** zu schaffen. Die etwas weiter landeinwärts gelegene **Ágios-Ioánnis-Kirche**, in deren Mauern die Fragmente eines früheren Tempels integriert sind, hat eindrucksvolle *Krokalia*-Muster im Hof.

Wer von Gialós aus möglichst schnell zum Strand möchte, kann den Weg am Glockenturm vorbei nehmen und dann die **Harani-Bucht** mit ihren Schiffswerften entlanggehen; über die Landzunge von **Ágios Geórgios** gelangt man dann zu dem kleinen Kiesstrand von **Nós**. Kühnere Schwimmer können auf dem Zementpfad weiter nach **Nimborió ❷** mit

einem längeren Strand gehen. Nimborió war einst der Haupthandelshafen der Insel. Heute ist der wichtigste Wirtschaftszweig hier die Fischzucht.

Im Hinterland des Strands steht eine kleine **Kapelle** mit römischen Mosaiken im Hof; geht man den Hügel noch etwas weiter hinauf, führt eine Höhle zu alten Mauern, deren Funktion strittig ist. Einer Version nach war das Bauwerk eine Schule für Ikonenmaler; eine andere Theorie lautet, dass die antiken Fundamente am anderen Ende möglicherweise die Überreste des Nereus-Palastes sind.

Die viel begangene **Kalí Stráta**, die „gute Straße", ist eine Treppenstraße mit etwa 400 Steinstufen, die von Gialós nach **Horió ❸** hinaufführt, Símis auf einem Hügel gelegenen Hauptort, in dem noch eine Reihe alter Windmühlen erhalten ist. In der Tageshitze sind die Stufen eine Herausforderung, die Kondition und gutes Schuhwerk erfordern. Aber wer sie

Rechts: Die traditionellen Webmuster erfordern Geduld und Geschick (Kárpathos).

hinaufsteigt, gelangt vom bunten Treiben im Hafen in eine beschaulichere Welt. Auf dem Gipfel gehen die Stufen in die Hauptstraße von Horió über, die von Läden und Cafés gesäumt ist und wo die Einheimischen auf den Stufen vor ihren Häusern sitzen und sich unterhalten. Sich in den Seitengassen zu verlaufen, ist die beste Art, Horió kennenzulernen. Aber natürlich hat der Ort auch einige offizielle „Attraktionen" wie die hundert Jahre alte **Apotheke**, die noch ihre ursprüngliche Einrichtung hat. Schilder weisen den Weg zum **Museum** mit seiner kleinen Sammlung zur Heimatgeschichte. Auch das nahe gelegene **Hatzigapitós-Haus** (17. Jh.) ist zu besichtigen.

Am geschichtsträchtigsten ist Horiós Burgfelsen mit dem Blick auf den Hafen von Gialós: Hier stand einst die Akropolis der Stadt; Spuren der pelasgischen Mauern sind immer noch zu sehen. Später wurde an dieser Stelle eine Burg erbaut, die zuerst byzantinisch war und dann an die Kreuzfahrer überging. Als die Briten die Insel den Deutschen abnahmen, die die Burg als Munitionslager benutzt hatten, wurde das Kastell im September 1944 von Bomben zerstört. Auf dem Gipfel steht die Kirche **Megáli Panagía** mit einer Ikone aus dem 16. Jh.

Von Horió ist es ein ca. 20minütiger Fußmarsch hinunter zum zweiten, stilleren Inselhafen **Pédi ❹**. An seinem mit Tamarisken bewachsenen Strand gibt es Tavernen. Man kann hier schwimmen, aber verborgen in den Landzungen zu beiden Seiten des fjordähnlichen Hafens liegen schönere Strände. Wenn man Richtung Meer blickt, führt zur Rechten ein Pfad nach **Ágios Nikólaos** (festes Schuhwerk ist vonnöten, besonders für das letzte, felsige Stück). Links zweigt ein etwas längerer Weg nach **Agía Marína** ab.

Eine etwa einstündige Wanderung führt von Gialós aus zum **Roukoniótis-Kloster ❺**. Schon seit dem 5. Jh. stand hier eine Kirche. Im 14. Jh. erbauten die

Johanniter auf ihren Grundmauern eine neue. Der größte Teil des gegenwärtigen Klosters stammt aus dem 18. Jh. Die Innenwände sind mit farbenprächtigen Fresken bedeckt.

Im Süden der Insel befindet sich das **Panormítis-Kloster** ❻, ein beliebtes Ausflugsziel. Von Horió führt eine gute Erdstraße durch grüne, zum Teil sogar bewaldete Täler hinüber. Das lange, elegante Gebäude liegt zwischen felsigen Landzungen, die eine Bucht mit stillem blauem Wasser umschließen. Der Turm oben auf dem weitläufigen, eher modernen und sachlichen Gebäude ist ein Geschenk der Seeleute von Ídra und Spétses. In der Kirche gibt es eine wundertätige Ikone des Erzengels Michael, des Schutzheiligen der Insel, aus dem Jahr 1724, ein Zeugnis der viel gerühmten Kunstfertigkeit von Símis Holzschnitzern und Ziel der zahlreichen Pilger. Am 8. November zieht die Inselbevölkerung hierher, um das Fest des Schutzheiligen zu begehen.

Panormítis vorgelagert sind die **Sesklío-Inseln** ❼, Schauplatz der letzten Seeschlacht des Peloponnesischen Krieges, die die Athener verloren.

*KÁRPATHOS UND KÁSOS

Kárpathos, die zweitgrößte Insel des Dodekanes mit dem kleineren Kásos vor seiner Südspitze ist sozusagen der „Mittelposten" zwischen Rhódos und Kreta. Noch sehr ursprünglich und traditionell ist besonders der gebirgige Nordteil, der sich bis zum 1215 m hohen, etwa in der Inselmitte gelegenen **Kalí Límni** zieht. Die Dörfer in dieser Region waren lange Zeit nur auf sehr beschwerlichen Wegen zu erreichen und konnten daher ihre alten Traditionen ohne nennenswerte Störung durch die Außenwelt bewahren. Besonders das Bergdorf Ólimbos sticht mit seinem Dialekt hervor, der noch viele Spuren des Dorischen aufweist, einer Form des Altgriechischen.

Im Süden ist die Insel flacher und grüner und besitzt mehr Strände. Dank des Flughafens kommen immer mehr Pauschaltouristen hierher. Der Zugang per

Schiff kann sowohl zu Kárpathos als auch zu Kásos schwierig sein; Fähren verkehren nicht sehr häufig, die Anfahrt von Piräus dauert lang und es kann passieren, dass Inselspringer ihren Aufenthalt wegen rauer See oder drohendem Sturm unfreiwillig verlängern müssen. Das hat aber den Vorteil, dass die Inseln trotz der (vor allem auf Kárpathos) immer zahlreicher werdenden Hotels nicht so überlaufen sind.

Kárpathos-Stadt (Pigádia) ❶ ist der moderne Hauptort der Insel, nicht weit entfernt von dem noch sichtbaren Ruinenfeld der antiken Stadt und den mykenischen Gräbern.

Angeblich soll Kárpathos mehr Geld von nach Amerika ausgewanderten Inselbewohnern erhalten als irgendeine andere griechische Insel. Die Geldspritzen spiegeln sich in den vielen neuen Häusern und Hotels wider.

Oben: Am Rand des Hafens von Kastellóriso (s. S. 192) erinnert eine Moschee an die Nähe der türkischen Küste.

In der Bucht von Kárpathos liegt **Vróndis** mit einem schönen Strand. Das antike Kárpathos war Poseidon geweiht. Er wurde nach Ausbreitung des Christentums vom hl. Nikolaus abgelöst, dem Schutzpatron der Seeleute: die kleine, ihm geweihte Kirche **Ágios Nikólaos** befindet sich in der Nähe der Quelle, die den Namen des ersten Schutzheiligen der Insel trägt, Poseidonas. **Die Kirche Ágios Kiriakí**, südöstlich von Kárpathos-Stadt, wurde auf einer antiken, Demeter geweihten Kultstätte errichtet. Der nächste große Strand im Süden ist **Amópi**.

Das südwestlich von Pigádia in 400 m Höhe gelegene Bergdorf **Menetés** ❷ wurde im Mittelalter gegründet.

Arkása ❸ liegt nahe dem antiken **Arkesia**, dessen Akropolis aus der mykenischen Epoche stammt. Die wenigen noch stehenden Teile der vom Kap Paleókastro aufs Meer hinabblickenden Marmormauer der frühchristlichen Kirche **Agía Sofía** veranschaulichen, wie die antike Kunst und Architektur die byzantinische Baukunst beeinflussten.

Nördlich der beiden Orte unterhält **Óthos ❹**, das höchstgelegene Dorf der Insel (507 m), ein kleines **Volkskunde-Museum**. Traditionelle Handwerkskunst und Lebensart sieht man aber auch in den ganz normalen Häusern des nahen **Voláda** mit seiner alten Burg. In dem kleinen Badeort **Léfkos ❺** an der Westküste gibt es einen netten Strand. In **Mesohóri ❻** stehen traditionelle Häuser, eines davon kann man besichtigen.

„Kárpathos hat so reine Konturen wie eine primitive Skulptur", schrieb Lawrence Durrell über den grauen, gebirgigen Norden der Insel. Touristen erreichen den Nordteil über den Fährhafen von **Diafáni ❼**, wo seit kurzem ein Hotel nach dem anderen entsteht. Von hier führt ein 15minütiger Fußmarsch Richtung Norden an den Traumstrand von **Vanánda**.

Von Diafáni fahren Busse nach **★Ólimbos ❽** hinauf. Wie viele mittelalterliche Dörfer auf den griechischen Inseln wurde Ólimbos als Schutz gegen die Piraten hoch im Landesinneren gebaut. Die befestigte Siedlung stammt aus dem 10. Jh. Seit kurzem ist der Ort ein beliebtes Touristenziel und niemand weiß, wie lange er sein altes Brauchtum noch bewahren wird — angefangen von der Tracht der Frauen bis hin zur Musik; aber noch ist es einer der Orte, wo man unverfälschte Tradition und mittelalterliche Inselatmosphäre genießen kann. Vom nördlich gelegenen **Avlóna ❾** können Wanderer die Ruinen einer weiteren antiken Stadt erreichen.

Auf der kleinen, der Nordküste vorgelagerten Insel **Saría ❿** sind noch mehr Ruinen zu sehen. Saría wurde von Nísiros kolonisiert. Allerdings stammen einige der Ruinen aus der byzantinischen Epoche; sie sind Reste von Piratenhäusern.

Kásos

Káikis fahren vom Hafen **Finíki** im Süden von Kárpathos nach **Kásos ⓫**, auch von Kárpathos-Stadt gibt es einen regel-

mäßigen Fährverkehr dorthin. Kásos' Geschichte reicht bis in die Antike zurück. Es wurde zuerst von den Phöniziern besiedelt und im 18. Jh. kam es dank seiner Schiffsflotte zu Reichtum. Wegen seiner Flotte spielte es auch eine wichtige Rolle im griechischen Unabhängigkeitskrieg, weshalb der Sultan und seine ägyptischen Verbündeten die Insel 1824 dem Erdboden gleichmachten, ein Ereignis, dem jedes Jahr im Juni mit einer Feier im Haupthafen der Insel, **Frí**, gedacht wird. Seit langem wieder aufgebaut, gibt es auf Kásos immer noch nur wenige Dörfer und wenige Strände – und auch wenige Touristen.

Bei rauer See kann das Einlaufen in den Hafen von Frí schwierig sein. Kásos besitzt zwar einen bescheidenen Flughafen, der aber bei schlechtem Wetter nicht viel nützt. **Emborió** ist der zweite Hafenort der Insel. Die anderen Dörfer liegen landeinwärts, so wie **Agía Marína**, in dessen Nähe sich eine Kalksteinhöhle mit Spuren einer antiken Kultstätte befindet. Von Agía Marína aus ist es ein hübscher

Dodekanes

Spaziergang nach **Helátros** hinunter, einem der schönsten Strände der Insel. Der **Amoúda-Strand** liegt näher zu den bewohnten Orten.

*KASTELLÓRISO

Kastellóriso, östlichster Außenposten und kleinste bewohnte Insel des Dodekanes, ist nur 3 km von der Türkei, aber 120 km von Rhódos entfernt. Seinen anmaßend klingenden Beinamen *Megísti* („die Größte") trägt es jedoch nicht ganz zu Unrecht: es ist immerhin die größte Insel in einer Gruppe von winzigen Eilanden.

Da Kastellóriso so weit vom Rest des Dodekanes entfernt und so nahe an der Türkei liegt, bekommt die Bevölkerung Unterstützung von der Regierung, damit sie auf der Insel bleibt, denn die Griechen befürchten, als verlassene Insel könne Kastellóriso leicht an die Türken zurückfallen.

Kastellóriso zählte bis zum Zweiten Weltkrieg noch über 14 000 Einwohner; heute sind es nur 220. Die meisten alten, oft neoklassizistischen Häuser von ***Kastellóriso-Stadt** stehen aber noch und werden zum überwiegenden Teil von ihren ausgewanderten, aber im Sommer zum Urlaub zurückkehrenden Besitzern gut gepflegt. Das trägt zum besonderen Reiz der strandlosen Insel bei. Attraktiv sind auch die vielen kleinen Tavernen am Hafen, deren Tische, Stühle und kleine Grills fast unmittelbar neben Fischerbooten und Jachten stehen. Ein kleines **Museum** illustriert die Inselgeschichte, nahe beim Museum wurde im 4. Jh. v.Chr. ein **Lykiisches Felsgrab** in die Küstenfelsen gemeißelt.

Schön ist eine etwa vierstündige Inselrundwanderung zu verlassenen Klöstern und zur venezianischen Burg **Paleókastro**. Größte Attraktion ist eine Bootsfahrt in die ***Mönchsrobbengrotte**, eine der schönsten Meereshöhlen des Mittelmeers.

DODEKANES

FLUGZEUG: Es gibt große Flughäfen auf Kárpathos, Kós und Rhódos (Inlandsflüge und Charterflüge von März-Okt.); kleinere auf Astipálea, Kásos, Léros und Kastellóriso (nur Inlandsflüge). Reisende nach Pátmos fliegen nach Sámos und setzen dann mit der Fähre über. *SCHIFF:* Die Verbindungen zwischen den Inseln des Dodekanes mit Fähren und *Flying Dolphins* sind – besonders im Sommer – recht gut. Von den größeren Häfen gibt es auch Fähren nach Kreta und Piräus. Von Rhódos und Kós aus sind Ausflüge in die Türkei möglich (nach Marmaris bzw. Bodrum).

PÁTMOS (☎ 0247)

Touristenpolizei, Tel. 31303. Reisebüros, z. B. **Astoria**, Tel. 31205, Fax 31975, oder **Apollon**, Tel. 31724, Fax 31819, helfen bei der Zimmersuche und der Organisation von Ausflügen. **Touristeninformationsbüro**, Tel. 31666, am Fähranleger in Skála.

MIETWAGEN / -MOTORRÄDER: **Ioannis Apostolidis**, Skála, Tel. 31541.

SKÁLA: ●●● **Porto Scoutari**, Tel. 33124, Fax 33175. Moderner Hotel- und Appartement-Komplex mit Blick auf Meer und Inseln. ●● **Skála Hotel**, Tel. 31343, Fax 31747. Etwa 100 m vom Fähranleger, in einem schönen Garten mit Pool, blumengeschmückte Balkone. **Blue Bay Hotel**, Tel. 31165. Direkt am Meer, am Stadtrand gelegen. **PÁTMOS (HÓRA):** Das Touristeninformationsbüro hat eine Liste aller Zimmervermieter; einer von ihnen ist **Ioannis Apostolidis**, Tel. 31738.

MÍLOÏ: Flowers Stephanos, Tel. 31821.

SKÁLA: To Pirofani, Tel. 31539. Exzellentes Fischrestaurant am Meer. Ebenfalls am Meer liegt **Grigoris**, Tel. 31515. Gegenüber vom Fernsprechamt ist das sehr gute **Loukas**, Tel. 32515, zu empfehlen. **PÁTMOS (HÓRA): Vagelis**, Tel. 31485, am Hauptplatz, schöne Dachterrasse. **KÁMBOS:** Im Stadtzentrum gegenüber der Kirche befindet sich die **Taverne Panagos**, Tel. 31076.

Johanneskloster, Tel. 31398, (wechselnde Öffnungszeiten!) Mo-So 8-13 Uhr, Di, Do, So auch 16-18 Uhr. **Apokalypse-Kloster**, Tel. 31234, Öffnungszeiten wie Johanneskloster.

LIPSÍ (☎ 0247)

Informationsbüro am Hauptplatz; es gibt auch einige Reisebüros, darunter **Paradisis** (Tel. 41120, Fax 41110), die Zimmer, Ausflüge usw. vermitteln.

🏍 *MIETMOTORRÄDER:* **George**, Tel. 41340.

📧 **LIPSÍ:** 😊😊 **Hotel Aphrodite**, Tel. 41000. Sauberer, neuer Bau mit eigener kleiner Bucht (Lendoú-Strand). **Kalypso**, Tel. 41242. Am Meer.

✖ **LIPSÍ: Kalypso**, Tel, 41242, Taverne und Café (auch Zimmer). **KATSADIÁ: Dilalia**, Taverne mit Campingplatz. **PLATÍS GIALÓS:** Kleine Taverne am Strand.

LÉROS (☎ 0247)

✈ **Leros Travel**, Plátanos, Tel. 24111, Fax 24110, hilft bei der Zimmersuche und organisiert Ausflüge.

🏍 *MIETWAGEN / -MOTORRÄDER / -FAHRRÄDER:* **John Koumoulis**, Lakkí, Tel. 22330, und Álinda, Tel. 24646.

📧 **LAKKÍ:** 😊😊 **Miramare**, Tel. 22043, nahe dem Fähranleger. **PLÁTANOS:** 😊😊 **Pension Platanos**, Tel. 22608. Direkt über dem Café am Hauptplatz im Zentrum des Geschehens. **ÁLINDA:** 😊😊 **Hotel Marilen**, Tel. 24660, 24100, Fax 22531. Komfortable, geräumige Appartements mit Küchenzeile, um einen großen Pool gruppiert, mit Meeresblick, in Strandnähe.

✖ **PANDÉLI: Taverna Psaropoula**, Tel. 25200. Exzellenter frischer Fisch und andere Spezialitäten, direkt am Strand. **AGÍA MARÍNA: Agía Marína**, Tel. 24833. Nettes Ambiente.

🏛 **Kástro** mit **Panagía** und **Kirchenmuseum**, Mi, Sa, So 9-12, 16-20 Uhr, in der Saison täglich. **Volkskundemuseum**, in der Belléni-Villa, Álinda, tägl. 9-12, 16-19 Uhr.

KÁLIMNOS (☎ 0243)

✈ **Informationsbüro** an der Uferstraße in Kálimnos-Stadt, nahe dem Hotel Olympic. **Kálimnos Tours**, Tel. 28329, Fax 29656.

📧 **KÁLIMNOS-STADT:** 😊😊 **Hotel Olympic**, Tel. 28801, Fax 29314. Freundliches Haus in Familienbesitz, zentral, an der Uferstraße (25 Martiou). **Hotel Katerina**, Tel. 22532. Die bescheidene Villenfassade verbirgt einen blauweißen Innenhof mit Pool. 😊 **Villa Themelina**, Tel. 22682, Fax 23970. Einfache Zimmer in reizvoller alter Villa auf dem Berg neben dem „Archäologischen" Museum. **Archontiko**, Tel. 24051, Fax 24149. Hübsche Villa nahe des Fährendocks. **KANDÓUNI:** 😊😊😊 **Kalydna Island Hotel**, Tel. 47880, Fax 47190. Attraktiver Hotel- und Bungalow-Komplex am Strand mit Pool und Restaurant. 😊😊 **Kantouni Beach Hotel**, Tel. 47980, Fax 47549. Hohes Niveau, freundliches Personal. **VATHÍS:** 😊 **Galini**, Tel. 31241. Am Meer, gutes Restaurant.

✖ **KÁLIMNOS-STADT: Xefteres**, Tel. 28642. Traditionelle Gerichte, „Topfgucken" ersetzt die Speisekarte.

Barbas Petros (auch **Martha's**), Tel. 29678. Am Hafen, nahe der Fischhalle; sehr guter Fisch. **Kamboura-kis**, Tel. 29879, ebenfalls an der Uferpromenade; Spezialität: Tintenfisch-*Keftedes*. **KANDÓUNI: Domus**, Tel. 47959. Eines der besten Restaurants der Insel: feines Essen, Blick auf den Strand. **MASOÚRI: The Sun Set**, Tel. 47683. Leckere griechische Spezialitäten, mit Blick auf den Sonnenuntergang über Télendos.

🏛 **Archäologisches Museum**, Tel. 23113, tägl. 9.30-14 Uhr. Überall in der Stadt gibt es **Schwammfabriken**, die man besichtigen kann, z. B. **Atsas Sakellarios**, Tel./Fax 50530.

⛵ **Kalymna Yachting** bietet private Charterboote mit oder ohne Crew sowie organisierte Touren an. PO Box 47, 85200 Kálimnos, Tel. 24083, 24084, Fax 29125.

ASTIPÁLEA (☎ 0243)

✈ **Gournas Tours**, Tel. 61334, Fax 61466.

📧 **ASTIPÁLEA:** 😊😊 **Viva Mare**, Tel. 61571, 61292. Hübsch und angenehm. 😊 **Astinea**, Tel. 61040. Zentral gelegen. **Australia**, Tel. 61275. Mit Restaurant, schöne Terrasse.

⚠ **MARMÁRI-STRAND: Camping Astipalea**, Tel. 61338.

✖ **ASTIPÁLEA:** Gute und beliebte Tavernen sind **I Monaxia** und **To Akroiali**.

KÓS (☎ 0242)

KÓS-STADT

✈ **EOT**, Akti Miaouli (am Hafen), Tel. 29200, Fax 29201, Mo-Sa 7.30-15 Uhr.

🏍 *MIETWAGEN:* **Safari rent-a-car**, Kós-Stadt, Ecke Harmilou und Karaiskaki, Tel. 21023, 27918, Fax 21096.

📧 😊😊😊 **Kipriotis Village**, Psalídi, südl. der Stadt, Tel. 27640, Fax 23590. Luxuriöser Komplex mit allen denkbaren Annehmlichkeiten: Pools, Bungalows, Strand, Bar u. v. m. 😊😊 **Afentoulis**, Evripilou 1, Tel. 25321. In einer ruhigen Nebenstraße. 😊 **Hotel Yiorgos**, Harmilou 9, Tel. 23297, Fax 27710. Die äußerst freundlichen Eigentümer verleihen diesem komfortablen, zentralen Hotel viel Gemütlichkeit. **Privatzimmer** findet man bei **Irini Vasilopoulou**, Kolokotroni 11, Tel. 28298; sie vermietet auch billige Appartements in Psalídi.

✖ **Olympiada**, Kleopatras 2. Vernünftige Preise und sehr griechisch. Im Irrgarten der Touristentavernen am städtischen Strand ist das **Roditissa** empfehlenswert; direkt am Meer, aber auf der anderen Seite der Stadt (an der Straße nach Psalídi), sind **Akrogiali** (sehr frische Zutaten) und **Nestoras** besonders gut. **Symposi-**

um, Artemissias, sehr gutes Essen. **Kastro** ist teuer, aber das Essen ist den Preis wert.

🏛 **Kos-Museum** (Archäologisches Museum), Platía Eftherías, Tel. 28326, Di-So 8-15 Uhr. **Johanniterburg** (am Hafen), Di-So 8-15 Uhr. **Asklepieion** (4 km südwestlich der Stadt; regelmäßig Busverkehr), Di-So 8-15 Uhr.

RUND UM DIE INSEL

🛏 **KARDÁMENA:** 😊😊😊 Hotel **Kris-Mari**, Tel. 91642, Fax 91034. Am Stadtrand, etwas entfernt vom Meer; elegant, modern und freundlich. Zimmer mit Blick auf Meer und Pool. **KÉFALOS:** 😊😊 **Hermes Hotel**, Tel. 71102, Fax 71794. Auf halbem Weg zum Ort Kéfalos hinauf, mit schöner Aussicht auf die Bucht; Pool, Tennis.

✗ **ZÍA:** Versuchen Sie das **Smaragdi**, den gepflasterten Fußweg über der kleinen Kirche Panagía hinauf, oder das **Olympia** (Tel. 29821). **KARDÁMENA:** Das beste Restaurant der Stadt ist **Giannis**, auf der Hauptstraße, mit einer Auswahl an hiesigen Spezialitäten. **KÉFALOS:** In Kéfalos bieten die Tavernen **Kastro** (Tel. 71528) und **Lambada** (Tel. 71591) zumindest teilweise einen schönen Ausblick. Unter den Restaurants am Strand zieht **Captain John** (Tel. 71152) die meisten Griechen an. **MASTIHÁRI: Dionyssos**, Tel. 51243 oder 51785. Von den Touristenlokalen am Ufer gibt sich dieses viel Mühe, wenigstens noch ein paar andere Spezialitäten als Moussaka und Giros anzubieten und das Essen ist ziemlich gut.

📷 Jeder Ort am Meer hat sein eigenes **Wassersportzentrum**. Kardámenas **Arian Diving Center** ist etwas Besonderes, weil es von einem Schoner aus betrieben wird (über das **Porto Bello Hotel**, Tel. 91217, Fax 91168).

NÍSIROS (☎ 0242)

ℹ Bei Touren zum Vulkan, Mopedverleih, Unterkunftssuche und anderen Dienstleistungen ist Dimitris von **Nisyrian Travel** in Mandráki, Tel. 31411, Fax 31610, sehr hilfsbereit; Filiale in Páli: Tel. 31611.

📧 **MANDRÁKI:** 😊😊 **Haritos Hotel**, Tel. 31322. Freundliche, komfortable Pension in ruhiger Lage am Stadtrand, am Meer. 😊 **Romantzo**, Tel./Fax 31340. Günstige Zimmer und ein gutes Restaurant.

✗ **MANDRÁKI: Panorama Taverna**, Tel. 31185, am Hauptplatz. Beste Taverne der Stadt. **Taverna Nisyros**, Tel. 31460. Einfach und gut. **PÁLI: Hellinis**, Tel. 31453. **NIKIÁ: Taverna Ta Nikeia**, Tel. 31285. Einzige Taverne im Ort.

📷 **Bustouren** zum Vulkan jeden Morgen vom Pier in Mandráki aus.

TÍLOS (☎ 0241)

ℹ **Stefanakis Travel**, Tel. 43310, und **Tilos Travel**, Tel. 53259, helfen bei Zimmersuche und Transport. **Touristenpolizei**, Tel. 44222.

📧 **LIVÁDIA:** 😊😊 **Irini**, Tel. 53293. In Strandnähe. **Castellos Beach**, Tel. 44267. Modernes Hotel, Meerblick. 😊 **Stefanakis Appartements**, Tel. 44310.

✗ **Irina**, nahe der Kirche. Stimmungsvolle Taverne, Meeresfrüchte.

📷 Großes **Kirchenfest** im Kloster Ágios Pandeleímon, Ende Juli.

RHÓDOS

RHÓDOS-STADT (☎ 0241)

ℹ Das **EOT-Büro**, Makariou 5 (Ecke Papagou), Tel. 23655, Fax 26955, ist sehr hilfsbereit; hier gibt es Informationen über den gesamten Dodekanes in vielen Sprachen. **Stadtinformation**, Platía Rímini, Tel. 35945.

🚗 *MIETWAGEN:* **Hertz**, Griva 16, Tel. 21819 (am Flughafen: Tel. 92902), sehr freundliches, hilfsbereites Personal.

📧 😊😊😊 **Rhodos Park**, Riga Fereou 12, Tel. 24612, Fax 24613. Erstklassiges Hotel im Herzen der Stadt (in der Neustadt, aber ganz nah an der Altstadt), mit Pool, Restaurants. **Grand Hotel Rhodos**, Akti Miaouli 1, Tel. 26284, 73333, Fax 35589. Luxushotel am Strand mit Pools, Tennisplatz, Fitnessraum, Sauna u. v. m. 😊😊 **Cava d'Oro Hotel**, Kistiniou 15, Tel. 36980, 25537. Restaurierter Altbau, freundlich und persönlich. **Hotel Savoy**, Tel. 20721, Fax 21720. Sehr kleine Zimmer, aber mit Annehmlichkeiten wie Klimaanlage und Fernseher; in der Nähe des Mandráki-Hafens. 😊 **Hotel Spartalis**, Tel. 24371. Billige, aber passable moderne Zimmer mit Bad; in der Neustadt, unweit des Hafens – sehr günstig für Fähren am Morgen. **Hotel Sydney**, Apellou 41, Tel. 25965, Fax 36980. Gutes Preis-Leistungs-Verhältnis, zentrale Lage in der Altstadt.

✗ In der Altstadt serviert **Dinoris**, Platía Mousíou, Tel. 25824, hervorragende Meeresfrüchte. Hier kann man es ruhig riskieren, einmal exotische Gerichte wie Seeigel oder *Phouskies* zu probieren; auf keinen Fall die Fisch-*Keftedes* verpassen! Die Qualität hat jedoch ihren Preis. Ebenfalls edel ist **Palaia Istoria**, Mitropóleos 108, Tel. 32421, mit einer vorzüglichen Auswahl an *Mezedes*. **Hatzikelis**, Solomou Alchadef, Tel. 27215. Am Stadtrand, gemütlich, beliebt, sehr gute *Mezedes*, mit Tischen im Freien. **To Rodon**, Ecke Sokratous/Platonos, Tel. 39812. Einfache Taverne mit sehr guter Küche. **Olympia**, Odós 25. Martiou 12, Tel. 21620.

„Pizzeria" mit guten griechischen Gerichten. **Danaides**, Spartali Arcade, Tel. 21547. Caféteria mit passablem Essen.

🏛 **Byzantinisches Museum, Volkskunstmuseum, Archäologisches Museum**, Di-So 8.30-15 Uhr, Info unter Tel. 75674. **Großmeisterpalast**, Mo 12.30-15 Uhr, Di-So 8.30-15 Uhr, Tel. 23359. **Aquarium**, tägl. 9-21 Uhr, in der Nebensaison bis 15.30 Uhr.

RUND UM DIE INSEL

🛏 **AFÁNDOU:** 😊😊 **Afándou Beach**, Tel. 0241/51586, Fax 52003. Nettes Strandhotel. **KOLÍMBIA:** 😊😊 **Allegro**, Tel. 0241/56286. Modernes Hotel am Strand. **LÍNDOS:** Die Hotels in Líndos sind fast ausschließlich mit Pauschalreisenden belegt, somit ist es schwierig, direkt im Ort eine Unterkunft zu finden. Versuchen kann man es bei 😊😊😊 **Lindos Mare**, Tel. 0244/31130, Fax 31131, oberhalb der Bucht, mit Pool, oder 😊😊 **Anastasia**, Tel. 0244/31547, im historischen Zentrum.

❌ **KOLÍMBIA: Nissaki**, an der Bucht gelegen, hervorragender Fisch. **LÍNDOS: Mavrikos**, nahe des Hauptplatzes, Tel. 0244/31232, hat gutes Essen.

🏛 Die Stätten von **Ialissós, Kámiros** und **Líndos** sind in der Regel Di-So 8.30-15 Uhr geöffnet; Infos unter Tel. 0241/21954.

📷 **AFÁNDOU:** Golfplatz (18 Löcher), Tel. 0241/51451. **ÉMBONAS:** Weinprobe in der Emery-Kellerei, Mo-Fr 9-15 Uhr, Tel. 0246/41206.

SÍMI (☎ 0241)

ℹ️ Am Schiffsanleger im Hafen ist ein elekronischer Informationsstand. **Kalodoukas Holidays**, Tel. 72661, auf der anderen Seite des Hafens bietet Zimmervermittlung, geführte Wanderungen und Ausflüge in einem wunderbaren alten Holzboot.

🛏 **Kalodoukas Holidays** (siehe unter ℹ️) und **Sími Tours**, Tel. 71307, Fax 72292, vermitteln Unterkünfte. Private Appartements und Villen vermittelt **Jean Manship**, Tel. 71819. **GIALÓS:** 😊😊 **Hotel Opera House**, Tel. 72034, Fax 72035. Schöne Appartements mit Küchenzeilen und Bad sowie ein Hotel in ruhiger Lage; ganzjährig geöffnet. **Hotel Albatros**, Tel. 71829. Reizender neoklassizistischer Bau im Herzen von Gialós. **HORIÓ:** 😊😊 **Hotel Fiona**, Tel. 72088. Zimmer mit atemberaubendem Blick über den Hafen. **Villa Kassandra**, Tel. 72157, Fax 72616, bietet dieselbe traumhafte Aussicht auf den Hafen von den Terrassen und Fenstern eines gemütlichen, schön renovierten kleinen Hauses aus.

❌ **GIALÓS:** Über dem Standard der normalen Tavernen liegt **O Milopetra**, Tel. 72333, ein elegantes und ziemlich teures Restaurant in einem renovierten alten Steinhaus. **HORIÓ: Dallaras**, Tel. 72030. Gemütliche, freundliche Taverne mit griechischen Spezialitäten; auch Zimmervermietung. **Taverna Giorgios**, nebenan, bietet ebenfalls gute Tavernen-Küche. Für einen Drink am späten Abend geht man am besten in die **Jean and Tonic Bar** (Tel. 71819). **PÉDIO: Ta Valanidia**, an der Straße von Gialós nach Pédio, Tel. 72693, sehr gute Küche, vermietet auch Zimmer.

🏛 **Marinemuseum**, Gialós, Di-So 10-14 Uhr. **Museum**, Horió, Di-So 10.30-15.30 Uhr.

📷 *BOOTSVERLEIH:* **Yiannis**, Tel. 71931.

KÁRPATHOS (☎ 0245)

ℹ️ **Kárpathos Travel**, Dimokratias 11, Tel. 22148. **Touristenpolizei**, Tel. 22218.

🛏 **KÁRPATHOS-STADT:** 😊😊😊 **Possirama Bay**, Tel. 22511. Appartements in Strandnähe. 😊😊 **Romantica**, Tel. 22461. Große Pension in Strandnähe. **Sunrise**, Tel. 22467, Fax 22089, Internet: http://agn.hol.gr/hotels/sunrise/sunrise.htm Angenehm, in Strandnähe. **MENETÉS:** 😊😊 **Irini**, Tel. 22143. Freundliches Hotel.

❌ **KÁRPATHOS-STADT: I Kali Kardia**, hervorragende Fischtaverne. **ÓLIMBOS: O Mílos**, Tel. 51297. Leckere Pítta-Variationen.

📷 **Osterfest** in Ólimbos, mit Musik, Tanz, Heiratsmarkt. **Johannes-Fest** in der Höhlenkirche Vorgoúnda (bei Avlóna), 28./29. August.

KÁSOS (☎ 0245)

ℹ️ **Rathaus**, Tel. 41277. **Touristenpolizei**, Tel. 41222.

🛏 **FRÍ:** 😊😊 **Anagenessis**, Tel. 42323. **Anessis**, Tel. 41202. Außer diesen beiden Hotels gibt es am Hafen einige Tavernen, die Zimmer vermieten.

❌ In den **Tavernen** am Meer bekommt man häufig sehr gute, sehr frische Meeresfrüchte.

📷 **Gedenkfest** an den türkisch-ägyptischen Überfall 1824; am 7. Juni.

KASTELLÓRISO (☎ 0241)

ℹ️ **Rathaus**, Tel. 49269. **Touristenpolizei**, Tel. 49330.

🛏 **KASTELLÓRISO-STADT:** 😊😊 **Megisti**, Tel. 29072. Groß, modern, einziges „richtiges" Hotel auf der Insel. 😊 **Barbara**, Tel. 29295. Ältere Pension, auch Vermietung von Appartements.

❌ **KASTELLÓRISO-STADT: O Meraklis**, Ouzeri, sehr gute *Mezedes*.

KRETA

IRÁKLIO UND KNOSSÓS

LASÍTHI

RÉTHIMNO

HANIÁ

Die 260 km lange „große Insel" (*Megaloníssos*) Kreta, von den Griechen auch „der kleine Kontinent" genannt, liegt weit draußen im Mittelmeer. Sie hat im Überfluss schöne Strände, spektakuläre Berglandschaften und nicht weniger als vier Gebirgszüge, die den Besucherstrom vom Landesinneren etwas fern halten. Seit die Minoer zwischen ca. 2500 und 1000 v. Chr. von Knossós aus die Ägäis beherrschten, hatte die Insel immer ihre eigene Kultur. Im Mittelalter gab die kretische Ikonenmalerei in der Ägäis und im Ionischen Meer den Ton an (sie dominiert noch immer in den Ikonostasen vieler Inselkirchen). Heutzutage gehören die Gebirgsdörfer Kretas zu den wenigen Orten Griechenlands, die ihr Brauchtum bewahrt haben, darunter auch einheimische Lieder (*Mantinades* und *Rizitikas*) und Tänze, die von dem Saiteninstrument *Lyra* begleitet werden.

Die lang gestreckte Insel ist eines der beliebtesten Touristenziele Griechenlands, weshalb moderne Hotels der gehobenen Klasse an der Nordküste ganze Küstenstreifen besetzt haben. Man muss sich auf Kreta schon etwas anstrengen,

Vorherige Seiten: Ein farbenfrohes Kafeníon auf Kreta. Links: Eine Wanderung durch die Samariá-Schlucht – Höhepunkt jeder Kreta-Reise.

wenn man sich abseits der ausgetretenen Pfade bewegen will. Wer die Insel wirklich intensiv erkunden möchte, sei auf den ausführlicheren *Nelles Guide Kreta* verwiesen; dieses Kapitel ist eher eine Orientierungshilfe für Inselspringer, die hier für ein paar Tage Halt machen.

Die Minoer, eine mächtige Seemacht, hatten Kreta zum Zentrum der Kultur, des Wohlstands und des Wissens gemacht. In den folgenden Jahrhunderten, nachdem Athen das Machtzentrum geworden war, spielte die Insel in der Geschichte nur noch eine Zuschauerrolle; sie diente als Piratenversteck. Die Römer nutzten Kretas Potential und später auch die Byzantiner; diese mussten aber darum kämpfen, dass die Insel nicht den Arabern in die Hände fiel – wegen der langen Küstenlinie und der gebirgigen Landschaft war Kreta schwer zu verteidigen. Nach kurzen Perioden venezianischer Herrschaft gewannen schließlich die Türken die Oberhand; sie kontrollierten Kreta bis ins 20. Jh. hinein.

Nach erfolglosen Versuchen 1897 und 1909 gelang es der Insel schließlich, sich 1913 im Sog der Balkankriege dem griechischen Staat anzuschließen. Griechenlands erster großer Staatsmann, Elefthérios Venizélos, stammte aus Haniá. Im Mai 1941 unternahmen die Deutschen eine erfolgreiche Invasion Kretas aus der Luft,

Kreta

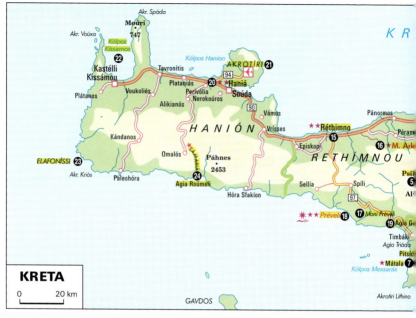

KRETA

0   20 km

aber der einheimische Widerstand dauerte den ganzen Krieg über an – bis zur Be-
freiung der Insel vier Jahre später.

IRÁKLIO UND **KNOSSÓS

Kreta ist in vier Bezirke (*Nomoi*) aufgeteilt: Von Westen nach Osten sind das
Haniá, Réthimno, Iráklio und Lasíthi.

Die meisten Touristen kommen in
*Iráklio ❶ an, seit 1971 Kretas Haupt-
stadt und die viertgrößte Stadt Griechenlands. Sie wird nicht wegen ihrer Schönheit besucht – sie ist modern und ver-
kehrsreich –, sondern aufgrund der Tatsache, dass sich hier der Hauptfährhafen,
der größte Flughafen und das wichtigste
Archäologische Museum mit Funden von
der bedeutendsten Ausgrabungsstätte der
Insel, dem 5 km entfernten Knossós, befinden. Iráklios bedeutendes **Archäologisches Museum** enthält viele Fragmente, die zu empfindlich sind, um in
Knossós selbst aufbewahrt zu werden. Es
liegt nahe der die Stadt umschließenden
venezianischen **Festungsmauern**. Den

Hafen bewachen eine kleine restaurierte
venezianische Festung, die unter ihrem
türkischen Namen **Koules** bekannt ist,
und die gewölbten Tunnel, das Einzige,
was vom venezianischen **Arsenal** übrig
blieb. Im Herzen der Stadt liegt der Platz
Platía Venizélou, wegen der Löwen, die
den **Morosini-Brunnen** aus dem 17. Jh.
in seiner Mitte schmücken, auch *Ta Li-
ontaria* genannt. Hier befindet sich die
Kirche **Ágios Márkos** aus dem 13. Jh.,
die die Venezianer für ihren Schutzpatron erbauten; ein paar Straßen weiter
steht die byzantinische Kirche **Ágios Tí-
tos**, zu Ehren des Schutzheiligen Kretas,
der die Insel im 1. Jh. christianisierte.

Das Gelände des 1878 entdeckten
Palast von Knossós ❷ wurde um die
Jahrhundertwende nach und nach von
dem Engländer Sir Arthur Evans aufge-
kauft; die Ausgrabungen begannen 1900.
Die Bauten sind locker unterschieden in
den Ersten, Zweiten und Dritten Palast.
Nachdem 1700 v. Chr. ein Erdbeben dem
Zweiten Palast schweren Schaden zuge-
fügt hatte, wurde der **Dritte Palast** er-

baut, das noch immer großartigste Bauwerk mit ursprünglich etwa 1300 Räumen; es ist dieser Palast, nur teilweise von Evans rekonstruiert, der die Stätte beherrscht. Seine Größe und Gestalt erklären den Ursprung der Legende vom Labyrinth von Knossós. Der Sage zufolge gebar Königin Pasiphaë nach einem Ehebruch mit einem Stier den Minotauros, eine Kreatur halb Mensch, halb Stier. König Minos verbarg die Bestie in einem Labyrinth im Palast, das vom Meisterarchitekten Dädalus konstruiert worden war; um sie zu ernähren, erlegte Minos seinem Vasallenstaat Athen einen jährlichen Tribut von sieben Jünglingen und sieben Jungfrauen auf. Um sein Volk von dieser Last zu befreien, begleitete Prinz Theseus einen dieser Opfertransporte; Ariadne, die Tochter von Minos, verliebte sich in ihn und half ihm, den Weg durch das Labyrinth zu finden, um den Minotauros zu töten. Nach den auf der Stätte gefundenen Votivstatuen und Fresken kam Stieren in der minoischen Religion eine zentrale Bedeutung zu.

Kulturgeschichtlich interessant sind die Beweise, dass es fließendes Wasser für die Wanne und Toilette im **Badezimmer** der Königin gab, unweit des **Megarons der Königin**, das mit Delfin-Fresken verziert war. Zu den weiteren Glanzlichtern gehört der **Thronsaal**, der einen der ältesten Throne der Welt enthält.

Östlich von Iráklio liegen am **Golf von Mália** einige der beliebtesten und bevölkertsten Strände der Insel. **Liménas Hersónisos** ❸ zieht die Windsurfer an; in **Mália** ❹ gibt es nicht nur Strandhotels und Nachtleben, sondern 4 km östlich der Stadt auch die Überreste eines minoischen Palastes (1900 v. Chr.).

Nach Süden führt die Straße hinauf in die Berge um den **Psilorítis** ❺, Kretas höchstem Gipfel (2456 m), auch als Berg Ída bekannt. Hier wurde der Legende nach der kleine Zeus in einer Höhle großgezogen und vor seinem Vater Kronos versteckt, der aus Angst, einer seiner Nachkommen könne ihn töten, all seine anderen Kinder verschlungen hatte (Zeus wurde erwachsen und brachte ihn um).

Kreta

*Festós ❻, weiter südlich, ist ein weiterer minoischer Palast, in dem sich ein wenig die Geschichte von Knossós widerspiegelt: 1700 v. Chr. von einem Erdbeben zum Einsturz gebracht, wurde er noch prunkvoller neu aufgebaut, aber von einer Feuersbrunst, ausgelöst durch einen Krieg oder eine Naturkatastrophe, um 1450 v. Chr. wieder zerstört. **Agía Triáda**, ganz in der Nähe, ist eine etwas jüngere antike Stätte: eine Palastanlage aus dem 14. Jh. v. Chr.

Von hier aus ist es nicht weit zu den Stränden an der Südküste, die im Allgemeinen nicht ganz so voll sind wie die im Norden. Es gibt einen sehr guten Strand etwa einen Kilometer hinter **Pitsídia** (die unbefestigte Straße hinunter); er liegt in der Nähe einer Stätte, die Evans für den minoischen Hafen Kommós hielt.

Etwas weiter südlich befindet sich *Mátala ❼, heute ein dicht bevölkerter

Oben: Der minoische Palast von Knossós, von Arthur Evans fantasievoll rekonstruiert. Rechts: Landschaft Zentralkretas im Frühling.

Badeort; feiner Maschendraht versperrt Rucksacktouristen, die eine Bleibe für die Nacht suchen, den Zugang zu den Höhlen, von denen die Klippen durchsetzt sind. Hier ging der als Stier verkleidete Zeus zuerst an Land, nachdem er die Jungfrau Europa aus Kleinasien entführt hatte: eine weitere Legende, die die Bedeutung des Stiers in der Mythologie dieser Insel unterstreicht.

LASÍTHI

Kretas östlichster Bezirk, Lasíthi, ist sehr vielseitig und relativ unerschlossen. Weizen gedeiht auf 815 m Höhe in der kühlen, fruchtbaren *Lasíthi-Ebene mit ihren malerischen Windrädern, unterhalb des Bergs **Díkti** (2418 m), wo Zeus geboren wurde. *Ágios Nikólaos ❽ ist die Bezirkshauptstadt; der Küstenstreifen um die Stadt herum, der den Golf von Mirabéllo umsäumt, ist im Sommer voll gepackt mit Urlaubern. Die Stadt wurde um den Süßwasser-See **Voulisméni**, den „Weiher ohne Grund", herum errichtet, in

Kreta

dem die Göttin Athena zu baden pflegte; er ist nun durch einen Kanal mit dem Meer verbunden. Im Sommer findet hier eine Vielzahl von Veranstaltungen statt. 12 km südwestlich von Ágios Nikólaos steht in **Kritsá ❾** die Kirche **Panagía i Kerá** aus dem 13. Jh. Hinter den weißen Dreiecken ihrer Fassade verbergen sich großartige byzantinische Fresken aus dem 14. und 15. Jh.

Südöstlich der Hauptstadt, am Golf, wurde **Gourniá ❿** ausgegraben, eine Stadt aus der Bronzezeit voller Überreste aus den Tagen der Minoer. Von hier führt eine Straße hinunter zur Stadt **Ierápetra ⓫**, einem antiken Hafen, der lange vergessen war, dann aber in ein landwirtschaftliches und touristisches Zentrum umgewandelt wurde. In „Europas südlichster Stadt" wird es im Sommer sehr heiß; trotzdem locken die langen Strände der Umgebung auch dann viele Urlauber an. Auf der vorgelagerten Insel **Hrisí**, kann man sich von den „goldenen" Stränden, die der Insel den Namen gaben, in einen schattigen Zedernwald zurückziehen.

Die Nordküste zwischen Pahiá Ámmos und Sitía, an der sich Obstgärten und Felder aneinander reihen, wird „kretische Riviera" genannt. Immer wieder bieten sich herrliche Ausblicke auf das Meer. **Sitía ⓬** ist eine kleine, freundliche und sehr griechische Stadt, berühmt für ihre Rosinen. **Vái ⓭**, ganz im Osten, besitzt einen weißen Sandstrand mit einem idyllischen Palmenhain. An Kretas Ostküste liegt auch ***Káto Zákros ⓮**. Es ist nicht nur ein hübsches Dorf; hier befinden sich auch einige bedeutende minoische Relikte: die Reste eines großen Palasts und eines Handelszentrums des antiken Kreta.

****RÉTHIMNO**

Réthimno ist der gebirgigste von Kretas Bezirken, mit dem Gipfel des **Psilorítis** (Ída) auf seiner Gemarkung. Die an einem natürlichen Hafen angesiedelte Bezirkshauptstadt **Réthimno ⓯** ist weniger entwickelt als Iráklio oder Haniá. Sie trägt deutliche Spuren ihrer venezianischen und türkischen Vergangenheit: die

beeindruckende **Moschee tis Nerantzés** sowie den venezianischen **Hafen** samt **Festung**. Gegenüber dem Eingang zur Festung ist in einem ehemaligen türkischen Gefängnis das **Archäologische Museum** untergebracht.

22 km südöstlich, in den Ausläufern des Psilorítis, befindet sich das ***Kloster Arkádi** ⓰, das wichtigste Kretas, mit seiner bedeutenden Renaissance- / Barock-**Kirche der Heiligen Helena und Konstantin** (erbaut 1587). Es gemahnt auch an den Märtyrertod Hunderter kretischer Rebellen, die sich 1866 im klösterlichen Munitionsdepot in die Luft sprengten, um nicht in die Hände der Türken zu fallen. Das **Kloster Préveli** ⓱ an der Südküste war ein weiterer Zufluchtsort während der Invasion von 1866; zur Vergeltung brannten die Türken es bis auf die Grundmauern nieder (es wurde wieder aufgebaut). In ca. 30 Gehminuten erreicht man den palmenbestandenen ****Strand von**

Oben: Kreter aus Anógia, Bezirk Réthimno.

Préveli ⓲. Taxiboote fahren von **Agía Galíni** ⓳, einem ehemaligen Fischerdorf und jetzt Réthimnos wichtigster Badeort an der Südküste, dorthin. Nördlich davon liegt eingebettet in das Vorgebirge das schöne, fruchtbare **Amári-Tal**.

HANIÁ

Die natürliche Barriere der **Léfka Ori** oder „Weißen Berge" trennt den westlichen Bezirk Haniá eindrucksvoll vom Rest der Insel ab, besonders im Winter, wenn Schnee die Bergstraßen blockiert. Als Folge verlief die touristische Entwicklung Haniás umsichtiger als die oft trostlose Bebauung weiter östlich.

Haniá ⓴, von 1860 bis 1913 Hauptstadt der Insel und noch immer Kretas zweitgrößte Stadt, ist ein eleganter Ort, durchsetzt mit Minaretten von Moscheen und Spitzbögen venezianischer Fassaden. Sie besitzt eine kreuzförmige überdachte **Markthalle und einen **Leuchtturm** (Faros) am Ende der Hafenmole.

Nordöstlich schließt sich die **Halbinsel Akrotíri** ㉑ an, auf der immer mehr Luxusvillen entstehen; hier befinden sich Haniás Flughafen, das **Grab von Venizélos** und einige alte Kirchen. Nach Westen zieht sich ein Streifen erschlossenen Strandes am **Golf von Haniá** entlang; die **Kíssamos-Bucht** ㉒ hingegen wird von zwei großen Landspitzen eingerahmt, die nahezu unbewohnt sind. An der Westküste gibt es einsame Strände; ein Glanzlicht ist **Elafoníssi** ㉓, eine kleine, der Südwestküste beim **Kloster Hrisoskalítissa** vorgelagerte Insel. Eine besondere Naturschönheit ist die wilde ***Samariá-Schlucht**, die durch die Weißen Berge zur Südküste führt. Ein 18 km langer, populärer, aber nicht immer leicht zu gehender Weg führt zwischen spektakulären Felswänden hindurch, vorbei an alten Kirchen und einem verlassenen Dorf, nach **Agía Roúmeli** ㉔, wo Wanderer übernachten oder mit dem Schiff zum Bus nach Haniá zurückkehren können.

Karte S. 200-201

IRÁKLIO (☎ 081)

ℹ️ **EOT**, Xanthoudidou 1 (gegenüber dem Archäologischen Museum), Tel. 228225, 225636, Fax 226020.
📱 *FLUGZEUG:* Flughafen ca. 5 km östl. der Stadt. Regelmäßige Flüge nach Athen, Rhódos, Thessaloníki; im Sommer nach Míkonos, Páros, Thíra, außerdem Charterflüge. **Olympic Airways**: Tel. 229191; am Flughafen: Tel. 245644. *SCHIFF:* Tägl. Fähren von und nach Piräus (12 Std.); Verbindungen zu den Kykladen u. dem Dodekanes sowie nach Haifa (Israel). **Hafenbehörde**, Tel. 226073, 244934. *BUS:* Fernbusse verkehren auf der ganzen Insel: Tel. 245019 (nach Osten/Tsermiádo), Tel. 221765 (nach Westen/Haniá), Tel. 283925 (innerhalb der Stadt).
🛏️ 😊😊😊 **Galaxy**, L. Dimokratias 67, Tel. 238812, Fax 211211. Klimaanlage, Pool. **Agapi Beach**, Ammoudari, Tel. 250502, Fax 250731. 😊😊 **Atrion**, K. Paleologlou 9, Tel. 229225. Ruhig, elegant. **Ilaria**, Epimenidou, Tel. 227103. Zentral, Dachgarten. **Pension Dedalos**, Dedalou 15, Tel. 224391. Nahe dem Archäolog. Museum. 😊 **Olympic**, Platía Kornarou, Tel. 288861. Einfach, sauber, schöner Ausblick. **Hellas**, Kandanoleontos 11, Tel. 225121.
❌ **Kyriakos**, nahe dem Galaxy Hotel, exquisite Taverne. **Ippokambos**, Mitsotakis, gute *Ouzeri*. **Ta Psaria**, 25 Avgousto, hat guten Fisch.
🏛️ **Archäologisches Museum**, Xanthoudidou 1 (am Platía Eleftherias), Tel. 226092, Di-So 8-17, Mo 12.30-17 Uhr. **Historisches Museum**, Eleftheriou Venizélou, Tel. 283219, Mo-Sa 9-13, 15-17.30 Uhr. **Ausgrabungsstätte von Knossós**, Tel. 231940, tägl. 8-17 Uhr (im Sommer bis 18 Uhr).
🔺 **Griechischer Bergsteigerverein** (EOS), Leoforos Dikeosinis 53, Tel. 287110. Auskünfte über Wandermöglichkeiten.

LASÍTHI (☎ 0841)

ℹ️ **ÁGIOS NIKÓLAOS:** Informationsbüro am Hafen, Tel. 82384, 22357, Fax 82386.
🛏️ **ÁGIOS NIKÓLAOS:** 😊😊😊 **Minos Beach**, Ammoudi, Tel. 22345, Fax 22548. Bungalows. **St. Nicolas Bay**, Tel. 25041. Am Strand, Pools. 😊😊 **Ariadni Hotel**, Tel. 22741, Fax 22005. Komfortables Strandhotel. **Panorama Hotel**, Sarolidi 2, Tel. 28890, Fax 27268. In der Stadt, Strandblick. **IERÁPETRA: Hotel Owners' Association**, Tel. 0842/22306, Fax 61551. 😊😊 **Ferma Beach**, Tel. 0842/61341. Am Strand, Pools, Tennis. 😊😊 **Blue Sky**, Tel. 0842/28264. 😊 **Four Seasons**, Tel. 0842/24390. Hübsche Villa mit Garten.
🔺 **ÁGIOS NIKÓLAOS: Gournia Moon**, zwischen Ágios Nikólaos und Sitía, Tel. 0842/93243.

🏛️ **Archäologische Sammlung von Ierápetra**, Adrianou Kostoula, Tel. 0842/287221, Di-So 8.30-15 Uhr. **Archäologische Stätte Káto Zákros**, Tel. 22462, Di-So 8.30-15 Uhr.

RÉTHIMNO (☎ 0831)

ℹ️ **EOT**, S. Venizelou, Tel. 29148, Fax 56350.
🛏️ 😊😊😊 **Rithymna Beach**, Tel. 29491, Fax 71002, 7 km östl. der Stadt, an schönem Strand. **Veneto**, Epimenidou 4, Tel. 56634, Fax 56635. Luxusappartements in einem venezianischen Palazzo. 😊😊 **Kríti Beach**, östl. vom Zentrum, strandnah, Tel. 27401. Mit Terrasse und Restaurant. **Mithos**, Platía Dimitriou, Tel. 53917. Kleines, ruhiges Hotel. 😊 **Castello**, Platía Dimitriou, Tel. 50281. Sauber, schöner Garten.
❌ **Avli**, nahe des Rimoudi-Brunnens. Kretische Küche, fantasievolle Kreationen. **Helona** und **Palazzo** am Hafen haben gute Fischgerichte.
🏛️ **Archäologisches Museum**, Tel. 54668, Di-So 8.30-17 Uhr.

HANIÁ (☎ 0821)

ℹ️ **EOT**, Pantheon-Haus, Kriari 40, Tel. 92943, Fax 92624.
📱 *FLUGZEUG:* Flughafen 12,5 km östlich von Haniá; tägl. Flüge nach Athen, auch Charterflüge. **Olympic Airways**: Tel. 58005. Die Fluggesellschaft betreibt Busse nach Réthimno. *SCHIFF:* Tägl. Fähren zwischen Haniá und Piräus (12 Std.) vom Hafen Soúda. **Hafenbehörde**: Tel. 89240. *BUS:* Busbahnhof in der Kidonias-Straße, nahe Platía 1866. Regelmäßig Busse in alle Teile der Insel. *MIETWAGEN:* **Kontadakis**, Konstantinou 31, Tel. 25583.
🛏️ 😊😊😊 **Kontessa**, Theofanou 15, Tel. 23966, 98566. Schön altmodisch, freundlich. **Amfora**, Theotokopoulou 20, Tel. 93224. Sehr gepflegtes historisches Haus mit Terrasse. 😊😊 **Xenia**, Theotokopoulou, Tel. 11238. Modern. **El Greco**, Theotokopoulou 49, Tel. 90432. Attraktiv, Dachgarten. 😊 **Orio**, Zambeliou 77. Schöne Zimmer, Terrasse. **Vranas**, gegenüber der Kathedrale, Tel. 58618. Modern, sehr gepflegt.
❌ **Karnagio**, am alten venezianischen Hafen, sehr gute Küche, etwas teurer. **Taverna Apovrado**, Isodon, Tel. 58151, lokale Spezialitäten.
🏛️ **Archäologisches Museum**, Halidon 24, Tel. 90334, Mo 12.30-18, Di-Fr 8-18, Sa/So 8.30-15 Uhr. **Marinemuseum**, am Hafen, Di-So 10-14, Sa auch 19-21 Uhr.
🔺 Die örtl. Filiale des **Griechischen Bergsteigervereins** (EOS), Akti Tombazi 6, Tel. 24647, betreibt zwei Hütten in den Weißen Bergen (Léfka Ori).

Kreta

DIE IONISCHEN INSELN

KORFU (KÉRKIRA)
PAXÍ
LEFKÁDA (LEFKÁS)
KEFALONIÁ
ITHÁKI (ITHÁKA)
ZÁKINTHOS (ZANTE)
KÍTHIRA

Die Inseln im Ionischen Meer sind durch das griechische Festland von den Ägäischen Inseln getrennt und haben ein ganz eigenes Gesicht – nicht gerade ein „typisch griechisches", sondern eher eine Mischung aus vielerlei Einflüssen, wobei der venezianische prägender war als der byzantinische. Auch blieb den meisten Ionischen Inseln das türkische Joch erspart. Man könnte fast sagen, dass die tektonische Bruchlinie, die sich an Griechenlands Westküste entlang nach Süden erstreckt, eine Art kulturelle Unterscheidungslinie zwischen der Inselgruppe und dem Rest des Landes bildet. Diese geologische Verwerfungszone ist auch für eine Reihe schwerer Erdbeben verantwortlich, die im Lauf der Jahrhunderte immer wieder die Inseln erschütterten.

Die *Heptánisa* – „Sieben Inseln" – Korfu (Kérkira), Paxí, Lefkáda, Itháki, Kefaloniá, Zákinthos und Kíthira liegen in Griechenlands „anderem" Meer, der Ionischen See. Dieses Meer wurde nach Io benannt, der Tochter des Flusskönigs Inachos. Der Legende zufolge wurde Io von Zeus verführt; daraufhin verwandelte die eifersüchtige Hera sie in eine Kuh.

Vorherige Seiten: Der Strand von Pórto Katsíki im Süden von Lefkáda. Links: Das Ahillío, Domizil der Kaiserin Elisabeth von Österreich (Sissi) auf Korfu.

Herodots prosaischere Version ist, dass Io von den Phöniziern entführt wurde. Ihr Meer jedenfalls dehnt sich von Italiens „Stiefelsohle" bis zum Kretischen Meer aus, wo Kíthira quasi die Grenze zur Ägäis markiert.

Schon in frühester Zeit bildeten die Ionischen Inseln Griechenlands „Brücke nach Europa", erst für für athenische Trieren, später für byzantinische Händler. Auch heute noch sind sie das Band, das Griechenland mit dem restlichen Europa verknüpft.

Wegen ihrer Lage fielen die Inseln im Verlauf der Geschichte nur selten in türkische Hände und man konnte hier dank stabiler Verwaltungen unter vergleichsweise guten Bedingungen leben, selbst zu Zeiten des Unabhängigkeitskrieges, als der Rest Griechenlands von Aufruhr und Chaos beherrscht wurde.

Regiert wurden die sieben Inseln im Lauf der Zeit von Venezianern, Franzosen und Briten und nur kurzfristig (1800-1807) auch von Türken und Russen. Die Türken und Russen schufen die halb unabhängige „Sieben-Insel-Republik" und gaben den Inseln damit einen Vorgeschmack auf die Autonomie. Kein Wunder, dass viele Führer des griechischen Unabhängigkeitskampfes von hier stammen oder sich hier niederließen – und das, obwohl die Engländer ihre Oberho-

Ionische Inseln

heit über die Inseln selbst nach der griechischen Unabhängigkeit behielten und sie erst 1864 an Griechenland abgaben.

Die bewegte Geschichte spiegelt sich auch in der Architektur, die einerseits kontinentaleuropäisch, andererseits typisch griechisch geprägt ist, und dem weltoffenen Flair: In anderen Teilen Griechenlands ist der Tourismus ein relativ neues Phänomen; Kaiserin Elisabeth („Sissi") baute ihr Sommerhaus auf Korfu, das Ahillío (Achílleion), dagegen bereits im 19. Jh.

Besonders auf Korfu werden aber auch die Auswirkungen des „neueren" Tourismus deutlich; die letzten 20 Jahre haben hier sichtbare Spuren hinterlassen. Strände, die noch in den frühen 1980er Jahren als Insider-Tipps galten, sind heute voller Pauschalurlauber. Dass Korfu der erste Halt der Griechenland-Fähren aus Italien ist, hat diese Entwicklung begünstigt.

Wenn man aber hinter die touristische Fassade schaut und sich etwas abseits der ausgetretenen Pfade bewegt, wird man die viel gerühmte Schönheit der Inseln entdecken: traumhafte Strände und beeindruckende Felsformationen wie die weißen Klippen von Lefkáda. Es gibt hier mit die höchsten Niederschläge von ganz Griechenland, deshalb sind die Inseln sehr grün. Im Frühling gleichen die Wiesen von Zákinthos, der „Blume der Levante", einem Meer von Blüten.

**KORFU (KÉRKIRA)

Korfu ist eine der beliebtesten griechischen Inseln. Gut erschlossene Touristenzentren, schöne Strände (besonders an der Nord- und Westküste), ursprüngliche Bergdörfer und eine reizende venezianisch-französische Hauptstadt – Korfu hat für jeden Geschmack etwas zu bieten. Dank seiner Lage und Geschichte besitzt es einen Kosmopolitismus, der manchmal auf das restliche Land herabsieht. Früher hatten die Athener Zeitungen eigene Korrespondenten auf Korfu; da es der erste Hafen für die Schiffe vom Kon-

Oben: Olivenernte auf Korfu.

KORFU

0   10 km

tinent war, kamen die neuesten Zeitungen hier 30 Stunden früher als in Athen an.

Wegen ihrer langen, krummen Form soll die Insel nach der Legende die Sichel sein, mit der Kronos (Saturn) seinem Vater Uranos die Hoden abschnitt. Die versteinerten Hoden des Uranos sind angeblich die beiden *Koryphai* (Felsbuckel) auf der Halbinsel mit der alten Festung der Hauptstadt, die der Insel angeblich ihren Namen – Korfu – verliehen haben; ihr anderer Name – Kérkira – wird in Verbindung gebracht mit *Korkyra*, einer Geliebten Poseidons. Korfu kommt in Homers *Odyssee* als die Insel der Phäaken vor; bei Thukydides fungiert es, den Tatsachen eher entsprechend, als Ursprungsort des Peloponnesischen Krieges.

Korfu beflügelte europäische Literaten, seit Shakespeare die Insel als Vorbild für den Schauplatz seines Dramas *Der Sturm* genommen haben soll. Der junge Dichter und Maler Edward Lear lebte hier und schuf eine Reihe von faszinierenden Aquarellen. Schilderungen aus neuerer Zeit findet man in den satirischen Büchern des Naturalisten und Humoristen Gerald Durrell über das Inselleben (*Meine Familie und andere Tiere*). Ernsthaftere Beschreibungen stammen von seinem Bruder, dem bekannten Schriftsteller Lawrence Durrell, und seinem Freund Henry Miller (*Der Koloss von Maroussi*).

Schon lange haben die Briten eine besondere Affinität zu Korfu. So übernahmen sie auch bereitwillig die Verwaltung der Ionischen Inseln, nachdem der Wiener Kongress von 1814/15 Europa geteilt hatte. Das britische Erbe ist auf Korfu noch lebendig: So hat z. B. das Kricketspiel eine lange Tradition auf der Insel.

Aber nicht nur die Briten, sondern alle, die jemals über die Ionischen Inseln herrschten, hinterließen auf Korfu ihre Spuren. In den vier Jahrhunderten ihrer Herrschaft erbauten die Venezianer Wehranlagen wie die Festungen in Korfu-Stadt (allerdings sprengten die Briten alle Festungen auf der Insel, bevor sie 1864 abzogen). Die Venezianer förderten auch den Olivenanbau: sie zahlten einheimischen Bauern einen Bonus für jeweils

Ionische Inseln

100 gepflanzte Ölbäume und erlaubten ihnen, ihre Steuern mit Olivenöl zu bezahlen, einem noch heute wichtigen Exportgut. Die Franzosen, denen die Insel nach Napoleons Eroberung von Venedig 1797 zufiel, bauten eine Kopie der Pariser Rue de Rivoli entlang der Esplanade der Inselhauptstadt. Der englischen Herrschaft ist u. a. der Britische Friedhof in Korfu-Stadt zuzuschreiben.

Korfu hat jedoch auch seine eigenen, stark griechisch geprägten Traditionen. Der wichtigste der hiesigen Heiligen ist der Schutzpatron St. Spirídon, ein Bischof, der im 4. Jh. auf Zypern lebte; als die Türken im 15. Jh. Konstantinopel eroberten, wurden seine Gebeine in einem Sack nach Korfu geschmuggelt. Die Zurschaustellung der Reliquien soll die Stadt in vier Notlagen zwischen 1500 und 1716 gerettet haben; seither werden die Reli-

Oben: Kaffeetrinken unter den Arkaden von Listón – angenehm und teuer. Rechts: Gorgo medusa – weltberühmtes Ungeheuer im Archäologischen Museum von Kérkira.

quien viermal im Jahr in einer Prozession durch die Straßen getragen (u. a. am Feiertag des hl. Spirídon, dem 11. August); außerdem bitten Gläubige ganze Jahr hindurch um Hilfe und Wunderheilungen.

**Korfu-Stadt (Kérkira)

Nirgendwo auf Korfu wird die Mischung der verschiedenen europäischen Stile deutlicher als in Korfu-Stadt. Harmonisch vereinen die malerischen, in die Jahre gekommenen Fassaden italienische und französische, britische und griechische Einflüsse. Das Gewirr der engen Straßen öffnet sich zu weiten Plätzen und ruhigen grünen Parks.

Korfu-Stadt ❶ ist mit ca. 30 000 Einwohnern die größte Stadt auf den Ionischen Inseln. Sie liegt auf einem Felsvorsprung und blickt auf die abweisenden Berge des nur 9 km entfernten albanischen Festlands. Die Fähren legen im neuen Hafen bei der venezianischen **Neuen Festung** (Néo Froúrio; 1577) an, deren verwitterte Tore mit Markuslöwen geschmückt sind.

Auf der anderen Seite des historischen Stadtkerns liegt das „Gegenstück", die 1386 erbaute **Alte Festung** (Paleó Froúrio). Sie sitzt auf einer Halbinsel, die durch einen Graben, die „Contrafossa", von der Stadt getrennt wird, den die Venezianer im Lauf von über 100 Jahren aushoben. Dank ihrer fotogenen Lage ist die Alte Festung ein Wahrzeichen der Stadt; aber anstatt ihre Tunnel, die Kanone aus dem 17. Jh. und den britischen, tempelartigen Anbau der **St.-Georgs-Kirche** (Ágios Geórgios) zu erkunden, ziehen es Korfu-Fans vor, gegenüber in den Straßencafés unter den Arkaden der **Listón**, dem Nachbau von Napoleons „Rue de Rivoli", englisches Bier zu trinken und Kricketspieler auf der grünen ***Esplanade** (Spianáda) zu beobachten.

Die Esplanade ist der imposante Hauptplatz der Stadt; an seiner Nordseite steht der **Palast von St. Michael und St.**

Georg, der als Residenz für den britischen Hochkommissar erbaut wurde, später als Sommerresidenz des griechischen Königs diente und heute das **Museum für Asiatische Kunst** beherbergt. Die **Rotunde** in der Mitte des Platzes ist ein Denkmal für Sir Thomas Maitland, den ersten Hochkommissar nach der Machtübernahme der Briten 1815. Eine **Statue** erinnert an einen berühmten Sohn Korfus: Ioánnis Kapodístrias war der erste Präsident des freien Griechenland.

In der Altstadt strömen Korfus Gläubige zur Kirche **Ágios Spirídon**, wo die Reliquien des Heiligen liegen und von Dankesgaben für ihre Dienste umgeben sind, darunter einer großen silbernen Lampe von den Venezianern. Das **Rathaus** wurde von den Venezianern im ausgehenden 17. Jh. als Klubhaus für die Händler erbaut und diente zwei Jahrhunderte lang als Stadttheater, bevor es 1901 seine heutige Funktion erhielt.

Sehenswert ist die **Mitrópolis-Kathedrale** (16. Jh.), welche die Reliquien der heilig gesprochenen byzantinischen Kaiserin Theodora (9. Jh.) enthält. Am Ufer nördlich der Altstadt wurde eine Kirche aus dem 15. Jh. in Korfus ★**Byzantinisches Museum** umgewandelt.

Nahe der Neuen Festung liegt das alte jüdische Viertel. Venedig vertrieb 1571 unrühmlicherweise alle Juden aus seinem Gebiet, „übersah" aber die Juden auf Korfu; ihre Kolonie wuchs, bis die Deutschen im Zweiten Weltkrieg mit den Deportationen nach Auschwitz begannen. Eine **Synagoge** existiert noch.

Von den vielen Kirchen der Stadt ist besonders das **Platitéra-Kloster** wegen seiner schönen spätbyzantinischen Ikonen, einem Geschenk von Katharina der Großen, einen Besuch wert (es liegt auf der I. Andreadi, hinter dem Avrami-Hügel).

Ein Muss jedes Korfu-Aufenthalts ist der Besuch des ★**Archäologische Museums** im Süden der Stadt an der Garítsa-Bucht. Unter seinen vielen Schätzen ist besonders der 17 m lange Gorgo-Giebel erwähnenswert, eine archaische Arbeit um 585 v. Chr. Er zierte einst den noch

Ionische Inseln

sichtbaren **Tempel der Artemis** in **Paleópolis**, der etwas weiter südlich gelegenen, ursprünglichen „Altstadt". Ein anderes antikes Monument nahe der Bucht ist das **Grabmal des Menekrates** (7. Jh. v. Chr.), ein runder Bau zum Gedenken an einen auf See verschollenen Konsul.

Jüngeren Datums ist die beeindruckende **Ágios Iássonas ke Sosípatros** (12. Jh.), die einzige wirklich aus byzantinischer Zeit stammende Kirche der Insel mit faszinierenden Fresken. Die klassizistische **Villa Monrepos** wurde 1824 für den Hochkommissar erbaut; ein Jahrhundert später wurde in diesem eleganten Steinbau inmitten grüner Gärten Englands Prinzgemahl Philipp geboren.

Korfus Ostküste

Die Straße von Korfu-Stadt nach Süden führt entlang der Halbinsel **Kanóni**,

Oben: Beliebtes Fotomotiv – die Klosterinsel Vlahérna. Rechts: Mönche im Kloster Panagía Theotókos.

so genannt wegen der französischen Kanone auf ihrer Spitze. Von hier aus führen Dämme über die Halkiopoúlou-Lagune zu dem noblen Wohngebiet **Pérama** ❷ und den beiden vorgelagerten Inselchen; auf dem einem steht das Kloster **Vlahérna**, das andere, **Pondikoníssi**, ist als „Mäuseinsel" bekannt und besitzt eine eigene kleine Kapelle. Die Legende identifiziert diese Insel mit dem Phäakenschiff, das Odysseus zurück nach Itháka brachte; als das Schiff die Heimreise antrat, wurde es von Poseidon aus Zorn darüber, dass der Held gegen seinen Willen zurückgekehrt war, mit einem Schlag seiner Hand zu Stein verwandelt. Der nahe Flughafen stört ein wenig die Romantik des Ortes.

Das ★**Ahillío** (Achílleion) ❸ bei **Gastoúri** ließ Kaiserin Elisabeth von Österreich, die als „Sissi" noch immer bekannt und beliebt ist, errichten. Besessen von dem Held Achilles und deprimiert nach dem Selbstmord ihres einzigen Sohnes, füllte Sissi die 1890 erbaute Villa und ihren Garten mit kitschigen Gemälden und Statuen; der nächste Besitzer der Resi-

denz, Kaiser Wilhelm II., fügte ihrem „Sterbenden Achill" noch einen „Siegreichen Achill" hinzu.

Im Landesinneren kann man von dem sehr ursprünglichen Dorf **Ágii Déka** auf einer schmalen Zementstraße auf den Gipfel des 576 m hohen „Zehnheiligenberges" hinauffahren oder wandern, nahe dem in einer grünen Talmulde auch das **Kloster Pandokrátoras** liegt.

Unweit von hier hat sich das ehemalige Fischerdorf **Benítses ❹**, wo es Reste einer römischen Villa gibt, zu einem Touristenzentrum entwickel. Der ganze Küstenstrich von hier bis **Mesongí** ist intensiv erschlossen. **Lefkímmi**, die wenig sehenswerte zweitgrößte Stadt der Insel, und das überfüllte **Kávos** sollte man meiden. Stattdessen sind die relativ leeren Strände unterhalb von **Dragótina ❺** an Korfus Südspitze zu empfehlen.

Die Westküste

Der homerischen Überlieferung zufolge soll Odysseus, nachdem er auf der Insel der Phäaken gestrandet war, am Strand von **★Paleokastrítsa ❻** Nausikaa begegnet sein. Heute folgen ihm so viele Touristen zu diesem wunderschönen Fleck – „trunken von seiner eigenen außergewöhnlichen Perfektion, ein Zusammenwirken von Licht, Luft, blauem Meer und Zypressen", wie Lawrence Durrell schrieb –, dass man den Ort besser nicht während der Hochsaison besuchen sollte.

Nur wenige Gehminuten vom Ortskern entfernt steht das Kloster **Panagía Theotókos** (17. Jh.) auf der Spitze einer Halbinsel. Bemerkenswert sind die schönen Fresken in der Klosterkirche und der blumengeschmückte Innenhof. Das kleine Klostermuseum birgt Ikonen und andere sakrale Gegenstände.

Das Dorf **Lákones** oberhalb von Paleokastrítsa ist Ausgangspunkt für Wanderungen. In etwa 2 Std. gelangt man zur byzantinischen Burgruine **Angelokástro** (13. Jh.), die eine Landzunge beherrscht; die Festung diente auch zum Schutz vor Piratenüberfällen. (Von dem Dorf **Kríni** aus ist der Weg kürzer und leichter.)

Ionische Inseln

Die „Gelehrten" sind unsicher, ob Odysseus nicht doch bei **Ermónes** ➐ gestrandet ist, am anderen Ende des landwirtschaftlich genutzten **Rópa-Tals**, einer flachen Ebene voller Olivenbäume, Rebstöcke und Feigenhaine. Auch die gepflegten Rasenflächen des Korfu Golf Club befinden sich hier.

Ermónes ist gut erschlossen und bietet schöne Strände, an denen blaues Wasser hellen Sand umspült, eingebettet zwischen bewaldete Hügel. Noch besser sind die Strände weiter südlich bei **Mirtiótissa** – das einst fast menschenleer war und jetzt von Strandliebhabern bevölkert ist, die den Weg dorthin über einen steilen Pfad gerne auf sich nehmen – und dem Badeort **Glifáda** mit scharfen Klippen.

Pélekas ➑ wurde von Kaiser Wilhelm II. bevorzugt, der hier einen Ausguck baute, von dem aus man den Sonnenuntergang beobachten kann; noch heute ist die Stelle als „**Kaiserthron**" bekannt.

Weiter südlich wird es etwas ruhiger. **Ágios Górdis** hat einen reizenden Strand und auch die Strände bei **Paramónas** sind einladend. Das nächste Dorf ist **Ágios Matthéos** ➒, ein schöner Ort mit einer Fülle von Kirchen, darunter die gleichnamige auf der nächsten Bergspitze, die man auf einem angenehmen Spaziergang erreichen kann. Ein anderes Wanderziel ist die achteckige Burg von **Gardíki**; wie das Angelokástro bei Paleokastrítsa wurde sie im 13. Jh. von Michael Angelos II., dem Despoten von Epirus, erbaut.

Der **Korrisíon-See** ➓ ist eigentlich eher eine Lagune. Eine Reihe schöner Dünen und Strände, z. B. bei Alonáki und Halikaóunas, trennen ihn vom Meer. Der Süßwassersee ist ein Paradies für Zugvögel (über 125 Arten) und zieht Vogelbeobachter, Jäger sowie zahlreiche Stechmücken an; der ruhige, unspektakuläre Ort ist ideal für Naturliebhaber. Das gilt

Rechts: Reger Badebetrieb am Strand von Róda.

auch für die breiten, windigen Strände von **Ágios Geórgios** ⓫, einem Küstenort weiter südlich. Dieses Gebiet liegt abseits des Touristentrubels; man kann hier unverfälschte Dörfer wie **Kritiká**, **Bastátika** und **Neohóri** finden, wo es allerdings kaum „Sehenswürdigkeiten" gibt.

Der Norden Korfus

Der wilde, bewaldete „Griff" der „Sichel" Korfu bietet eine vielseitige Landschaft. Hier zieht sich eine Gebirgskette über die Insel, die bis zur höchsten Erhebung Korfus, dem Pandokrátoras (906 m), ansteigt; parallel zu den Bergwäldern verläuft Korfus längster Sandstrand, der sich an der Nordküste etwa zwischen Almirós und Róda erstreckt und zahlreiche Touristen anlockt.

Die Küste nördlich von Korfu-Stadt ist von den vielen touristischen Einrichtungen geprägt. Es gibt hier überall Spuren der venezianischen Besiedlung: Der Bootshafen von **Gouviá** ⓬ liegt in einer Bucht, die die Venezianer einst als natürlichen Hafen nutzten (sie hinterließen ein das Meer überblickendes **Arsenal** von 1716). Das **Castello Mimbelli** mit seinen grünen Gärten (heute ein Hotel) wurde im 19. Jh. im Toskana-Stil erbaut, ursprünglich als Villa für den griechischen König Georg I.

Verschiedene Wassersportarten geben an den langen Stränden den Ton an. Bars, Diskos und Snackbars entlang der Straße kennzeichnen den Küstenstrich zwischen **Ipsós** und **Nisáki**, der den Beinamen „Goldene Meile" trägt.

Um dem Trubel zu entgehen, wende man sich bei **Pirgí** landeinwärts und folge der Straße etwa 3 km zur Siedlung **Ágios Márkos** ⓭ mit zwei Kirchen, eine davon mit beachtenswerten Fresken aus dem 11. Jh. Man kann auch zum **Pandokrátoras** (906 m) aufsteigen. Wenn die kurvenreiche Straße Ihr Auto überfordert, können Sie von **Spartílas** aus zu Fuß gehen; von dem reizenden, halb verlassenen

Dorf **★Períthia** ⑭ im Norden des Bergs ist der Weg kürzer (1 Std.). Von dem Gipfel, auf dem ein Kloster aus dem 14. Jh. steht, bietet sich ein überwältigender Rundblick über die Ionischen Inseln und die albanische Küste.

Zurück an der Küste, kann man von der Straße hinter **Nisáki** aus das nur zwei Kilometer entfernte Albanien sehen. In **Kalámi** ⑮ schrieb Lawrence Durrell *Schwarze Oliven. The White House*, das Gebäude, in dem die Durrell-Brüder damals lebten, ist heute eine Taverne und bietet Übernachtungsmöglichkeiten.

Kulúra, unmittelbar nördlich von Kalámi, besitzt einige venezianische Villen aus dem 17. Jh.; in der Nähe führt ein steiler Pfad zum steinigen **Kamináki-Strand** hinunter.

Die größte Stadt des Nordostens ist **Kassiópi** ⑯. Sie war schon in hellenistischer Zeit eine bedeutende Siedlung und blühte unter den Römern, die die Stadtmauern erbauten; selbst Kaiser Nero kam hierher und besuchte den Schrein des Zeus, der vielleicht am Ort der jetzigen

Kirche aus dem 16. Jh. stand. Die verfallene **byzantinische Burgruine**, ein Relikt der Anjou-Herren, wurde als erster Ort Griechenlands von den normannischen Eindringlingen erobert; später wurde Kassiópi durch Plünderungen, z. B. durch die Türken, schwer in Mitleidenschaft gezogen. Heutzutage wird die Tradition ausländischer Invasionen durch Busladungen von Touristen aufrechterhalten; um ihnen zu entgehen, sollte man statt der Strände in Stadtnähe die etwas südlicheren, ruhigeren von **Avláki** aufsuchen (zu Fuß erreichbar).

Die ruhigen Gewässer der Lagune **Andiniotissa** bei **Ágios Spirídonas** ⑰ sind ein Refugium für Vögel und Meerestiere. Von **Almirós** westwärts nach **Róda** befindet man sich dagegen wieder in einem typischen Touristengebiet: ein langer, sonniger Sandstrand voller Sonnenschirme und leicht bekleideter Körper.

Die Umgebung von **Plátonas** ⑱, ca. 4,5 km landeinwärts von Róda, ist das Zentrum des korfiotischen Kumquat-Anbaus. Die kleine, orangenähnliche Frucht

Ionische Inseln

PAXÍ

0   5 km

wurde in den 1930er Jahren aus Asien importiert. Kumquat-Likör und -Marmelade sind heute regionale Spezialitäten.

Im Nordwesten hat die Brandung aus den Sandsteinfelsen faszinierende Gebilde geformt: Beim Touristenort **Sidári ⓳**, wo Funde neolithischer Keramik von antiker Besiedlung zeugen, sollen zwei Erhebungen in der Bucht ein Liebespaar darstellen, und jeder, der diesen „Canal d'Amour" durchschwimmt, wird für immer geliebt werden.

Wer sich unter den Menschenmengen nicht so wohl fühlt, kann von hier aus ein Káiki zu den drei Othonischen Inseln **Othóni**, **Erikoússa** und **Mathráki** nehmen; Ruhe Suchende werden diese Inseln mögen. Sie bieten keine große Infrastruktur, aber exzellente Bademöglichkeiten, schöne Wanderwege und freundliche Inselbewohner. Othóni, die größte und abgelegenste der drei Inseln, besitzt eine

Rechts: Die Inselhauptstadt Lefkáda wurde – zuletzt 1953 – von mehreren Erdbeben beschädigt.

Grotte, die als Höhle der Kalypso gilt; Erikoússa hat den besten Strand.

Wenn man auf Korfus Festland bleibt, kann man die Steinformationen in der reizenden kleinen Bucht von **Perouládes**, südlich von Sidári, einigermaßen ungestört genießen. Noch weiter südlich liegt **Ágios Stéfanos**, dank der Ostwinde bei Windsurfern beliebt. **Ágios Geórgios** besitzt den vielleicht reizvollsten Strand an der Nordwestküste, aber auch hier nimmt der Tourismus wegen der Nähe zu Paleokastrítsa immer mehr zu.

PAXÍ

Paxí ist ein wahres Juwel der griechischen Inselwelt. Die kleinste der Ionischen Inseln bietet schöne Wälder und malerische Buchten. Hier kann man noch unverfälschtes, typisch griechisches Inselleben erfahren.

Die nur 10 km lange und an ihrer breitesten Stelle 4 km messende Insel lässt sich leicht zu Fuß erkunden. Eine von Aristoteles Onassis, einem großen Freund Paxís, bezuschusste Straße führt vom Haupthafen Gáios zum zweiten Hafen Lákka; der auf dieser Straße verkehrende Minibus ist Paxís einziges öffentliches Transportmittel. Unterwegs können sich die Fahrgäste am Anblick der Olivenbäume erfreuen, deren Öl als eines der besten Griechenlands gilt; in einigen Läden in Gáios wird es noch vom Fass verkauft.

Mark Antonius und Kleopatra sollen auf Paxí in ihrer letzten gemeinsamen Nacht getafelt haben, vor der verhängnisvollen Schlacht bei Aktium im Jahr 31 v. Chr. Heutige Besucher der Insel kommen vor allem wegen der geschützten Strände und der faszinierenden Grotten an Paxís wilder Westküste.

Den Eingang zu dem natürlichen Hafen von **★Gáios ❶** bewachen zwei Inseln: auf der der Küste näher gelegenen stehen das venezianische **Kástro Ágios Nikólaos** (15. Jh.) und eine alte **Windmühle**,

das Wahrzeichen Paxís. Die entferntere Insel mit einem Leuchtturm und einer Wallfahrtskirche gehört zum **Kloster der Panagía**; am 15. August, Mariä Himmelfahrt, kommen zahlreiche Pilger hierher und kehren abends zurück, um die ganze Nacht in den Straßen von Gáios zu tanzen. In **Ozias**, südlich von Gáios, gibt es Mineralquellen. Vom Hafen aus kann man mit einem Káiki das Inselchen **Mongoníssi** ➋ vor Paxís Südspitze, das für seine Strände und sein gutes Restaurant bekannt ist, oder das noch winzigere **Kaltsoníssi** erreichen.

An der Nordspitze liegt in einer Bucht Paxís zweiter Hafen **Lákka** ➌, wo die Schiffe aus Korfu vor den hellen Häusern und der kleinen byzantinischen Kirche ankern. Die Steinvilla **Grammatikou** ist ein Relikt der Venezianer. Von hier aus fahren Motorboote an der Westküste entlang zu den Höhlen Paxís, insbesondere nach **Ipapantí**, der größten, die laut Homer einst Kammern aus Gold hatte (wovon heute nichts mehr zu sehen ist). Ipapantí und die anderen Grotten an der Westküste wie **Kastanítha** oder **Petríti** (deren Eingang von einem hochragenden Felsen markiert wird) waren einst von Mönchsrobben bevölkert.

Die Bademöglichkeiten sind an der geschützteren Ostküste besser, wo es beim dritten, winzigen Inselhafen **Longós** ➍ felsige Strände gibt.

Eine halbstündige Bootsfahrt führt von Gáios aus zu Paxís „kleiner Schwester" **Andípaxi** ➎, die nur 4 km² groß ist. Auf Andípaxi gibt es Weinstöcke statt Olivenhaine und Strände mit weichem Sand wie **Vríka** und **Voutoúmi** im Gegensatz zu den eher steinigen auf Paxí. Außer einem Campingplatz bei Voutoúmi gibt es kaum Einrichtungen für Besucher.

LEFKÁDA (LEFKÁS)

Man streitet sich, ob Lefkáda ursprünglich überhaupt eine Insel war. Sicher ist, dass korinthische Siedler, die um 640 v. Chr. hierher kamen, an der Stelle, wo die Insel dem Festland am nächsten ist, eine Art Kanal schufen; aber ob sie

Ionische Inseln

eine Landbrücke durchbrachen oder nur Sandbänke und Schlick aus einem flachen, aber bereits existierenden Kanal aushoben, ist ungewiß.

Die Römer bauten die erste Brücke über den Kanal. Heute ist Lefkáda mit dem Auto über eine Brücke und einen Damm erreichbar. Derart mit dem Land verbunden, fehlt Lefkáda etwas von dem Flair, dass die von der Küste entfernteren Inseln besitzen; dafür ist es aber trotz seiner schönen Strände und hübschen Dörfer nicht so touristisch geprägt.

Das wegen seiner Spitzenklöppelei und Stickereien bekannte Lefkáda hat auch eine „literarische Vergangenheit". Ein Sohn der Insel war der Autor Lafcadio Hearn (1850-1904), der nach Amerika ging und als Japan-Experte bekannt wurde. Nur wenige seiner Leser wissen, dass sein ungewöhnlicher Vorname sich von der Insel ableitet, auf der er geboren wurde. Ein anderer Literat war der zwei-

mal für den Nobelpreis nominierte Dichter Angelos Sikelianos (1884-1951), der in Kreisen von Avantgarde-Künstlern verkehrte und versuchte, eine delphische Universität und delphische Festspiele zu gründen, um alte griechische Traditionen der Künste und Wissenschaften wieder zu beleben. Seine Festspielidee wird mit dem jährlichen Festival für Literatur und Kunst im August gewürdigt.

Den Zugang zur Insel überblickt die venezianische Festung **Santa Maura**, 1300 von Giovanni Orsini erbaut, der die Insel als Teil der Mitgift seiner aus der mächtigen byzantinischen Comnenos-Dynastie stammenden Frau bekam. Die Festung erhielt ihren Namen 1453; als die Kaiserin Helena vor den Türken aus Byzanz floh, suchte sie auf Lefkáda Schutz vor einem Sturm. Dies geschah am Namenstag von St. Maura; Helena soll ihr zum Dank für die Rettung in der Festung eine Kirche erbaut haben. Eine Zeit lang wurde die ganze Insel Santa Maura genannt, obwohl die Türken nach ihrer Eroberung von Lefkáda die Kirche 1479 in

Oben: Leichte Brandung am Strand von Káthisma, Lefkáda.

Info S. 230-231

eine Moschee verwandelten. Als einzige Ionische Insel war Lefkáda längere Zeit osmanisch, und zwar von 1467-1684.

Die Insel wurde von mehreren schweren Erdbeben heimgesucht und daher besitzt die Inselhauptstadt **Lefkáda ❶** viele ungewöhnlich gebaute Häuser, deren obere Stockwerke aus Holz oder Eisen bestehen. Einige alte Kirchen haben die Beben überstanden. Panagiotis Doxarás und sein Sohn Nikolaos, zwei führende Maler der Ionischen Schule, hinterließen Werke in der **Ágios Dimítrios** und der **Ágios Menás** mit ihrer überwältigenden vergoldeten Ikonostase; weitere Zeugnisse der Ionischen Malerschule finden sich im **Ikonen-Museum**. Einen kurzen Besuch wert sind auch das originelle **Phonographische Museum** und das kleine **Volkskundemuseum**.

Außerdem gibt es ein **Archäologisches Museum** mit einigen der von dem deutschen Archäologen Wilhelm Dörpfeld entdeckten Grabmälern. Dörpfeld war ein Schüler Heinrich Schliemanns, des „Entdeckers" von Troja, und glaubte fest daran, dass Lefkáda – und nicht Itháki – das „Ithaka" des Odysseus war; bei dem vergeblichen Versuch, dies zu beweisen, verbrachte er Jahre mit Ausgrabungen auf der Insel.

Bei Dörpfelds Ausgrabungen wurden einige Kilometer südlich der Hauptstadt Teile der antiken Stadt **Leukas** freigelegt. Die eher unspektakuläre Stätte besitzt eine Akropolis und Reste von Stadtmauern und einem Theater. Ein bessere Aussicht genießt man westlich der Stadt beim Kloster **Faneróméni** (17. Jh.; restauriert im 19. Jh.).

Nídri ❷ hielt Dörpfeld für die Heimatstadt des Odysseus; heute ist es das lebendigste Touristenzentrum der Insel. Ein Grund dafür ist seine Nähe zu einigen vorgelagerten Inseln, deren größte, **Skorpiós ❸**, Aristoteles Onassis gehörte (er und seine beiden Kinder sind hier begraben; sein Grab ist vom Wasser aus zu sehen). Für Besucher zugänglich ist das

größere **Meganíssi ❹**, von Nídri aus mit dem Boot zu erreichen; dort gibt es einige Tavernen, Sandstrände und Höhlen, darunter die **Spiliá tu Daimona** („Höhle des Gottes") und die **Papanikolai-Grotte**, eine der größten Griechenlands.

Von Nídri aus kann man zu Fuß landeinwärts gehen: In weniger als einer Stunde gelangt man durch die **Dimosari-Schlucht** zu einem **Wasserfall** mit Bademöglichkeit. Nídri liegt auch nahe dem schmalen Eingang der bewaldeten, friedlichen **Bucht von Vlihó**. Dörpfeld lebte direkt gegenüber von Nídri, auf der anderen Seite der Bucht, bei der kleinen Kirche **Agía Kiriakí**, in deren Nähe er auch begraben ist.

Nahe des weiter südlich gelegenen Ortes **Póros ❺** befindet sich der Kieselstrand von **Mikrós Gialós**. Entlang der zerklüfteten Südküste liegen die natürliche Hafen **Sívota**, der Sandstrand von **Agiofili** und das Fischerdorf **Vasilikí ❻**, dessen Bucht bei Windsurfern beliebt ist.

Von hier gibt es keine direkte Straße zur Südspitze der Insel; daher sollte man

Info S. 230-231

Ionische Inseln

sen, auf dem einst ein Apollon-Tempel stand (heute befindet sich hier ein Leuchtturm), fällt 72 m steil ins Meer ab. In der Antike glaubte man, dort sei das Ende der westlichen Welt und eine Tür würde von hier direkt in die Unterwelt führen; so mag die Tradition des *Katapontismós* geboren worden sein, des Sprungs von der Klippe, der sich zu einer Art Ritual entwickelte. Die Priester des Apollon-Tempels vollführten ihn mit an ihren Körpern befestigten Federn oder sogar Vögeln; Kranke erhofften sich Heilung; bei Kriminellen sollte der Sprung die Unschuld oder Schuld erweisen, je nachdem, ob der Springer überlebte. Die bekannteste Springerin war die Dichterin Sappho, die heutzutage dafür berühmt ist, Frauen geliebt zu haben, aber aus Verzweiflung über die unerwiderte Liebe zu einem Mann namens Phaon hier ihrem Leben ein Ende setzte.

ITHÁKI (ITHÁKA)

Brichst du auf gen Ithaka,
wünsch dir eine lange Fahrt,
voller Abenteuer und Erkenntnisse. (...)
Der Sommer Morgen möchten viele sein,
da du, mit welcher Freude und Zufriedenheit! In nie zuvor gesehene Häfen einführst; (...)
Immer halte Ithaka im Sinn.
Dort anzukommen, ist dir vorbestimmt.
Doch beeile nur nicht deine Reise. (...)
Ithaka gab dir die schöne Reise.
Du wärest ohne es nicht auf die Fahrt gegangen. (...)
(Aus „Ithaka" von Konstantínos P. Kaváfis, übersetzt von Wolfgang Josing. Der Abdruck erfolgt mit freundlicher Genehmigung des Romiosini-Verlags.)

Seit Heinrich Schliemann Troja ausgrub, mussten die Gelehrten akzeptieren, dass in Homers Epen, die zuvor als reine Fiktion angesehen worden waren, ein Körnchen historischer Wahrheit steckt. Dennoch kann man nur mutmaßen, ob

von der Stadt Lefkáda aus an der Westküste entlang dorthin fahren. **Kariá** ❼ im Landesinneren ist ein Zentrum der traditionellen Spitzenklöppelei und Stickerei. Zu Ehren St. Spirídons wird hier alljährlich an seinem Namenstag, dem 11. August, ein großes Fest gefeiert. Die Küstenstraße führt an **Ágios Nikítas** ❽ vorbei, einem hübschen Dorf inmitten einer sich entwickelnden Tourismuslandschaft, an einem der schönsten Sandstrände der Insel. Bei ***Pórto Katsíki** ❾, gegen Ende der ausgebauten Straße, liegt ein weiterer wunderbarer Strand unter Kalksteinklippen, der über eine Treppe erreichbar ist.

Spaziergänger können ihre Autos in **Ágios Nikólaos** parken und die ca. 7 km zur berühmtesten Sehenswürdigkeit der Insel, den weißen Klippen des **Kap Leukádas** ❿ (auch Kap Doukáto oder Sapphos Kap) laufen, die der Insel ihren Namen gaben (*leukas* = weiß). Der Fel-

Oben: Freundlicher Pope. Rechts: Abendstimmung in Vathí (Itháki).

das heutige Itháki wirklich die Heimat des Odysseus war. Die Insel ist jedoch mit Sehenswürdigkeiten übersät, die mit der Odyssee assoziiert werden.

Die von den Römern gegründete und von den Venezianern ausgebaute Inselhauptstadt **Itháki** (Vathí) ❶ liegt am Ende der geschützten **Mólos-Bucht**, einem tiefen natürlichen Hafen, dessen Eingang von den Resten zweier alter Festungen bewacht wird. Das **Archäologische Museum** enthält Vasen und andere Funde von Ausgrabungen vor Ort.

3 km westlich von Vathí – der Weg ist ziemlich steil – liegt die **Marmorhöhle**, die „Nymphengrotte" mit Stalaktiten, wo Athena und Odysseus die von den Phäaken erhaltenen Geschenke versteckt haben sollen. Ein 6 km langer Fußweg nach Süden führt zur **Arethoúsa-Quelle**, wo der Schweinehirt Eumaios der Legende nach seine Schweine tränkte; bei **Ellinikó** begegnete der als Bettler verkleidete Odysseus Eumaios zum ersten Mal. Der Hirt wurde sein Verbündeter im Kampf um die Zurückgewinnung seines Thro-

nes. In der Bucht von **Ágios Andréou** soll Telemachos, der Sohn des Odysseus, an Land gegangen sein, kurz bevor er seinen Vater wiedertraf; jene allerdings, die die Odyssee vergessen oder nie gelesen haben, gehen sicher lieber schwimmen, hier oder bei **Pera Pigádi** auf dem Rückweg dieser mehrstündigen Tour.

Eine anderer Wanderweg führt hinauf zu den Resten des **Klosters Taxiárhis** (17. Jh.) oder auf den **Aëtós** (380 m), wegen der hier nistenden Vögeln auch „Adlerberg" genannt. Schliemann hielt die dort gefundenen Ruinen fälschlich für Spuren der Siedlung des Odysseus; tatsächlich stammen sie, obwohl sie **Odysseus-Burg** genannt werden, von 700 v. Chr. Es gibt hier auch Reste eines frühzeitlichen Tempels. Bei **Píso Aëtós** ❷ liegt ein schöner kleiner Strand.

Von Vathí nach **Stavrós** ❸, Ithákis zweiter Stadt, sind es ca. 18 km. Am einfachsten gelangt man über die Hauptstraße dorthin; die Nebenstraße ist sehr schlecht, führt aber am **Katharó-Kloster**, von dessen Glockenturm man eine prächtige Aussicht hat, und an dem charmanten Dorf **Anogí** mit einer freskengeschmückten byzantinischen Kirche (12. Jh.) vorbei.

Stavrós liegt an der **Bucht von Pólis**, wo der Legende nach Ithákas Flotte nach Troja ablegte. Einige Archäologen halten nicht die Marmorgrotte im Süden, sondern die **Loizos-Grotte** für die „Nymphengrotte"; auf jeden Fall diente die Grotte dem Kult der Hera, Artemis, Athena und möglicherweise auch des Odysseus; dies lässt sich aus archäologischen Funden, z. B. zwölf Dreifüßen aus der geometrischen Epoche, ableiten. Leider ist die Grotte derzeit geschlossen. Der Hügel **Pelikáta**, nördlich von Stavrós, ist eine weitere beachtenswerte archäologische Stätte. Über den Ruinen einer Siedlung, die bis 2200 v. Chr. zurückreicht, wurde hier eine venezianische Festung gebaut. Das nahe **Archäologische Museum** von Stavrós enthält Funde von beiden Ausgrabungsstätten.

Die Täler im Norden sind der fruchtbarste Teil Ithákis. Im Nordosten liegt das Fischerdorf **Fríkes** ❹ an einer Bucht mit reizvollen Stränden. Es ist ein Fähr- und Jachthafen. Noch weniger erschlossen ist das ruhige **Kióni** ❺, ein reizendes, ursprüngliches Dorf.

*KEFALONIÁ

Das gebirgige Kefaloniá ist die größte ionische Insel; seine Hänge sind mit dichten Nadelwäldern bewachsen. Die Insel hat etwas Raues – harte Winter sind hier die Regel und zerklüftete Abhänge prägen das Landschaftsbild. Auf Kefaloniá steht der höchste Gipfel der Ionischen Inseln, der **Énos** (1628 m). An diesem Berg wächst die für die Insel typische Kefaloniá-Tanne (*Abies celaphonica*).

Die Einwohnerzahl der gesamten Insel ist nur etwa so groß ist wie die von Korfu-Stadt (knapp 30 000). Durch die größeren Entfernungen ist auch das Herumreisen schwieriger und zeitaufwendiger als auf

den kleineren Inseln. Aber es lohnt, sich auf Kefaloniá einzulassen und die Schönheiten der Insel zu entdecken: weiße Strände, blaue Grotten und Wanderwege durch grüne Landschaft.

Der Hafenort **Sámi** ❻ besitzt einige römische Ruinen; interessanter sind jedoch die beiden faszinierenden Höhlen in der Nähe. In der *Grotte von Melissáni ❼, nordwestlich der Stadt, befindet sich ein tiefer See. Das Sonnenlicht, das durch die durchbrochene Decke eindringt, erzeugt beeindruckende Farbspiele im Wasser. **Drongaráti**, südwestlich von Sámi gelegen, beeindruckt mit herrlichen Stalaktiten. Aufgrund der hervorragenden Akustik finden hier im Sommer gelegentlich Konzerte in einer einmaligen Atmosphäre statt. Spaziergänger können einen Tag damit verbringen, beide Höhlen von Sámi aus zu Fuß zu erkunden. **Agía Evfimía**, weiter nördlich, ist schöner als Sámi und hat einen besseren Strand.

Einer der malerischsten Strände der Insel liegt am Beginn von Kefaloniás nördlicher Halbinsel: **Mírto** ❽ wirkt wie ein Halbmond aus hellem Sand, der von zerklüfteten Bergflanken und saphirblauem Wasser eingerahmt wird. Das weiter nördlich gelegene *Ássos ❾ ist ein reizendes Dorf mit bunten Häusern, vielen Blumen und Bäumen und einer venezianischen Burg, die sich über dem natürlichen Hafen erhebt.

An der nördlichsten Inselspitze, nur einen Steinwurf von Itháki entfernt, befindet sich *Fiskárdo ❿, das einzige Inseldorf, das vom Erdbeben 1953 verschont wurde. Daher stehen hier noch schöne alte venezianische Häuser, die zum Teil in kleine Hotels umgewandelt wurden. Der Ort ist bei Seglern und wohlhabenderen Feriengästen beliebt.

Wer mit dem Flugzeug kommt, landet in der Nähe der geschäftigen Inselhauptstadt **Argostóli** ⓫, die 1953 vom Erdbeben schwer beschädigt wurde. Sie liegt auf der Lássi-Halbinsel die sich in die tief eingeschnittene Bucht Argostólis schiebt,

und ist durch eine 1813 von den Briten erbaute **Bogenbrücke** mit dem Hauptteil der Insel verbunden; ein **Obelisk** an der Brücke trägt eine Inschrift mit dem Baudatum. Zu den Sehenswürdigkeiten gehören das **Archäologische Museum** mit einer kleinen Sammlung kefalonischer Funde und die **Korgialénios-Bibliothek**, die neben alten Dokumenten, die bis in die venezianische Zeit zurückreichen, auch eine Sammlung zur Volkskunst und Inselgeschichte beherbergt.

Ein paar Kilometer südlich der Stadt liegen die Ruinen von **Kráni**, der Inselhauptstadt im 7. oder 6. Jh. v. Chr.; am beeindruckendsten sind die langen kyklopischen Mauern, die aus wuchtigen Steinblöcken errichtet wurden. Strandliebhaber können sich am breiten **Makrís Gialós** oder dem raueren **Platís Gialós** im Süden der Stadt sonnen.

Eine Besonderheit in der Nähe Argostólis sind die **Katavóthres**, zwei sogenannte „Schlucklöcher", in die das Meerwasser stürzt und verschwindet. Erst in den 1960er Jahren fand man heraus, dass das Wasser von hier unterirdisch bis in die Melisáni-Höhle auf der anderen Seite der Insel läuft, wo es wieder zutage tritt.

Der Südostteil der Insel wird von dem im Winter schneebedeckten Gipfel des Berges **Énos** ⓬ beherrscht. Bis 1300 m Höhe kann man mit dem Auto fahren; von dort aus sind die letzten 328 Höhenmeter einfach zu bewältigen. Von oben hat man eine großartige Aussicht.

Nahe des ursprünglichen Dorfes **Ágios Nikólaos** liegt der **Ávithos-See** ⓭ mit seinem Schilfgürtel. Der See scheint bodenlos zu sein; bis jetzt scheiterten alle Versuche, seine Tiefe zu messen.

Reizvolle Strände umgeben die Südostküste der Insel. **Póros** ⓮ und **Skála** ⓯ sind die beiden wichtigsten Ferienorte in dieser Gegend; Skála besitzt eine römische Villa (2. oder 3. Jh.) mit beachtenswerten Bodenmosaiken. **Markópoulo** ⓰ ist nicht so sehr als Badeort, sondern vielmehr als „Schlangendorf" bekannt: Jedes Jahr Anfang August, vor Mariä Himmelfahrt, erscheinen kleine Schlangen mit Kreuzen auf dem Kopf in den Straßen

Ionische Inseln

und bewegen sich auf die Kirche zu. Wissenschaftler erklären dies als periodische Wanderbewegungen; die Gläubigen erwarten das alljährliche Ereignis natürlich mit angehaltenem Atem.

Von Argostóli verkehren Fähren zur anderen Seite der Bucht nach **Lixoúri** ⑰, der zweitgrößten, aber uninteressanten Stadt auf der Halbinsel Palikí. An der Spitze der Halbinsel steht der **Kounópetra**, ein Menhir, der aus unerklärlichen Gründen vor- und zurückschwang; das Erdbeben von 1953 setzte dieser Bewegung jedoch ein Ende. Hier an der Westküste gibt es einige schöne Strände, z. B **Ágios Geórgios** und **Xi**. Beim Kloster **Kipoúria** ⑱ hat man einen prächtigen Blick auf den Sonnenuntergang.

ZÁKINTHOS (ZANTE)

Fior di Levante, so nannten die Venezianer diese Insel, die ihnen ganz besonders am Herzen lag. Und ob die „Blume der Levante" wegen ihrer wilden Hyazinthen, wegen der Seenarzissen, die an den Stränden der südlichen Halbinsel einen starken Duft verströmen, oder wegen der vielen Wiesenblumen, aus denen Parfüm gewonnen wird, so genannt wurde – seine außergewöhnliche Schönheit macht Zákinthos wahrhaftig zu einer Blume unter den Inseln.

Die Liebe der Venezianer zu diesem Eiland spiegelt sich in der noch immer italienisch anmutenden Architektur wider. Viele Bauwerke, wie die dem Schutzpatron der Insel geweihte Kirche Ágios Dionísios in der Stadt Zákinthos, könnten genauso in Venedig stehen.

Die Verbindung zwischen den beiden Orten ist historisch durch einen kulturellen Austausch belegt. Da er den Großteil seiner Schaffensperiode in Italien verbrachte, gilt der aus Zákinthos stammende Ugo Foscolo als ein führender italienischer Dichter des 18. Jh.; Dionísios Solomós, ein anderer Sohn der Insel, studierte in Italien. Auf Zákinthos schrieb Solo-

Oben: Die steil abfallende Westküste von Kefaloniá.

mós die Verse, die zum Text der griechischen Nationalhymne wurden. Ein weiterer Beweis für die lebendige Kulturszene der Insel ist die Gründung der ersten Musikschule Griechenlands 1815.

Auch in der Malerei spielte der italienische Einfluss eine Rolle. Als die Türken 1669 Kreta eroberten, flüchteten sich einige Ikonenmaler der Kretischen Schule hierher und die Verbindung einer gewissen italienischen Sensibilität mit den stilisierten byzantinischen Formen resultierte in einem eigenen Stil, der Ionischen Schule. Das **Museum für byzantinische Kunst** in *Zákinthos-Stadt ❶ bietet einen guten Überblick. Die restaurierte Kirche **Kiría tón Angélon** besitzt Ikonen von Panagiotis Doxarás, einem der führenden Vetreter der Schule.

Das über der Stadt gelegene **Kástro** drückt der Landschaft einen letzten venezianischen Stempel auf. Das städtische Leben pulsiert auf der **Strata Marina** entlang dem Hafen, wo man zwischen der Kirche **Ágios Dionísos** mit ihrem schönen Campanile und der Renaissance-Kirche **Ágios Nikólaos tou Molou** flanieren oder in Straßencafés und Konditoreien sitzen kann.

Zákinthos' Touristenzentrum ist das sehr lebhafte **Laganás ❷** im Süden, das sich zu einer Ansammlung von Schnellimbissen, Souvenirständen und Nachtklubs entwickelt hat. Leider findet diese Entwicklung inmitten eines Gebiets statt, das viele Jahre lang der wichtigste Fortpflanzungsort der Unechten Karettschildkröte gewesen ist. Normalerweise kehrt eine Schildkröte an den Strand zurück, an dem sie ausgeschlüpft ist, legt einige 100 Eier in ein Sandloch und geht wieder ins Meer. Die Eier werden im warmen Sand ausgebrütet, die Jungen schlüpfen etwa 60 Tage später. Dieser Prozess spielt sich zwischen Juni und September ab – in der touristischen Hochsaison. Die wenigen Schildkröten, denen es gelingt, unversehrt von Sonnenschirmstangen, Fahrzeugen oder den Füßen spielender Kinder

auszuschlüpfen, werden oft von den Lichtern der Hotels und Klubs in die Irre geführt und sterben vor Erschöpfung und an Dehydrierung, lange bevor sie das Meer erreichen. Daher ist die Schildkröten-Population dramatisch zurückgegangen und die Weibchen sind zu kleineren Stränden wie **Sekánia** und **Dáfni** abgewandert. Die Angelegenheit hat zu einem erbitterten Streit zwischen Umweltschützern und Leuten, die von der Tourismusbranche leben, geführt. Es gab schon Fortschritte zugunsten der Schildkröten: Motorbetriebene Wassersportarten werden in der Laganás-Bucht nicht mehr angeboten.

Die Straße nach **Kerí ❸**, einem kleinen Dorf an der Südwestspitze der Insel, führt an den natürlichen *Pechbrunnen vorbei, die bereits von Plinius und Herodot erwähnt werden. Leider ist nur wenig von den Vorkommen an Pech übrig, mit dem man einst die Fugen unzähliger Boote abdichtete. Kerís Leuchtturm bietet eine großartige Aussicht auf den Sonnenuntergang; unterhalb, an Kerís Strand, star-

Ionische Inseln

ten Boote zur Besichtigung der weißen Klippen und reizvollen Felsformationen entlang der Südwestküste.

An der Nordspitze der Insel liegt die ★**Blaue Grotte** (Kianó Spiliá) ❹. Die weißen Kalksteinklippen reflektieren das Sonnenlicht in die Tiefe hinab in spektakulären Farben. Im Gegensatz dazu hat die **Xingiá-Höhle** ❺ an der Ostküste eine Schwefelquelle zu bieten, die das Wasser weiß färbt.

Die berühmteste Sehenswürdigkeit von Zákinthos liegt an der Nordwestküste nahe dem **Kloster Anafonítria** (15. Jh.): der ★**Shipwreck Beach** ❻, ein kleiner Fleck weißen Sandes, der von faszinierenden weißen Klippen eingerahmt wird. Am Strand liegt das Wrack eines Schiffes, dessen Geschichte weniger glorreich ist als sein Aussehen: Das Boot gehörte

Oben: Mit ihrer Festung Kíthira haben die Venezianer viele Jahrhunderte lang die Handelsrouten nach Kreta und Rhódos kontrolliert. Rechts: Mächtige Taue sichern das An- und Ablegen der Schiffe (Kíthira).

Zigarettenschmugglern, die Ende der 1980er Jahre hier strandeten.

KÍTHIRA

Das von Steilküsten umgebene Kíthira, die südlichste der Ionischen Inseln, zu denen sie eher historisch als geographisch gehört, ist mythologisch mit der Göttin Aphrodite verbunden. Hier wurde Aphrodite auf ihrer Muschel am Strand geboren – aus dem Schaum, der entstand, als Kronos seinen Vater Uranos kastrierte und dessen Geschlechtsteile ins Meer warf.

Die Inselhauptstadt **Kíthira** (Hóra) ❶, hoch über der Südküste, ist ein schöner blau-weißer, fast kykladisch wirkender Ort, der von den Ruinen des venezianischen **Kastells** von 1503 beherrscht wird. Die Venezianer nannten die Insel *Cerigo* oder auch das „Auge Kritis"; sie besaß wegen ihrer Lage am Eingang zur Ägäis strategische Bedeutung für die Handelsrouten nach Rhódos, Kreta und sogar Athen (eine Position, die es bis zur Eröffnung des Kanals von Korinth innehatte.)

Einige Häuser und Kapellen stammen noch aus venezianischer Zeit, ebenso die beiden Burgkirchen **Panagía** und **Pandokrátoras** mit Fresken aus dem 16. Jh. Ein kleines **Archäologisches Museum** beherbergt Funde von der Insel.

Unten in **Kapsáli**, dem kleinen, überwiegend von Athener Urlaubern frequentierten Hafen der Stadt, steht ein niederer Leuchtturm zwischen zwei Kieselstrandbuchten; im Sommer ist hier dank einiger weniger Hotels und Tavernen das „Touristenzentrum" der Insel. Gegenüber liegt das Inselchen **Avgó**, „das Ei", wo Aphrodite geboren worden sein soll.

Nördlich von Kíthira-Stadt befindet sich **Livádi** ❷, wo die Briten als Zeugnis ihrer Anwesenheit (1809-1864) eine gewölbte Brücke hinterließen. Von hier aus führt ein Fahrweg zu dem schönen Kloster **Moní Mirtídio** ❸ mit seinem großartigen Glockenturm inmitten von Blumengärten, das unbewohnt, aber immer noch faszinierend ist. Es wurde nach einem goldenen Relief benannt, das besonders am 15. August viele Pilger anzieht.

Milopótamos ❹ ist ein reizendes altes Dorf, das von klaren Bächen durchflossen wird. Westlich davon liegt das verlassene **Káto Hóra**, eine venezianische Stadt, die von ihrer Stadtmauer aus dem 16. Jh. umsäumt ist; das Tor wird von einem Markus-Löwen gekrönt. Einige der alten Häuser wurden wieder in Besitz genommen und restauriert. Der Strand an der Küste bei **Limniónas** ❺ bietet feinen Sand und gute Schwimmgelegenheiten. Etwas weiter nördlich befindet sich in einer **Tropfsteinhöhle** die Kirche **Agía Sofía** mit unterirdischen Seen; Fragmente alter Fresken und Mosaiken bezeugen die frühere Nutzung als Kirche.

Paléopolis ❻ liegt an der Südostküste. Die Phönizier kamen bereits um 2000 v. Chr. wegen der Purpurschnecken hierher, aus denen sie Farbe gewannen. Sie nannten die Insel *Porphyrussa*, Insel der Schnecken. Überreste einer aus dieser Periode stammenden Siedlung findet man hier am schönen Strand von Paléopolis. Die Kreter, die sich hier ansiedelten, waren die ersten Griechen, die

KÍTHIRA

0   10 km

Aphrodite verehrten. Ihr Tempel wurde jedoch von den frühen Christen für einen Kirchenbau zerstört. Nur ein paar Fundamente der alten Akropolis sind noch übrig. Ein wenig östlich davon gibt es bei dem Fischerhafen **Avlémonas** einen guten Strand, der von den Überresten einer venezianischen Burg bewacht wird.

Weiter im Norden der Ostküste liegt die Geisterstadt **Paleohóra** ❼. 1537 besetzte der türkische Admiral Barbarossa die Insel, ließ viele Bewohner umbringen und verschleppte über 7000 Menschen. Damals sollen Mütter ihre Kinder vom Gipfel des Bergs geworfen haben, damit sie nicht als Sklaven der Türken enden würden. Viele Inselbewohner glauben, dass es in der verlassenen Stadt spukt.

Der größte Ort in diesem Teil Kíthiras ist **Potamós** ❽, das unter den Venezianern Inselhauptstadt war. Im nächsten Hafen, **Agía Pelagía** ❾, legen die Fähren vom Pelopónnes an. Es gibt dort auch einen Strand, attraktiver für Jachttouristen und Rucksackurlauber ist jedoch Kapsáli, der Hafen von Kíthira-Stadt.

🛳 *SCHIFF:* Die Fährverbindungen zwischen den Ionischen Inseln sind eher dünn gesät und ändern sich häufig; bitte vor Ort erkundigen. *BUS:* Von Korfu, Léfkada, Kefaloniá und Zákinthos Busse nach Athen. Die Fährüberfahrt ist im Fahrpreis eingeschlossen.

KORFU (KÉRKIRA) (☎ 0661)

ℹ **KORFU-STADT: EOT**, Zavitsianou 15, Tel. 37520, Fax 30298. **Corfu Tourism Board**, Samara 13, 49100 Korfu, Tel. 39606, Fax 32525.

🛫 *FLUGZEUG:* Flughafen südlich von Korfu-Stadt, Tel. 30180, regelmäßig **Flüge** nach Athen und Thessaloníki sowie Charterflüge. **Olympic Airways**: Tel. 38694. *SCHIFF:* Fähren nach Italien (Venedig, Ancona, Bari, Brindisi, Otranto), Igoumenítsa, Pátras. Mehrmals wöchentl. nach Sarandë (Albanien) – wegen der Visaformalitäten mehrere Tage im Voraus buchen! *BUS:* Von Korfu-Stadt Verbindungen zu den anderen Inselorten; mehrmals täglich nach Athen.

MIETWAGEN: **KORFU-STADT: Island Cars**, 151 Paleopoleos, Tel. 32114; in Paleokastrítsa: Tel. 0663/41566. **Payless**, Ethnikis Antistaseos 8, Tel. 36882, Fax 25851.

🛏 Infos über preiswerte Unterkünfte bei: **Corfu Owners of Tourist Villas / Apartments**, Tel. 26133, Fax 23403. **KORFU-STADT:** ⬤⬤⬤ **Cavalieri**, Capodistriou 4, Tel. 39041, Fax 39283. Vornehmer Palazzo im Herzen der Stadt. **Atlantis**, Xenofondos Stratigou 48 (Neuer Hafen), Tel. 35560, Fax 46480. Modern, komfortabel. ⬤⬤ **Hermes**, Tel. 39321, im Marktviertel, und **Bretagne**, Tel. 30724, sind ganzjährig geöffnet. ⬤ **Cyprus**, Agíou Patérou 13, Tel. 30032. Einfaches, freundliches Hotel im Zentrum; Etagenbäder. **KANONI:** ⬤⬤⬤ **Corfu Hilton**, Tel. 36540, *grande luxe*. **PALEOKASTRÍTSA:** ⬤⬤ **Zefiros Hotel**, Tel. 0663/41088. Eines der wenigen Hotels mittlerer Preisklasse in diesem Gebiet.

⛺ **PALEOKASTRÍTSA:** Sehr schöner Campingplatz, ca. 2 km vom Strand entfernt, Tel. 0663/41105.

🍴 **KORFU-STADT: Xenihtes**, Potamou 12, Mandouki, Tel. 24911. Vornehm, teuer. **Rex**, Kapodistriou 66, Tel. 39649. Fantasievolle griechische Küche. **KASSIÓPI: Tria Adelphia**, Tel. 0663/81211. Solide Taverne. **PALEOKASTRÍTSA: Chez George**, am Strand, Tel. 0663/41233. Sehr gute Meeresfrüchte.

🏛 **Archäologisches Museum**, Tel. 30680, Di-So 8.30-15 Uhr. **Museum für asiatische Kunst**, Palea Anaktora, Tel. 38124, 30443. **Achílleion**, Tel. 56210, tägl. 9-16.30 Uhr.

⛳ **Corfu Golf Club**: Tel. 94220. **Kricket Club**: Tel. 41205. **Vereinigung der Amateur-Fischer:** Tel. 34407. **Alpine Vereinigung**: Tel. 39481.

PAXÍ (☎ 0662)

i **Touristenpolizei**, Tel. 31222

SCHIFF: Regelmäßig Fähren nach Korfu (3 Std.) sowie nach Párga und Igoumenítsa. **Hafenbehörde**, Tel. 32254.

Privatzimmer in allen Orten. **GÁIOS: ☺☺☺ Paxos Club**, Tel. 32450, Fax 32097. Schöne Zimmer, Pool. **LÁKKA: ☺ Lefkothea**, Tel. 31408. Klein, günstig.

GÁIOS: Aléxandros, Fischtaverne am Hafen. **LÁKKA: Nautilus**, am Hafen. Griechisch tafeln unter Olivenbäumen.

LEFKÁDA (☎ 0645)

i **LEFKÁDA-STADT: Städtisches Touristeninformationsbüro**, Tel. 23000, 24962. **St. Maura Travel**, Dörpfeld 18, Tel. 25319, Fax 25119 (Filiale in Nídri, Tel. 92141), vermittelt Zimmer, Ausflüge, Transportmittel.

FLUGZEUG: Flughafen auf dem Festland in Préveza, Tel. 0682/22358; mehrmals täglich nach Athen und Charterflüge. *BUS:* Busse nach Athen (4x tägl.) und Thessaloníki (2x wöchentl.). **Busbahnhof:** Tel. 22364.

LEFKÁDA-STADT: ☺☺ Marina, Tel. 92145, Fax 92818. Schöne Pension am Strand. **NÍDRI: Gorgona**, Tel. 92268, 92558. Moderne Villa im nördl. Ortsteil.

PÓROS: Póros Beach, Tel. 95452. Schöner Platz in einem Olivenhain am Strand.

Taverna Symposio, am Hauptplatz, sehr beliebt. **Vitsounas**, an der Dörpfeld-Straße. Typische Taverne.

Archäologisches Museum, Faneromenis 21, Tel. 23678, Di-So 9-13 Uhr.

ITHÁKI (☎ 0674)

i **Polyctor Tours**, Tel. 33120.

SCHIFF: Von Itháki (Vathí) aus Fähren nach Pátras; von Píso Aëtós nach Ástakos. **Hafenbehörde**: Tel. 32909. *BUS:* Verbindung von Itháki nach Kióni. **Busbahnhof**: Tel. 32445.

ITHÁKI: ☺☺ Mentor, Tel. 32433. Größtes Hotel der Insel, am Hafen. **Odysseus**, Tel. 32381. Reizendes kleines Hotel. **KIÓNI: Kióni**, Tel. 31100. Klein, ruhig.

ITHÁKI: Thiaki, neben dem Rathaus, gute griechische Küche. **KIÓNI: Limáni**, am Hafen, guter Fisch.

Archäologisches Museum, Tel. 32200, Di-So 8.30-15 Uhr.

KEFALONIÁ (☎ 0671)

i **EOT**, Tel. 22248, Fax 24466.

FLUGZEUG: Flughafen 10 km südlich von Argostóli, Tel. 45511. Linienflüge nach Athen und Charterflüge.

SCHIFF: Von Sámi Fähren nach Pátras, Igoumenítsa, Ástakos und Brindisi (Italien).

FISKÁRDO: ☺☺ Fiscardona, am Hafen, Tel. 0674/51484. Schönes restauriertes Bürgerhaus. **ARGOSTÓLI: ☺☺☺ Blue Paradise**, Vass. Georgiou 10, Tel. 24910-13, Fax 24311. Luxushotel, große Zimmer, Küchenzeile. ☺☺ **Armonia**, Tel. 22566. Schönes einfaches Hotel. **LIXOÚRI: ☺☺ Summery**, Tel. 91771. Großes Hotel, ganzjährig geöffnet.

FISKÁRDO: Nikolas, an der Uferpromenade. Schöner Freisitz. **ARGOSTÓLI: Captain's Table**, im Zentrum. Gemütlich, gute Küche. **PÓROS: Romantsa**, am Hafen. Gute Fischgerichte.

Archäologisches Museum, Argostóli, Tel. 28300, Di-So 8.30-15 Uhr. **Grotten** von Drongaratí, Tel. 22439, und Melissáni, Tel. 22215.

ZÁKINTHOS (☎ 0695)

FLUGZEUG: 2 Flüge tägl. von Athen; der Flughafen liegt 6 km südl. von Zákinthos-Stadt (Busse). **Olympic Airways:** Tel. 28611. *SCHIFF:* Fähren von und nach Killíni (Pelopónnes), außerdem nach Pátras und Brindisi (Italien). **Hafenbehörde:** Tel. 28117.

Verzeichnis der Unterkunftsmöglichkeiten bei der **Vereinigung der Hotelbesitzer**, Tel. 51590, 51089. **ZÁKINTHOS-STADT: ☺☺☺ Stráda Marína**, Lombárdou 14, Tel. 22761. Wunderschönes Hotel am Meer. ☺☺ **Hotel Park**, Tel. 23790, Fax 26121. Modernes, komfortables Hotel mit Pool, nahe des schönen Strands von Tsiliví nördl. von Zákinthos-Stadt. ☺ **Diéthnes**, 102 Lazárou, Tel. 22286. Hübsches einfaches Hotel.

ZÁKINTHOS-STADT: Arebika, an der Uferstraße. Typische Taverne, gutes Essen und Wein. **Panorama**, am Kástro. Gute Küche und fantastischer Ausblick.

KÍTHIRA (☎ 0735)

i **Skandela Tours**, Tel. 33522, Fax 33135.

FLUGZEUG: Flughafen (Tel. 33292) 20 km nördl. von Kíthira-Stadt; ein- bis zweimal tägl. nach Athen. *SCHIFF:* Von Agía Pelagía Fähren nach Neápolis, Gíthio (Pelopónnes), Kreta (Kastélli) und Piräus. **Hafenbehörde**, Tel. 33280.

KÍTHIRA-STADT: ☺☺ Margarita, im Zentrum, Tel. 31711. Schönes Hotel in einer Villa. **KAPSÁLI: ☺ Aphrodite**, Tel. 31328. Strandnah. **ÁGIA PELAGÍA: ☺☺ Filoxenia**, Tel. 33610. ☺ **Kitheria**, Tel. 33321. Beide Hotels liegen in der Nähe des Fährhafens.

KÍTHIRA-STADT: Zorbas, 34 Spirídona Stái. Sehr gute Gerichte vom Grill.

Traditionelle **Töpferwerkstatt** in Livádi, Tel. 31124.

LITERATUR UND MUSIK

„Sage mir, Muse, die Taten des vielge-wanderten Mannes" - so beginnt Homers *Odyssee*, das klassische literarische Werk über die Schifffahrt in der Ägäis und eine der ältesten Dichtungen der westlichen Literatur überhaupt: Odysseus durch-streift die Inselwelt auf seiner zehn Jahre währenden Irrfahrt nach dem Trojani-schen Krieg zurück in seine Heimat Itháka. Der Verfasser Homer war wohl ein wandernder Sänger aus Kleinasien und mit den griechischen Inseln vertraut; Híos beansprucht die Ehre, sein Geburts-ort zu sein und bewahrt einen „Lehr-stein", auf dem – so heißt es – Homer einst mit seinen Studenten saß. Auf Íos markiert ein anderer Stein das vermeintli-che Grab des Dichters. Seit Homers Zeit haben die Inseln immer eine wichtige Rolle in der griechischen Literatur und Musik gespielt.

Die Vorstellung von einem fahrenden Barden – einem Sänger oder Dichter – wird stark von der Idee des ständigen Exils geprägt. Aus jüngerer Zeit hat man vielleicht das Bild englischsprachiger Li-teraten vor Augen – Henry Miller (*Der Koloss von Maroussi*), Lawrence Durrell (*Leuchtende Orangen*, *Schwarze Oliven*) oder Patricia Storace, deren *Ein Abend mit Persephone* ein hervorragendes Rei-sebuch ist. Man könnte aber auch auf den heiligen Johannes verweisen, den der Kaiser Domitian auf die Insel Pátmos verbannte, wo Johannes seine Vision von der Offenbarung hatte, die er seinem Schreiber Próchoros diktierte und die in dieser Form ein Teil des Neuen Testa-ments geworden ist. Die Ikone, welche das Diktat zeigt und die überall auf Pát-mos verkauft wird, ist vielleicht das erste Bild eines in der Fremde auf einer Insel lebenden Schriftstellers bei der Arbeit.

Rechts: Nikolaos Filipakis spielt Lyra (Ólimbos, Kárpathos).

Später, zur Zeit des Osmanischen Rei-ches, hatte „im Exil leben" im annektier-ten Griechenland weniger Bedeutung. Im 18. und 19. Jh. blickten griechische Künstler, die sich nach einem Heimatland sehnten, eher in die Zukunft als in die Vergangenheit: Literatur konnte helfen, eine neue nationale Identität zu schaffen. Griechenlands „Nationaldichter" Dioní-sios Solomós wurde 1798 auf Zakínthos geboren und starb 1857 auf Korfu. In ita-lienischer Sprache erzogen, musste er erst Griechisch lernen, bevor er die „Frei-heitshymne" schreiben konnte, die heute die Nationalhymne Griechenlands ist (mit Musik des korfiotischen Komponis-ten Nikolaos Mantzaros).

Indem sie eine griechische Literatur schufen, trugen die Schriftsteller zu-gleich zur Entwicklung einer National-sprache bei. Zu einer Zeit, in der das ele-gantere, aber etwas künstliche *Katharé-vusa* als Literatursprache diente, war So-lomos' Gebrauch des volkstümlichen Griechisch wahrhaft innovativ. Der Streit zwischen den Verfechtern des *Katharé-vusa* und jenen, die die Alltagssprache *Dimotikí* als Amtssprache einführen wollten, war so hitzig, dass er 1901 in Athen zu Ausschreitungen führte. Die meisten Bücher wurden weiterhin in *Ka-tharévusa* geschrieben. Als Kind weiger-te sich die auf Híos geborene Penelope Delta, geb. Benakis, Bücher in dieser schwierigen Kunstsprache zu lesen; als Erwachsene begann sie, eine unterhaltsa-me Literatur für Kinder in *Dimotikí* zu schaffen. Auch Delta, die vorwiegend in Alexandria aufgewachsen war, kam aus dem Exil und suchte nach ihrer Identität.

Einige der markantesten Stimmen der modernen griechischen Literatur sind ebenfalls mit den Inseln verbunden. Auf Skíathos wird der von dort stammende Aléxandros Papadiamántis (1851-1911) als Vater der modernen Kurzgeschichte verehrt. Auf Lefkáda ist Angelios Sike-lianos wegen seines delphischen Ideals unvergessen. Lésvos ist stolz auf seine

Verbindung zu dem Literaturnobelpreisträger Odysseus Elytis, dessen Familie von der Insel stammt, obwohl der Dichter eigentlich auf Kreta geboren wurde.

Zu den Schriftstellern, die in ihren Werken Leben und Alltag auf den Inseln beschrieben haben, gehören Stratís Mirivíllis, der in seinem Buch *Die Madonna mit dem Fischleib* Lésvos lebendig werden läßt, und Evgenia Fakinou, die in *Astradeni* Sími aus der Sicht eines jungen Mädchens beschreibt, dessen Familie auf der Suche nach Arbeit nach Athen emigrieren muss.

Doch, vor allem im Ausland, verkörpert besonders ein Name die griechische Literatur des 20. Jh.: Níkos Kazantzákis. Es scheint, als habe fast jede Insel einen Bezug zu ihm. Auf Náxos ging er ein paar Jahre zur Schule; auf Égina lebte er, als er an *Alexis Sorbas* arbeitete; aber Kazantzákis war durch und durch Kreter. Die in dem Roman *Alexis Sorbas* vermittelte Erkenne-dich-selbst-Philosophie wurde besonders von den Hippies, aber auch von Inselliebhabern dankbar angenommen, während die Titelmelodie aus dem berühmten Film die übliche Hintergrundmusik in unzähligen Tavernen ist.

Auch die Musik der Inseln ist sozusagen „Exilmusik" und das trifft nicht nur auf die gerade erwähnte westliche Filmmusik zu. Selbst der typisch griechische *Rembetiko* ist ein Import aus Kleinasien, vor allem aus Smyrna (Izmir), wo diese Art von langer, trauriger musikalischer „Erzählung", die von Instrumentalsolos durchsetzt ist – die griechische Antwort auf die Blues –, im 19. Jh. populär war. Das Hauptinstrument eines *Rembetiko*-Ensembles ist die *Busuki*, die von ihrer „kleinen Schwester", der *Baglama,* unterstützt wird.

Selbst in Diskotheken tanzen die Teenager zu moderner Pop-Musik die traditionellen *Rembetiko*-Tänze: Die Frauen verdrehen die Handgelenke über ihren Köpfen wie Bauchtänzerinnen im *Tsifteteli*, während sich die Männer in die langsamen, tranceartigen *Zeibekikos* versenken, mal einen engen Kreis ziehend, mal sich zu Boden neigend.

Literatur

FLORA UND FAUNA

Wer mit einem Urlaub auf den griechischen Inseln karibische Vorstellungen verbindet, braucht eine Weile, um sich an die besonders auf den südlichen Inseln karge Sommerlandschaft, geprägt von Fels, Buschwerk und sonnenverbranntem Gras, zu gewöhnen. Die Strände werden nicht von Palmen, sondern von genügsamen Tamarisken und knorrigen, vom Wind gebogenen Bäumen gesäumt. Aber trotz der langen Sommertrockenzeit weist Griechenland einen großen Pflanzenreichtum auf.

Da sich die Inseln in Höhe und Lage sehr unterscheiden, reichen auch ihre Klimate von subtropisch bis gemäßigt. Einige Kykladeneilande sind nur wenig mehr als Felsbrocken, andere wiederum besitzen üppige grüne Täler; auf den ostägäischen Inseln gibt es ausgedehnte

Oben: Im Frühling wird sichtbar, welche Vielfalt von Blütenpflanzen es auf den Inseln gibt.
Rechts: Oktopus, zum Trocknen aufgehängt.

Wälder, von denen jedoch viele durch Waldbrände geschädigt wurden.

Zu den häufigsten Bäumen in Griechenland gehören die Zypresse, die wie ein schwarzer Finger in die Landschaft ragt, und die nach ihrem Harz duftende Aleppokiefer. Charakteristisch sind auch wilde und kultivierte Ölbäume; letztere sind vor allem auf Korfu und Lésvos von Bedeutung. In den Obsthainen wachsen u. a. Orangen und Zitronen; streng genommen sind dies aber keine einheimischen Pflanzen: Zitrusfrüchte wurden erst von Alexander dem Großen aus Asien mitgebracht, mitsamt den persischen Gärtnern, die sie kultivieren konnten.

Viele „Fremdlinge" – Pflanzen, die ursprünglich aus anderen Ländern stammen – sind heute charakteristische Bestandteile der hiesigen Vegetation. Agaven und Feigenkakteen etwa haben sich im Inselklima gut entwickelt. Die Dattelpalme, die auf den südlichen Inseln wächst, stammt aus Nordafrika; der Ailanthusbaum (*Ailanthus altissima*) wurde um 1750 von China nach Frankreich importiert und verbreitete sich von dort aus im gesamten Mittelmeerraum. Die Bauern nennen ihn wegen des üblen Geruchs, den seine Blätter beim Zerreiben verströmen, *Vromodendro*, „Stinkbaum".

Wer im Frühling nach Griechenland kommt, wenn die Hänge von einem farbenfrohen Teppich aus Wildblumen bedeckt sind, kann sich daran erfreuen, dass das Land mehr Blumenarten besitzt als jedes andere in Europa. Tatsächlich gibt es in Griechenland über 6000 Pflanzenarten, auf den Britischen Inseln hingegen nur 2300. Allein auf Korfu wurden 36 Orchideenarten katalogisiert, darunter auch *Orchis palustris*, die nur am Korrisión-See gedeiht.

Aufgrund ihrer geografischen Isolierung vom Festland gibt es auf den Inseln nicht viele Tierarten. Eidechsen und andere Reptilien wie etwa Geckos leben hier im Überfluss. Sie sonnen sich auf den Felsen oder verstecken sich in den Ecken von Hotelzimmern.

Ergänzend zu den leuchtenden Farben der Wildblumen gibt es auch eine Reihe bunter Schmetterlinge. Die viel gerühmten „Schmetterlingstäler" auf Páros, Rhódos und anderen Inseln sind dagegen das Territorium des eher langweilig anzusehenden Bärenspinners, *Callimorpha quadripuntaria*.

Im Allgemeinen stellen die Wassertiere die interessantesten Vertreter der Fauna der griechischen Inseln dar; aber viele ihrer Vertreter sind immer schwerer zu finden. Die Mönchsrobbe z. B. ist die am stärksten bedrohte Tierart Europas. Weltweit gibt es nur noch 500 dieser Tiere, 300 davon in Griechenland. Im ersten Meeresnationalpark des Landes bei Alónnisos (Sporaden) werden u. a. Robben und Delfine geschützt.

Berühmt für Schildkröten ist Zákinthos, weiter südlich in der ionischen Inselkette gelegen. Die Unechte Karettschildkröte, *Caretta caretta*, hält sich traditionell an der Südküste der Insel auf.

Um die Tiere vor den verheerenden Folgen des Tourismus zu bewahren, kämpfen Umweltschützer seit Jahren für die Einrichtung eines neuen Nationalparks.

Die Meerespopulation ist im 20. Jh. insgesamt geschrumpft; durch Überfischen wurden die Fischbestände der Ägäis um etwa 60% reduziert, weshalb die hiesigen Vorkommen kaum noch den Bedarf der Inselbewohner decken.

Eine Delikatesse aus dem Meer sind z. B. Tintenfische. Ein anderer essbarer Wasserbewohner ist der Seeigel. Wegen seiner scharfen Stacheln sollte man beim Schwimmen Plastiksandalen tragen.

In Griechenland sind 422 Vogelarten erfasst, von Eulen über Seemöwen und Adlern bis hin zum Lämmergeiern. Pelikane, Waldschnepfen und Schnepfen gehören zu den vielen Zugvögeln, die hier Halt machen. In Vogelreservaten wie dem Kórission-See auf Korfu tauchen gelegentlich der prächtige Ibis und der große weiße Reiher auf; eine weitere bedrohte Tierart ist der Zwergkormoran. In diesem See kommen zudem der Otter vor.

Flora und Fauna

SEEFAHRT IN DER ÄGÄIS

*Das durchfährt auch die fahle Flut
in des reißenden Südsturms Not;
das gleitet zwischen den Wogen,
die rings sich türmen.*
(Übersetzung: Wilhelm Willige)

In der *Antigone* des Sophokles rangiert die Beherrschung des Meeres an der Spitze der menschlichen Errungenschaften. Ein Großteil Griechenlands besteht aus Wasser, so dass die Schifffahrt nicht nur eine praktische Notwendigkeit, sondern ein typisches Merkmal des Nationalcharakters geworden ist: sowohl auf dem Festland als auch auf den Inseln. Es ist kein Zufall, dass griechische Helden aller Epochen Seefahrer gewesen sind, vom listigen Odysseus bis zu den modernen Reederdynastien Onassis und Niarchos.

Oben: Für viele ein Ferientraum – von Insel zu Insel segeln. Rechts: Acht Windgottheiten bestimmten das Schicksal antiker Seefahrer (Turm der Winde, Athen).

Die erste wissenschaftlich belegte Seereise der Welt fand ca. 9000 v. Chr. in der Ägäis statt. Man weiß nur wenig über die frühesten Schiffe; jedenfalls war eine starke Flotte der Schlüssel zur Macht in der Region. Ab 1500 v. Chr. verbanden phönizische Händler aus Tyros und Sidon die Ägäischen Inseln mit Häfen im Nahen Osten, Afrika und Italien. Da das phönizische Handelsreich im Osten bis nach Mesopotamien reichte, gelangten so auch vorderorientalische Kultureinflüsse in die Ägäis, zumal die Phönizier nicht nur mit Silber, Purpur, Bauholz und Elfenbein, sondern auch mit Kunsthandwerk handelten.

480 v. Chr. sicherte sich die *Polis* von Athen durch ihre Überlegenheit auf dem Meer die Vorherrschaft in Griechenland: Athens Beitrag zur Schiffstechnologie war die *Triere*, eine Mischung aus Galeere und Segelschiff; zusätzlich zu ihren Segeln hatte sie drei Reihen von Ruderern, eine über der anderen, die vielleicht wie moderne Ruderer auf Gleitsitzen saßen. Die schnellen, leicht manövrierba-

ren Trieren machten in der engen Straße von Salamis kurzen Prozeß mit den größeren, schwerfälligeren persischen Schiffen. Eine moderne, 37 m lange Rekonstruktion einer Triere erreichte eine Geschwindigkeit von 10 Knoten pro Stunde.

Im 19. Jh. kamen die Dampfschiffe auf, doch die Schwammfischer, die den Inseln Kálimnos und Sími zu erheblichem Reichtum verhalfen, unternahmen ihre mehrere Monate dauernden Reisen nach Afrika immer noch auf kleinen Booten. Auf engstem Raum lebten wochenlang Dutzende von Männern zusammen.

Der übliche Name für das „Gebrauchsboot" der griechischen Inselbewohner ist *Káiki*; er umfaßt eine Vielzahl verschieden geformter bunter Fischerboote, die in den Inselhäfen vor Anker liegen. In vergangenen Jahrhunderten brauchte es zwei Steuerruder, um die *Káikis* auf ihren Kurs zu bringen; heute besitzen sie Zentralruder und meistens Dieselmotoren sowie zusätzlich einen niedrigen Mast für ein Segel. Eine häufig vorkommende Variante ist der als *Trehandiri* bekannte Bootstyp mit zweiendigem Schiffsrumpf.

In der Antike wurden kleine Boote von außen nach innen gebaut: Zuerst fixierte man die Planken, dann fügte man ein inneres Gerippe als zusätzliche Verstärkung ein. Heutzutage wird erst ein Gerippe gebaut, das man dann mit Planken bedeckt. Für gewöhnlich wird zum Schiffsbau immer noch das Holz der Sámos-Pinien benutzt. Die Planken wurden traditionell mit Pech von der Insel Zákinthos abgedichtet; allerdings versiegen die Pechquellen allmählich.

Egal ob man ein *Káiki* oder ein Segelboot chartert, allein segelt oder eine Crew anheuert, auf jeden Fall haben Feriensegler eine bessere Ausgangsposition zum Erkunden der griechischen Inseln als andere Reisende. Seit den 1960er Jahren hat die Griechische Zentrale für Fremdenverkehr die Einrichtungen für Jachten kontinuierlich verbessert. Das Resultat sind 34 exzellente Jachthäfen im ganzen Land.

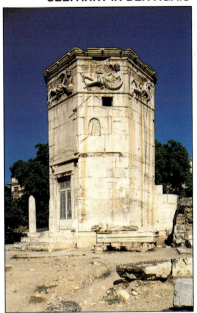

Der wichtigste ist der alte Hafen von Themistokles in Piräus, der ausgebaut und modernisiert heute Marina Zéa heißt und 950 Ankerplätze hat. Weitere bedeutende Inselhäfen für Bootstouristen sind die Bucht von Gouviá auf Korfu und Mandráki, der antike Hafen von Rhódos. Griechenland besitzt die größte Jachtflotte des gesamten Mittelmeerraums.

In der Antike hatten die griechischen Winde Namen und lebten der Legende nach in einer Höhle auf Tínos. Die Winde in Griechenland haben immer noch besondere Namen und Merkmale. Im Ionischen Meer herrscht der *Maistros* vor, ein mäßiger Nordwestwind, der meistens nachmittags weht. Die Passatwinde, bekannt als *Meltemi*, erreichen ihre maximale Stärke im Juli und August. Dann blasen sie kalt aus einem oft klaren Himmel, jagen Sand durch die Luft und bringen die Haut der Strandurlauber zum Brennen, peitschen das Meer zu hohen Wellen auf und können so die Fahrt in einem kleinen Boot zum „unvergesslichen" Erlebnis werden lassen.

Segeln

237

REISEVORBEREITUNGEN

Reisezeit

Möchte man die griechischen Inseln ohne Trubel erleben, fährt man am besten in der Nebensaison. Im Juli und August sind die Inseln überlaufen, relativ teuer (Hochsaisonpreise!) und völlig auf Tourismus eingestellt. In der Nebensaison hingegen, im April/Mai oder September/Oktober, bekommt man einen Einblick in das wahre griechische Leben, man kann Einheimische kennen lernen und z. B. das griechische Osterfest erleben. Zudem ist in der Nebensaison das Klima angenehmer: warm genug zum Baden, aber nicht zu heiß zum Wandern.

Im April und Mai sind die griechischen Inseln von einem Teppich aus farbenprächtigen Blumen überzogen. Im September und Oktober zaubert die Sonne wunderbares Licht auf die Hügel und das Meer – angenehmer und schöner als die gleißende Helligkeit im Juli und August. Im Oktober kann man im Dodekanes noch baden, auf den nördlicher gelegenen Inseln kühlt es dagegen langsam ab. Natürlich gibt es in der Nebensaison, besonders im Herbst, keine Garantie für das Wetter und wenn man von Fähren abhängig und damit dem Meer und seinen Launen ausgeliefert ist, sollte man genügend Zeit mitbringen.

Kleidung und Ausrüstung

Badesachen, Strandhandtuch sowie Badeschuhe für vor allem mittags brennend heiße Sandstrände und steinige Strände (sowie dubiose Hotelbadezimmer) gehören auf jeden Fall ins Gepäck. Frauen sollten Strandkleidung mitbringen, die sie über ihren Badeanzug ziehen können (Shorts, T-Shirt-Kleid, Sarong). Auch ein Tuch ist sinnvoll, um bei Kirchenbesuchen nackte Schultern oder Beine bedecken zu können (siehe auch „Verhalten"). Vor der starken Sonne schützt ein Sonnenhut oder ein Kopftuch. Sonnenschutzmittel gibt es überall zu kaufen,

wichtig ist spezieller Lippen- und Gesichtsschutz. Auch ein Insektenschutzmittel bewährt sich.

Ein kleiner Tagesrucksack ist von großem Nutzen, außerdem Wander- oder Turnschuhe, denn einige der besten Strände sind nur über unbefestigte Wege erreichbar. Obwohl es abgefülltes Wasser zu kaufen gibt, empfiehlt es sich, eine Wasserflasche dabeizuhaben. Taschenmesser und Korkenzieher bewähren sich bei spontanen Picknicks.

Fährt man in der Vor- oder Nachsaison oder mietet man ein Moped, dann gehören ein leichter Anorak oder wenigstens ein langärmeliges Hemd sowie Regenschutz ins Gepäck.

Währung

Die griechische Währung ist die Drachme, abgekürzt ΔPX (Drs). Es gibt Münzen zu 10, 20, 50 und 100 Drachmen und Scheine zu 100, 200, 500, 1000, 5000 und 10 000 Drachmen. Man kann bis zu 100 000 Drs und unbegrenzt Fremdwährung einführen (Banknoten über 1000 US$ müssen deklariert werden). Summen über 1000 US$ dürfen nur ausgeführt werden, wenn sie bei der Einreise deklariert worden sind. Ausländer dürfen höchstens 20 000 Drs ausführen. Griechische Münzen können im Ausland nicht zurückgetauscht werden.

Wechselkurse: 1 DM = 164 Drs, 1 ATS = 23 Drs, 1 sFr = 201 Drs, 1 Euro = 317 Drs.

Reisedokumente und Zoll

Für alle EU- und Schweizer Staatsbürger, die höchstens drei Monate bleiben wollen, reicht ein gültiger Personalausweis oder Reisepass zur Einreise. Bei einem längeren Aufenthalt muss man spätestens 20 Tage vor Ablauf der Dreimonatsfrist bei der nächsten Polizeidienststelle bzw. beim Ausländeramt in Athen (Alexandras 173, Tel. 01/6468103) einen Antrag stellen.

Da Griechenland zum Wirtschaftsraum der EU gehört, dürfen Waren für den privaten Gebrauch unbegrenzt ein- und ausgeführt werden. Allerdings gibt es bestimmte Grenzwerte, deren Überschreitung ein gewerbliches Interesse signalisieren kann: 400 Zigarillos, 800 Zigaretten, 200 Zigarren, 1 kg Rauchtabak, 10 l Spirituosen, 90 l Wein, 110 l Bier.

Reisende aus Nicht-EU-Ländern dürfen bis zu 10 kg Lebensmittel und alkoholfreie Getränke, 200 Zigaretten oder 250 g Tabak, 1 Liter Spirituosen oder 2 Liter Wein sowie Geschenke bis zu einem Wert von 9000 Drs zollfrei einführen. Dieselben Beschränkungen gelten bei Waren aus Duty Free Shops (Flughäfen/Fähren) eines Nicht-EU-Landes, die nach Griechenland eingeführt bzw. bei Waren aus griechischen Duty Free Shops, die in Nicht-EU-Länder importiert werden. Für Reisende, die sich innerhalb der EU-Freihandelszone bewegen, z. B. beim Direktflug Deutschland-Kreta, ist steuerfreier Einkauf seit 1999 nicht mehr möglich.

Kunstwerke (auch Ikonen) und Antiquitäten dürfen nur mit schriftlicher Genehmigung des Kultur- und Wissenschaftsministeriums ausgeführt werden. In den meisten Fällen wird die Ausfuhr ohne diese Erlaubnis verboten und mit hohen Strafen geahndet.

ANREISE NACH GRIECHENLAND

Mit dem Flugzeug

Athen und Thessaloniki sind Griechenlands wichtigste internationale Flughäfen. Der Ellinikó-Flughafen in Athen hat einen Terminal für die staatliche Fluggesellschaft *Olympic Airways* und einen weiteren für alle anderen Fluglinien. Ein neuer, größerer Flughafen wird in Spáta, im Norden Athens, gebaut. Er soll im Jahr 2001 fertig sein.

Wenn man nach Thásos, Samothráki oder auf die Sporaden möchte, empfiehlt es sich, Thessaloníki anzufliegen. In der Saison gibt es von europäischen Städten Charterflüge auf einige Inseln. Rhódos

hat den drittgrößten Flughafen Griechenlands; auch Iráklio auf Kreta ist stark frequentiert.

Olympic Airways bietet internationale und Inlandsflüge an. Informationen erhält man über die Griechischen Zentralen für Fremdenverkehr (s. u. „Adressen") oder direkt bei *Olympic Airways* (Frankfurt: Tel. 069/97067200; Wien: Tel. 01/5044165; Zürich: Tel. 01/2113737).

Seit das Monopol der staatlichen *Olympic Airways* gelockert wurde, gibt es einige neue Fluggesellschaften. So fliegt *Cronus Airlines* direkt von München und Frankfurt (Rosenstr. 7/IV. Stock, 80331 München, Tel. 089/2366220).

Mit dem Schiff

Von Italien aus (Triest, Venedig, Ancona, Ortona, Bari, Brindisi) gibt es zahlreiche Fähren nach Pátras und Igoumenítsa, die oft auch in Korfu anlegen. Hier einige Reedereien:

Superfast Ferries, täglich von Ancona und Bari, Amalias 30, 10558 Athen, Tel. 01/3313252, Fax 3310369, Internet: www.superfast.com, E-mail: sffathens@superfast.com; in Deutschland: J. A. Reinecke & Co. Bergteheide, Tel. 04532/6517.

Strintzis Lines, von Venedig, Ancona und Brindisi, alle via Korfu, außerdem von Ancona und Venedig nach Kefaloniá und Itháki, Akti Possidonos 26, 18531 Piräus, Tel. 01/4225000, Fax 4225265, Internet: http://www.strintzis.gr, E-mail: sales@strintzis.gr; in Deutschland: DER-TRAFFIC, Frankfurt/M. Tel. 069/9588 1717.

Ventouris Ferries, von Bari und Brindisi, Pireos 91 und Kithiron 2, 18541 Piräus, Tel. 01/4828001, Fax 4832919; in Deutschland: Ikon Reiseagentur München, Tel. 089/5501041.

Minoan Lines, von Venedig und Ancona, Leoforos Kifisias 64B, 15125 Maroussi, Tel. 01/6898340, Fax 6898344, Internet: http://www.minoan. gr, E-mail:

booking-eta@minoan.gr; in Deutschland: Seetours, Frankfurt/M., Tel. 069/1333262.

Einmal wöchentlich gibt es auch eine Direktverbindung von Haifa (Israel) aus nach Piräus über Kreta oder Rhodos. Reederei: **Allalouf & Co. Shipping Ltd.**, 40 Hanamal Street, Haifa, Israel, Tel. 04/671743, Fax 670530.

REISEN IN GRIECHENLAND

Mit dem Flugzeug

Olympic Airways Information in Griechenland (Athen): Tel. 01/9269111, 9369111, Fax 9219933. Büros u. a.: Othonos 6 und Leoforos Syngrou 96. (Büros auf den Inseln: siehe Infoboxen der jeweiligen Kapitel). Mittlerweile gibt es neue Fluggesellschaften: *Air Greece*, Tel. (in Athen) 01/3255011-4 oder 3244457-8, Fax 3255015, fliegt eine Reihe von Inseln an. Eine weitere neue Linie ist *Cronus Air*; Büro in Athen: Othonos 10, Platía Sindágma, 10557 Athen, Tel. 01/3315515, Fax 3315505.

Mit dem Schiff

Für jene, die besonders stilvoll reisen möchten, wird eine Reihe von Kreuzfahrten angeboten, mit in der Regel umfangreichem Ausflugsprogramm und sachkundig geführten Besichtigungen.

Die Griechische Zentrale für Fremdenverkehr (EOT) veröffentlicht einen Fahrplan aller Fährlinien, aber die Fahrpläne ändern sich häufig. Man sollte sich deshalb unbedingt im Hafen erkundigen, bevor man seine Reisepläne macht; sonst kann es passieren, dass man ein oder zwei Tage länger auf einer Insel bleiben muss. Da zudem jede Reederei ihr eigenes Büro hat, sollte man auch dort nachfragen.

Was die verwirrende Vielfalt der Verbindungen ab Piräus angeht, so gibt es Zeitungen, in denen die Abfahrtszeiten des gleichen und folgenden Tages aufgeführt sind (u. a. *Athens News* und die englische Ausgabe von *I Kathimerini*).

Für Infos über die einheimischen Fährverbindungen wende man sich in Athen an Tel. 01/4114785 oder an die Hafenbehörde in Piräus, Tel. 01/45111311. Einige der auf S. 239 genannten Reedereien bieten in der Hochsaison auch Verbindungen innerhalb Griechenlands an.

Mit den Flying Dolphins

Flying Dolphins, die gelbblauen Tragflügelboote, erreichen die Inseln in der Hälfte der Zeit, die Fähren brauchen; die Fahrpreise sind entsprechend höher, Ermäßigungen gibt es nicht.

Besuchern, die sich bei Einheimischen nach der nächsten Fähre erkundigen, wird die Auskunft erteilt, wann diese abfährt – aber nicht, wann der nächste *Dolphin* ablegt. Man sollte deshalb immer auch im *Delphina*-Büro und im Fährschiffbüro nachfragen.

Ankunfts- und Abfahrtshafen einiger *Dolphins* ist Piräus. Es gibt noch einen zusätzlichen *Delphina*-Hafen auf der anderen Seite von Piräus, in Marina Zéa. *Dolphins* verkehren auch von Ágios Konstandínos und Thessaloníki aus auf die Sporaden sowie zwischen den Kykladen und dem Dodekanes.

Informationen über die *Flying Dolphins*: Buchungszentrale, Themistokleos 8, Piräus, Tel. 01/4280001/10, Fax 4283525. Büro in Athen: Tel. 01/3244600.

Mit dem Bus

Von Athen fahren Busse vom Terminal A, Kifissou 100, zum Pelopónnes und nach Westen (auch zu den Ionischen Inseln) sowie nach Thessaloníki und zu den Fähren nach Thásos und Samothráki. Busse in den Norden (nach Évia und zu den Fährhäfen für die Sporaden) verkehren ab Terminal B, Liossion 260, Tel. 01/8317153 (Mo-Fr).

Auf den Inseln hängt die Verfügbarkeit und Frequenz der Busse meist vom Touristenaufkommen ab. Im Allgemeinen gibt es täglich mindestens einen Bus zwischen den Hauptorten einer Insel. Normalerweise erhält man die Fahrpläne in Fremdenverkehrsämtern, Reisebüros oder Hotels; man sollte sie genau studieren und vor Ort noch einmal nachfragen, damit man nicht irgendwo strandet (Taxis können teuer werden!). Die Fahrpreise sind niedrig, die Ausstattung ist einfach.

Mietwagen und -motorrad

Reist man von Insel zu Insel, sollte man keinen Mietwagen mitnehmen. Viele Inseln sind so klein, dass ein vor Ort gemietetes Moped völlig ausreicht. Auf größeren Inseln wie Lésvos, Rhódos oder Korfu empfiehlt sich jedoch ein Auto.

Alle größeren Mietwagenfirmen sind in den Touristenzentren, Häfen und Flughäfen auf den Inseln vertreten. Die kleinen einheimischen Unternehmen bieten oft einen persönlicheren Service und niedrigere Preise, aber eine Probefahrt ist bei Autos und Mopeds unbedingt nötig, um Wartungsmängel auszuschließen!

Viele Firmen legen genau fest, welche Art von Straßen befahren werden dürfen: verständlich auf Inseln, wo nur die Hauptstraßen gepflastert sind und schlechte Fahrwege zu den Stränden den Fahrzeugverschleiß beschleunigen. Für Entdeckungstouren sollte man besser einen Jeep mieten. Die Karten, die man von den Verleihfirmen erhält, sind oft ungenau: Von den „Nebenstraßen" sind einige gut ausgebaut, andere nur Pisten.

Beim (ausgesprochen verletzungsträchtigen!) Moped fahren sollte man Schutzkleidung (abriebfeste Hose und Jacke, Stiefel und Handschuhe) und unbedingt einen Helm tragen. Das macht zwar weniger Spaß und fast niemand trägt so etwas, aber in Griechenland gibt es mehr Unfälle als in anderen europäischen Ländern wegen des sorglosen Fahrstils und der oft schlechten, schmalen Straßen.

Es gibt nicht allzu viele Tankstellen, aber sie sind gut ausgeschildert. Auf kleinen Inseln sollte man sich gleich beim Mieten des Fahrzeugs nach den Tankstellen erkundigen; manchmal konzentrieren

sich alle auf die Hauptstadt und wenn man nicht aufpasst, bleibt man womöglich in einem Fischerdörfchen liegen.

Mit dem Taxi

Taxis gibt es auf fast allen Inseln. Innerhalb der Ortschaften richtet sich der Preis nach dem Taxameter. Zwischen zwei Orten gibt es oft feste Tarife, nach denen man sich vor dem Einsteigen erkundigen sollte. Athener Taxifahrer sind berühmt-berüchtigt für ihre Fantasie-Preise – vor der Fahrt aushandeln!

PRAKTISCHE TIPPS

Behindertenreisen

Kreuzfahrtschiffe und Fluglinien ermöglichen auch Rollstuhlfahrern Ferien auf den griechischen Inseln, allerdings ist der Besuch vieler archäologischer Stätten sehr schwierig. Reiseveranstalter für Behindertenreisen:
Deutschland: TDS Travel & Data Service, Müllerstr. 47, 80469 München, Tel. 089/2609418; Profi Reisen, Rathausgasse 6, 79098 Freiburg, Tel. 0761/ 3899380. **Österreich**: Botros Tours/Aktion „Gemeinsam reisen", Paulanergasse 4, 1040 Wien, Tel. 01/5038880-28, Fax -35. **Schweiz**: Taman Reisen, Hard 4, 8408 Winterthur, Tel. 052/2225725.

Essen und Trinken

Griechen gehen oft essen, aber ihre Erwartungen unterscheiden sich stark von denen anderer Europäer oder gar Amerikaner. Sie interessieren sich weniger für ein neues Gericht oder einen kreativen Drink; das Essen ist eher ein gemeinsames Ritual als ein gastronomisches Abenteuer. Die Einheimischen wählen ihre Speisen in einer angeregten Unterhaltung mit dem Kellner aus und richten sich dabei danach, was es an dem Tag gerade gibt. Das frische Essen ist einfach zubereitet: Fisch wird gegrillt und lieber mit einer Zitronenscheibe als einer raffinierten Sauce serviert. Alle essen gemeinsam: die Schüsseln werden in die Mitte des Tischs gestellt, jeder bedient sich, und einer bezahlt für alle. Kommt man als Tourist mit einer Gruppe, möchte aber getrennt bezahlen – was die Kellner nicht gewöhnt sind –, sagt man „stó jermanikó trópo" (dies bedeutet „auf deutsche Art" und ist nicht unbedingt als Kompliment gemeint!).

Aufgrund der Sprachbarrieren haben es Ausländer zunächst schwer. Zum einen kann man durch die Lektüre der Speisekarte nur bedingt ersehen, was es gibt. Oft ist es eine Standardkarte in zwei oder vier Sprachen, die in Restaurants in ganz Griechenland immer wieder auftaucht. Und Restaurants, die ein spezielles Touristenmenü mit Farbfotos der Gerichte offerieren, haben in der Regel nicht die beste Küche. Tatsächlich steht die Qualität des Essens oft in umgekehrtem Verhältnis zur Ausstattung des Restaurants: Je touristischer es ist – mit Stuhlkissen und gedruckter Speisekarte –, desto uninteressanter ist das Essen. Nicht jeder Tourist mag einen Raum mit Neonlicht und Linoleum-Fußboden, der voller rauchender Griechen ist; wenn man aber etwas Abenteuergeist besitzt und ein paar griechische Sätze gelernt hat, findet man oft gerade hier den frischesten Fisch und die interessantesten Gerichte. Man sollte nicht schüchtern sein und sich ruhig in die Küche trauen, um zu sehen, was es gibt – meistens stehen die Spezialitäten des Tages gar nicht auf der Karte.

Restauranttypen: Ein **Estiatório** (Restaurant) ist die konventionellste Variante: Speisekarten, Kellner, Weingläser und alles, was dazugehört. In der **Tavérna** geht es ungezwungener zu. Hier kann man im Freien unter Weinranken sitzen. Eine Variante davon ist die **Psarotavérna** (Fischtaverne), die auf Meeresfrüchte spezialisiert ist. Von dem Schild „snak mpar" darf man sich nicht abschrecken lassen; manchmal ziert es ausgezeichnete Tavernen. Die Rechnung enthält oft einen Betrag für Gedeck und Brot.

Weiterhin gibt es die ganz schlicht eingerichteten **Ouzeri**. Von den Restaurants in einem Inselhafen sind es meist die Ouzeri, die von den Einheimischen besucht werden, die hier *ouzo* (Anisschnaps) trinken und leichte Snacks, *mezédes*, als Vorspeise essen. In den Ouzeri gibt es z. B. griechischen Salat (*horiátiki saláta*), *tzatzíki* (Jogurt mit Gurke und Knoblauch) und *taramó saláta* (Fischroggensalat) oder frischen Fisch wie *márides* (frittierte Sardellen) oder *kalamári* (Tintenfisch), aber kaum warme Speisen wie *moussaká* (ein Gericht aus Auberginen und Fleisch und Hauptnahrungsmittel vieler Griechenlandbesucher) oder *stifádo* (geschmortes Fleisch).

Am Meer offerieren einige Cafés für Touristen englisches Frühstück, Eisspezialitäten, Jogurt mit Honig (*jaoúrti me méli*), Eiskaffee (*frapí*) und ein paar griechische Gerichte. Man kann den Tag oder Abend auf den bequemen Stühlen verbringen, sollte aber zum Abendessen besser woanders hingehen.

In Griechenland frühstücken nur die Touristen. Die Einheimischen trinken morgens nur Kaffee. Auf den Inseln gibt es gewöhnlich englisches, amerikanisches oder kontinentales Frühstück. Die frischen Obstsäfte sind fast immer gut.

Das Mittagessen ist die Hauptmahlzeit, was – besonders in der Sommerhitze – auch die physische Notwendigkeit einer langen Mittagsruhe erklärt, die dazu führt, dass die Straßen mittags zwischen zwei und fünf wie ausgestorben sind.

Zum Abendessen gibt es meistens ein paar *mezédes* (kleine Vorspeisen). Viele Griechen verleugnen jede kulturelle Verwandtschaft mit den Türken, aber die *mezédes* sind eindeutig ein gemeinsames Element der griechischen Küche und der des Nahen Ostens; sie entsprechen den *mezze* der Türkei und des Libanons. Weitere Ähnlichkeiten sind *gíros*, das man in der Türkei als *döner* oder *iskender kebab* findet, sowie *souvláki*, in der Türkei als *shish kebab* bekannt. Entscheidender Unterschied: Die Griechen verwenden gerne das den Moslems verbotene Schweinefleisch. Die Verwendung von Zimt bei Fleischgerichten wie *moussaká* ist ebenfalls zugleich charakteristisch für die türkische Küche, auch mit Fleisch oder Reis gefüllte Tomaten (*domátes jemistés*) stehen auf beiden Seiten der Ägäis auf den Tischen, ebenso die Desserts: *baklavá*, in Honig getunkter Blätterteig mit einer dicken Nußfüllung; *khataïfi*, eine ähnliche Füllung in einem fadenartigen Teig; und *hálwa*, das üppige Nougat-Mandel-Konfekt.

Die Griechen beginnen das Abendessen im Restaurant mit einigen Vorspeisen, darunter einem griechischen Salat für den ganzen Tisch. Der Gurken-Tomaten-Salat *angouridomáda* ist im Wesentlichen ein griechischer Salat ohne Féta und viel billiger. Im Frühling gibt es einen Teller *hórta*, gekochtes regionales Gemüse, die griechische Antwort auf Mangold oder Spinat; im Sommer wird dies durch Zucchinis (*kolokidákia*) ersetzt, die manchmal frittiert oder als „Zucchinibällchen" (*kolokidákia keftédes*) mit *skordaliá*, einer leckeren Sauce aus Kartoffelpüree und Knoblauch, serviert werden. Auberginensalat, *melintzáno saláta*, ist auch sehr delikat.

Kleine gebratene Fische, *márides*, und Tintenfische, *kalamária*, werden oft als Vorspeise gegessen. Der Sommer ist auf den Inseln keine Fischereisaison und die meisten Meeresfrüchte kommen dann aus dem Gefrierschrank.

Isst man alleine und möchte trotzdem etwas Abwechslung, bestellt man *pikília*, eine gemischte Vorspeisenplatte.

Auf den Inseln gibt es auch etliche regionale Spezialitäten, aber es ist schwierig, sie auf den Speisekarten zu finden. Ein Musterbeispiel ist ein für Ándros typisches Omelett, das mit auf der Insel wachsenden Kräutern zubereitete *froutáli*. Auf Lésvos gibt es mit Schafskäse gefüllte Zucchiniblüten und vegetarisches *moussaká*. Auf dem für seine exzellente

griechische Küche bekannten Sérifos gibt es spezielle Keramiktöpfe für die Zubereitung von *revíthia* zu kaufen, einem Gericht aus Kichererbsen, die mit Zwiebeln in Olivenöl bei niedriger Hitze über Nacht im Ofen gegart werden. Ein Salat aus frischen Kapern eröffnet neue kulinarische Dimensionen.

Kaninchen- (*kunéli*) und Ziegenfleisch (*katsíki*) sind häufig in den Schmortöpfen auf den Inseln zu finden. Viele Inseln haben auch ihre speziellen Varianten von Ziegen- oder Schafskäse (*féta*).

Der beste griechische Snack ist *tirópitta*, eine mit Schafskäse gefüllte Blätterteigpastete. Im Sommer ißt man zwischendurch gerne *lukomádes*, die griechische Variante einer türkischen Köstlichkeit: eine Süßigkeit aus Brandteig, mit Honig oder Zuckersirup beträufelt und mit Zimt oder Puderzucker bestreut. Manchmal wird es als „Doughnut" übersetzt, aber das trifft es nicht ganz. Für die Griechen ist das Gebäck die Quintessenz eines entspannten Sommerabends.

Getränke: Griechen lieben ihren *kafé ellinikó*, den griechischen Mokka (niemals bestellt man „türkischen Kaffee") – schwarz (*skéto*), leicht gezuckert (*métrio*), süß (*glikó*) und jede Variante auch als doppelte Portion (*dipló*); dazu wird Wasser (*neró*) gereicht. „Mann" trinkt ihn im *Kafeníon*, dem Treffpunkt der Männerwelt, wo auch der milde Kognak *metaxá* eine Hauptrolle spielt.

„Nationalgetränke" sind *oúzo* (Anisschnaps) und *retsína* (geharzter Wein, meist weiß). Gute Tafelweine (*krasí*) kommen aus Páros, Sámos, Límnos, Léfkas, Kefaloniá und Zákinthos. Die gängigsten Bier-(*bíra*) Marken heißen Heineken und Amstel.

Feiertage und Feste

1. Januar: Neujahr (Fest des Hl. Basilius)
6. Januar: Heilige Drei Könige
Karwoche und Ostern (gewöhnlich eine Woche später als das römisch-katholische und protestantische Fest).

25. März: Tag der Unabhängigkeit.

28. Oktober: Ochi-Gedenktag (*óchi* = nein); zur Erinnerung an die Weigerung Metaxás', den italienischen Truppen während des Zweiten Weltkriegs die freie Passage durch Griechenland zu erlauben.

24. Dezember: Heiligabend.

25. Dezember: Weihnachten.

Der orthodoxe Kalender beschert dem Inseljahr viele Feste. Am 6. Januar, Epiphanias, segnet ein orthodoxer Priester das Wasser, indem er ein großes Kreuz in das wintergraue Meer wirft, das dann von abgehärteten Tauchern zurückgeholt wird. Das griechische Osterfest ist der Höhepunkt des Jahres: Eier werden rot gefärbt (die Farbe symbolisiert das Blut Christi), Osterbrote gebacken, und in der Karwoche werden Wiesenblumen gepflückt, um am Karfreitag das Grab Christi zu schmücken. Allerdings wird die Trauerstimmung etwas durch die Feuerwerkskörper der Jungen gestört. Sie üben für das am Ostersamstag um Mitternacht anlässlich der Verkündigung der Auferstehung stattfindende Feuerwerk.

Ein anderer bedeutender Feiertag ist Mariä Himmelfahrt am 15. August, der auf vielen Inseln mit großen Kirchenfesten begangen wird. Zur Wallfahrtskirche auf Tínos strömen Menschenmassen aus dem ganzen Land. Die Festtage anderer regionaler Heiliger sind Spirídion im August, Dimítrios im Oktober (der Spätsommer wird in Griechenland „der kleine Sommer des Hl. Dimítrios" genannt) sowie Michalis (Michael) und Andreas im November.

Die Jahrestage der Heiligen sind nicht nur kirchliche Feste; in Griechenland feiern die Leute ihren Namenstag, wie man in anderen Ländern Geburtstag feiert. Wer Namenstag hat, empfängt den ganzen Tag Besucher, nimmt Gratulationen entgegen und gibt oft auch eine Party.

Geld

Die Geldautomaten auf praktisch allen Urlaubsinseln akzeptieren EC- und Kreditkarten (Visa, Cirrus, Eurocard). Dennoch sollte man auf kleine Inseln auch Bargeld mitnehmen. Kreditkarten werden oft nur in großen Hotels, in den Restaurants größerer Städte und von Mietwagenfirmen akzeptiert, Reiseschecks hingegen überall. Geldwechsler erheben, anders als Banken oder Postämter, oft hohe Wechselgebühren.

Geschäftszeiten

Die meisten Läden öffnen um 8.30 Uhr. Sogar in Athen schließen viele Geschäfte zwischen 14 und 17 oder 18 Uhr; auf den Inseln sind die Städte während dieser Zeit meist wie ausgestorben. Den Griechen ist ihre Siesta heilig, was bei der lähmenden Mittagshitze auch verständlich ist. Am späten Nachmittag kommt das Leben wieder in Gang, die Geschäfte öffnen abermals und sind dann in der Regel bis 21 Uhr oder sogar noch länger auf. Banken haben Mo-Fr von 8 bis 14 Uhr geöffnet, in den Touristenzentren manchmal auch am Wochenende.

Kriminalität

„Griechen stehlen nicht", sagte eine englische, in Griechenland lebende Frau und ließ ihr Portemonnaie auf einem Cafétisch liegen, als sie kurz zu ihrem Haus ging. In der Tat ist die Kriminalität in Griechenland relativ gering. Aber: In den Touristenzentren ist Vorsicht angebracht. Besonders in Athen hat man seine Geldbörse besser fest im Griff. Und Frauen, so sagen die Griechen, sollten ganz besonders vorsichtig sein. In den späten 1990er Jahren schwappte eine Welle der Kriminalität über das Land; die Griechen machen dafür den Zustrom von Albanern verantwortlich.

Landkarten

Die regionalen Touristenbüros verschenken oder (häufiger) verkaufen Landkarten ihrer Inseln. Aber selbst die gekauften sind oft ungenau und wenig detailliert. Der wichtige Unterschied zwischen asphaltierten und unbefestigten Straßen etwa, durch eine unterschiedliche Stärke oder Farbe der Linien angezeigt, ist häufig irreführend. So kann es passieren, dass man unerwartet mit einer steil bergauf führenden Schotterstraße auf dem angeblich asphaltierten Weg zum Ziel konfrontiert wird. Es lohnt sich, vor der Reise oder in Athen vertrauenswürdige Übersichtskarten (z. B. von *Road Editions*) zu erstehen.

Zum Gebrauch von Stadtplänen und zur Quartiersuche: Bei Adressen steht zuerst der Straßenname (leider entspricht der „offizielle" nicht immer dem vor Ort gebräuchlichen!), dann die Hausnummer; *odós*, das Wort für „Straße", ist nur selten in der Adresse enthalten.

Medien / Presse

Eine große Auswahl internationaler Zeitungen und führender deutschsprachiger Tageszeitungen ist in allen Ferienorten erhältlich. In den meisten besseren Hotels gibt es Satellitenfernsehen. Viele griechische Fernsehsender zeigen Sendungen in englischer Sprache mit griechischen Untertiteln. Im Hellenischen Rundfunk (ERA 5, Mittelwelle, Kavala 792 kHz) gibt es täglich um 19.40 Uhr Nachrichten in deutscher Sprache.

Notrufnummern

Erste Hilfe: 166
Notarzt (24 Std., in Athen): . . 3310310
Polizei: 100
Feuerwehr: 199
Pannenhilfe:. 104
Feuermeldung bei Waldbränden: . . 191
Touristenpolizei: 171
(rund um die Uhr, ganzjähriger Informationsdienst in Englisch, Deutsch, Französisch und Griechisch)
Deutschsprachiger Notruf des ADAC: in Athen, ganzjährig, Tel. 01/7775644.

Post und Telefon

In den Filialen des griechischen Telefon- und Telegrafenamts OTE kann man ins Ausland telefonieren. Die meisten öffentlichen Fernsprecher sind Kartentelefone, die ebenfalls Auslandsgespräche ermöglichen. Die Karten zu 100 (1300 Drs), 500 (6000 Drs) oder 1000 (11 500 Drs) Einheiten erhält man an Zeitungskiosken. Auslandsgespräche sind teuer, ganz besonders dann, wenn man sie von Hotels aus führt.

Es gibt zwei Mobilnetzanbieter, *Panafon* und *Telestet*, und man kann europäische Handys problemlos benutzen. Auf den Inseln ist der Empfang nicht überall gut, auf einigen kleinen Inseln wie z. B. Sími gibt es gar keinen Empfang. Aber das OTE stellt zur Verbesserung neue Antennen auf.

Selbst in guten Hotels ist es schwierig, eine Online-Verbindung für Laptops zu bekommen.

Überall gibt es Postämter (*tahidromeío*), die Briefmarken (*grammatósima*) verkaufen. Wie lange die Post braucht, weiß man nie. In der Nebensaison kann eine Postkarte von den Inseln auch schon einmal 4 bis 6 Wochen unterwegs sein. Normal sind etwa 7 bis 14 Tage.

Vorwahl von **Griechenland** 0030
nach **Deutschland** 0049
nach **Österreich** 0043
in die **Schweiz** 0041

Sport und andere Aktivtäten

Wandern: Trekking Hellas, Filellinon 7, 10557 Athen, Tel. 01/3310323/6, E-mail: trekking@compulink.gr, bietet organisierte Wandertouren auf einigen Inseln an, zum Teil kombiniert mit Anreise und Unterkunft auf einem traditionellen Fischkutter. Auch Infos über Wanderungen, Hilfe bei der Kartenbeschaffung.

Windsurfen: Greek Windsurfing Association, Filellinon 7, 10557 Athen, Tel. 01/3233696 oder 3230068, Fax 3223251. Organisation von Wettkämpfen in Griechenland.

Tauchen: Aegean Dive Center, Zamanou/Pandoras 42, Glifáda (bei Athen), Tel. 01/8945409, Fax 8981120.

Reise-Informationen

Jacht-Charter/Segeln: Hellenic Yachting Foundation, Akti Navarhou Kountouriti 7, 18534 Piräus, Tel. 01/4137351, Fax 4131191. Informationen über Segelclubs und Regattas.

Hellenic Offshore Racing Club, Akti Ath. Dilaveri 3, 18533 Piräus, Tel. 01/4113201, Fax 4227038. Informiert über Regattas, vor allem die jährliche *Aegean Sailing Rally* um die Inseln, und hilft beim Chartern eines Rennboots. Informationen über Schiffscharter für Kreuzfahrten mit oder ohne Crew erhält man bei **Hellenic Professional Yacht Owners Association**, Marina Zéa A8, 18536 Piräus, Tel. 01/4286393, Fax 4526335, oder **Greek Yacht Owners Association**, Akti Miaouli 87, 18538 Piräus, Tel. 01/4291062, Fax 4291034.

Auf den Inseln gibt es Klubs wie **Kalymna Yachting** auf Kálimnos, der organisierte Reisen und individuelle Charter anbietet: PO Box 47, 85200 Kálimnos, Tel. 0243/24083, Fax 29125. Seit den 1960er Jahren hat die Griechische Zentrale für Fremdenverkehr (EOT) viel Geld in Jachthäfen gesteckt. Eine Liste sowie wichtige Informationen enthält die EOT-Broschüre „Segeln in der Griechischen See".

Laufen: Langstreckenläufer können im November mit einem Lauf vom Dorf Marathon zum Athener Olympiastadium (42,2 km) zum Ursprung ihres Sports zurückkehren. Kontakt: SEGAS, Sygrou 137, 17121 Athen, Tel. 01/9359302.

Strom

Das Stromnetz in Griechenland operiert mit dem europäischen Standard von 220 Volt. Im Allgemeinen sind die Steckdosen den Europanorm-Steckern angepasst. Deutsche Stecker passen meist.

Unterkunft

Hotels: In der Hochsaison ist es oft schwierig, ein Hotelzimmer zu finden. Die meisten Hotels sind Monate im Voraus ausgebucht, vor allem die größeren Mittelklassehotels für Reisegruppen. Individualreisende finden jedoch immer ein **Privatzimmer** – es ist auch günstiger und familiärer als ein Hotel. Die ankommenden Fähren werden von zahlreichen einheimischen Zimmervermietern erwartet. Die Qualität der Zimmer ist unterschiedlich (vorher anschauen), aber in der Regel mindestens akzeptabel. Die Einheimischen sehen es nicht gern, wenn man am Strand schläft, denn viele von ihnen leben vom Tourismus.

Weitere Informationen oder Listen erhält man bei **Hellenic Chamber of Hotels**, Stadiou 24, Athen, Fax 01/3225449; Filiale: Kar. Servias 2, National Bank of Greece, Athen, Tel. 01/3229912 (Mo-Sa 8.30-14 Uhr) sowie über die EOT-Filialen im Ausland.

Camping ist nur auf Campingplätzen gestattet. Die Broschüre „Camping in Greece", eine aktuelle Liste der griechischen Campingplätze, erhält man von Greek Camping Association, Solonos 102, 10680 Athen, Tel. & Fax 01/3621 560 sowie über die EOT-Filialen im Ausland.

Die Unterkünfte sind in Griechenland in die sechs Kategorien Luxus und A, B, C, D, E unterteilt. Bei den unteren Klassen handelt es sich meist um Familienbetriebe, die sich oft Pension nennen.

Die Klassifizierung in diesem Buch beschränkt sich auf drei Kategorien:

Kategorie *Luxus* (●●●): Häuser, die im internationalen Vergleich zumindest der gehobenen Mittelklasse entsprechen. Hoher Komfort, meist Meeresnähe und Swimmingpool, Sporteinrichtungen, Restaurant, Bar. Doppelzimmer mit Frühstück in der Hauptsaison je nach Ort und Lage ab ca. 25 000 Drs. Außerhalb der Hauptsaison ab ca.16 000 Drs.

Kategorie *Mittel* (●●): Gute Touristenhotels, Doppelzimmer mit Frühstück ab ca. 15 000 Drs. Außerhalb der Hauptsaison ab ca.12 000 Drs.

Kategorie *Einfach* (●): Appartements, Pensionen und einfache Touristenhotels,

Doppelzimmer ohne Frühstück in der Hauptsaison ab ca. 7000 Drs. Außerhalb der Hauptsaison ab ca. 5000 Drs.

Verhalten

Viele Badetouristen betrachten die griechischen Inseln als FKK-Paradies. Die Einheimischen allerdings sind damit nicht einverstanden; sie lehnen es ab, dass viele Gäste auf ihren Inseln einer Freizügigkeit huldigen, die sie sich in ihren Heimatländern kaum erlauben würden. Im Allgemeinen wird „oben ohne" toleriert, aber man sollte sich nie an einem städtischen Strand entblößen.

Orthodoxe Kirchen und Klöster verlangen von ihren Besuchern korrekte Kleidung: Mit Shorts, ärmellosen Oberteilen oder gar Badebekleidung (diese gehört ohnehin ausschließlich an den Strand) wird man nicht eingelassen, auch Frauen in Hosen wird häufig der Zutritt verweigert. In einigen Kirchen kann man am Eingang lange Tücher oder Kleidung für den Kirchenbesuch ausleihen. Klöster sollte man nicht zwischen 13 und 17 Uhr, der Zeit der Mittagsruhe, besuchen.

To kamáki, der Dreizack, ist ein Zeichen, auf das jede Touristin achten sollte. Manche einheimische Männer machen aus der Eroberung (dem „Aufspießen") von Touristinnen einen Sport mit einer Art Punktesystem (je williger die Dame ist, desto weniger Punkte ist sie wert) – aber es soll auch Ausländerinnen geben, die den Spieß umdrehen ...

Insbesondere Raucher sollten daran denken, dass auf den Inseln im Sommer größte Waldbrandgefahr herrscht!

Wasser und Sanitäranlagen

Wasser ist auf den Inseln knapp. Viele Inseln müssen es per Schiff importieren und oft wird es sogar rationiert. Daher sollte man nur kurz duschen! Wasser in Flaschen ist an jedem Kiosk billig zu haben. Das Leitungswasser ist nicht immer trinkbar; man sollte sich bei der Hotelrezeption erkundigen.

Auf keinen Fall darf man etwas in die Toilette werfen (Verstopfungsgefahr); für das Toilettenpapier stehen Abfalleimer bereit. Man sollte immer Papiertaschentücher dabeihaben. Die Qualität der Toiletten hat sich zwar gebessert, aber es gibt immer noch das berüchtigte „Loch im Boden".

Zeit

Griechenland richtet sich nach der Osteuropäischen Zeit (MEZ + 1 Stunde). Die Sommerzeit beginnt und endet wie in Mitteleuropa.

ADRESSEN

Websites: Das Außenministerium hat unter http://www.cthesis.com. eine englischsprachige „News"-Seite mit täglich aktuellen Informationen über Wirtschaft, Politik und Kultur eingerichtet. Auch die *Athens News* aktualisiert ihre Website täglich: http://athensnews.dolnet.gr.

Botschaften und Konsulate in Athen:
Deutschland: Botschaft: Vass. Sofias 10, 15124 Amrussion/Athen, Tel. 01/36941; Generalkonsulat: Odós Karlolou Diehl 4a, 54110 Thessaloníki, Tel. 031/236315, 236349, 236359.
Österreich: Botschaft: Leoforos Alexandras 26, 10683 Athen, Tel. 01/8211036, 8216800, 8827520; Generalkonsulat: Miaoul 7, 1. Stock, Neakrini, Thessaloníki, Tel. 031/236500, 228184.
Schweiz: Botschaft: Odós Iassiou 2, 11521 Athen, Tel. 01/7230364-66, 7249208.
Griechische Zentrale für Fremdenverkehr (EOT) (Auslandsvertretungen):
Deutschland: Neue Mainzer Str. 22, 60311 Frankfurt a.M., Tel. 069/236561-63; Pacellistr. 5, 80333 München, Tel. 089/222035-36; Abteistr. 33, 20149 Hamburg, Tel. 040/454498.
Österreich: Opernring 8, 1010 Wien, Tel. 01/512 5317-18.
Schweiz: Löwenstr. 25, 8001 Zürich, Tel. 01/2210105.

Reise-Informationen

EOT in Griechenland: Zentrale: Amerikis 2, Athen, Tel. 01/3223111, Fax 3222841. Büros: National Bank of Greece, Platía Sindágma, Karageorgi Servias 2, Athen, Tel. 01/3222545, 3234130; General Bank of Greece, Ermou 1, Athen, Tel. 01/325-2267.

SPRACHFÜHRER

Griechisch ist die älteste gesprochene Sprache Europas, obwohl sich das moderne Griechisch vom antiken sehr weit entfernt hat. Es lohnt sich, wenigstens ein paar Sätze und das griechische Alphabet zu lernen; dank des Letzteren kann man mit Bussen, Zügen und Straßenschildern (welche aber auch lateinisch transliteriert sind) besser klarkommen. Und selbst wenn die Griechischkenntnisse sehr dürftig sind, freuen sich die Einheimischen ganz bestimmt darüber, dass man es überhaupt versucht.

Das griechische Alphabet

			sprich:
A	α	**alfa**	*a*
B	β	**wita**	*w*
Γ	γ	**ghamma**	*gh/j*
Δ	δ	**dhelta**	*dh*
E	ε	**epsilon**	*e*
Z	ζ	**sita**	*s* (weich)
H	η	**ita**	*i*
Θ	θ	**thita**	*th*
I	ι	**jota**	*i*
K	κ	**kappa**	*k*
Λ	λ	**lamdha**	*l*
M	μ	**mi**	*m*
N	ν	**ni**	*n*
Ξ	ξ	**xi**	*ks*
O	o	**omikron**	*o*
Π	π	**pi**	*p*
P	ρ	**ro**	*r*
Σ	σ/ς	**sigma**	*ss* (*scharf*)
T	τ	**taf**	*t*
Y	υ	**ipsilon**	*i*
Φ	φ	**fi**	*f*
X	χ	**chi**	*ch*
Ψ	ψ	**psi**	*ps*
Ω	ω	**omega**	*o*

Doppellaute

α ι	*e*
ε ι	*i*
o ι	*i*
α υ	*af/aw*
ε υ	*ef/ew*
o υ	*u*
γ γ	*ng*
μ π	*b/mb*
ν τ	*d/nd*

Auf den Inseln haben viele Orte den gleichen Namen: *Hóra* oder *Horió* (Χορα, Χοριω) bedeutet „Stadt"; *Paleóhorio* (Παλαιοχοριω), „Altstadt", wird oft für ein Ruinengebiet benutzt, wo einst die ursprüngliche Stadt stand. *Kástro* ist eine „Burg", oft eine venezianische, während *Emborió* (oder Nimborió) einst ein „Markt" war. *Vathí* (Βαθυ), „tief", ist eine Hafenstadt, *Skála* ein Hafen oder eine Küste, *Pánormos* eine Bucht. *Platís Gialós* ist ein „breiter Strand", während *Kamáres* „Gewölbe/Bögen" bedeutet, wie z. B. Reste eines altes Aquädukts oder einer Eisenbahnbrücke. *Loutrás* oder *Loutráki* deutet eine Quelle an, ebenso *Pirgí* (Purgi). Die Endung *aki* ist eine Verkleinerung (*souvláki* ist ein kleiner *souvlós*, also ein kleiner Spieß).

Guten Tag, hallo	*Kaliméra*
Guten Abend	*Kalispéra*
Hallo („Deine Gesundheit")	*Jássou*
Hallo (Höfl. Anrede)	*Jássas*
Entschuldigung	*Signómi / Oríste*

(*Signómi* = „Verzeihung"; mit *Oríste* macht man höflich auf sich aufmerksam)

Wo	*Pú*
Wo ist	*Pú íne*
Wann	*Póte*
Wie spät ist es?	*Tí óra íne*
Der Bus	*To leoforío*
Das Schiff	*To plío*
Der Strand	*I paralía*
Hier, dort	*Ethó, ekí*
Heute, morgen	*Ssímera, Áwrijo*
Morgen, Abend	*Proí, Wrádi*
Was ist	*Tí íne*

Wieviel . . . . *Pósso*
Haben Sie . . . . *Échete*
Ich will . . . . *Thélo*
Ich möchte gerne . . . . . . *Tha íthela*
Ich will nicht. . . . . *Then thélo*
Dieses. . . . . *Aftó*
Ein Zimmer. . . . . . . *Éna thomátjo*
Ein Glas . . . . *Éna potíri*
Wein. . . . . *Krasí*
Wasser . . . . *Neró*
Die Rechnung . . . . . . *O logariasmós*
Sprechen Sie deutsch? . . . . . *Omilaté*
 jermaniká?
Ich verstehe nicht . . . *Then katalawéno*
Ja . . . . *ne*
Nein . . . . *óhi*
Wie? . . . . *Pós*
Bitte. . . . . *Parakaló*
Danke . . . . *Efcharistó*
Eins . . . . *éna, mjá*
Zwei . . . . *thío*
Drei . . . . *tría*
Vier . . . . *téssera*
Fünf. . . . . *pénde*
Sechs . . . . *éksi*
Sieben . . . . *eftá*
Acht . . . . *ochtó*
Neun . . . . *ennjá*
Zehn . . . . *théka*
Zwanzig . . . . *íkossi*
Hundert . . . . *ekató*
Zweihundert . . . . *thiakóssjes*
Tausend . . . . *chíljes*
Zweitausend . . . . . . *thío chiljáthes*

AUTORIN

Die Journalistin **Anne Midgette** studierte Klassische Altertumskunde in Yale und schreibt über Reisen, Musik und Kunst. Sie hat für namhafte Verlage Reiseführer verfasst oder an ihnen mitgearbeitet, z. B. über Deutschland, USA, Frankreich und Großbritannien (*Nelles Guide Schottland*). Für *The Wall Street Journal*, *The New York Times*, *Newsday*, *Opera News* und *Opern Welt* schreibt sie Kunst- und Opernkritiken.

Der Dank der Autorin gilt Katerina Agapaki und Stefanos Tschochadzopolous von der Griechischen Zentrale für Fremdenverkehr in München sowie allen anderen EOT-Mitarbeitern, besonders Dimitra Kaplanelli. Und ein besonderes Dankeschön an Julia und Michael Koullias für ihre große Gastfreundschaft.

FOTOGRAFEN

REGISTER

Freude am Reisen

LIEFERBARE TITEL

Ägypten
Australien
Bali - Lombok
Berlin mit Potsdam
Burma → Myanmar
Brasilien
Bretagne
China - Hong Kong
Costa Rica
Dominikanische Republik
Florida
Griechenland - *Festland*
Griechische Inseln
Hawai'i
Indien - *Nord-, Nordost-
und Zentralindien*
Indien - *Südindien*
Indonesien - *Sumatra, Java,
Bali, Lombok, Sulawesi*
Irland
Israel - *Westjordanland,
Ausflüge nach Jordanien*
Kalifornien - *Las Vegas,
Reno, Baja California*
Kambodscha - Laos
Kanada - *Ontario, Québec,
Atlantikprovinzen*
Kanada - *Nordwesten,
Pazifikküste, Rockies,
Prärieprovinzen*
Kanarische Inseln

Karibik - *Große Antillen,
Bermuda, Bahamas*
Karibik - *Kleine Antillen*
Kenia
Korsika
Kreta
Kroatische Adriaküste
London, England und
 Wales
Malaysia - Singapur -
 Brunei
Malediven
Marokko
Mexiko
Moskau - St. Petersburg
München - *Ausflüge zu
Schlössern, Bergen,Seen*
Myanmar *(Burma)*
Nepal
Neuseeland
New York - New York
 State
Norwegen
Paris
Peru
Philippinen
Polen
Portugal
Prag, Böhmen und Mähren
Provence
Rom

Schottland
Schweden
Spanien - *Pyrenäen, Atlantik-
küste, Zentralspanien*
Spanien - *Mittelmeerküste,
Südspanien, Balearen*
Sri Lanka
Südafrika
Südsee
Syrien - Libanon
Tanzania
Thailand
Toskana
Türkei
Ungarn
USA - *Ostküste, Mittlerer
Westen, Südstaaten*
USA - *Westküste, Rocky
Mountains, Der Südwesten*
Vietnam
Zypern

IN VORBEREITUNG

Kuba
Mallorca

*Nelles Guides – anspruchsvoll, aktuell und informativ. Immer auf dem
neuesten Stand, reich bebildert und mit erstklassigen Reliefkarten ausgestattet.
256 Seiten, ca. 150 Farbbilder, ca. 25 Karten*